AS JOIAS DE ROVENA

NOVA EDIÇÃO

CRISTINA CIMMINIELLO

Romance inspirado pelo espírito Amira

© 2018 por Cristina Cimminiello
© iStock.com/mammuth

Coordenadora editorial: Tânia Lins
Coordenador de comunicação: Marcio Lipari
Capa e projeto gráfico: Jaqueline Kir
Preparação: Janaina Calaça
Revisão: Equipe Vida & Consciência

1ª edição — 1ª impressão
5.000 exemplares — abril 2018
Tiragem total: 5.000 exemplares

CIP-BRASIL — CATALOGAÇÃO NA PUBLICAÇÃO
(SINDICATO NACIONAL DOS EDITORES DE LIVROS, RJ)

C515j
2. ed.

Cimminiello, Cristina
As joias de Rovena / Cristina Cimminiello. - 2. ed., reimpr. -
São Paulo : Vida & Consciência, 2018.
336 p. ; 23 cm.

ISBN 978-85-7722-556-9

1. Romance brasileiro. I. Título.

18-47983

CDD: 869.93
CDU: 821.134.3(81)-3

Todos os direitos reservados. Nenhuma parte desta edição pode
ser utilizada ou reproduzida, por qualquer forma ou meio, seja ele
mecânico ou eletrônico, fotocópia, gravação etc., tampouco apro-
priada ou estocada em sistema de banco de dados, sem a expressa
autorização da editora (Lei nº 5.988, de 14/12/1973).

Este livro adota as regras do novo acordo ortográfico (2009).

Vida & Consciência Editora e Distribuidora Ltda.
Rua Agostinho Gomes, 2.312 — São Paulo — SP — Brasil
CEP 04206-001
editora@vidaeconsciencia.com.br
www.vidaeconsciencia.com.br

Para Giovana, joia que me foi dada por meu
filho Bruno e por minha nora Tatiane.

SUMÁRIO

Prólogo 5

A chegada 6

A lenda 120

A verdade 220

Epílogo 333

PRÓLOGO

— Rovena! — ele gritava. — Onde você está?

— Lucan, você precisa me ajudar! Não posso ser separada de minha joia. Não deixe que a tirem de mim.

— Onde está a joia?

— Eu a perdi uma vez; não posso perdê-la novamente. Não me abandone, só tenho você.

— Rovena, não consigo vê-la.

— Não me abandone. Só tenho você. Procure minha joia! Não a deixe longe de mim. Não permita que me afastem dela...

— Rovena, me diga onde devo procurá-la. Você precisa me ajudar.

— Lucan!

Ele ouviu-a gritar.

Armando acordou assustado. Desde que chegou ao Brasil, vinha tendo pesadelos. Olhou para o relógio:

— Meu Deus! São 3 horas da manhã! O que está acontecendo comigo?

A
CHEGADA

CAPÍTULO 1

Rovena[1] é uma cidade localizada no interior de São Paulo. Seu crescimento e progresso são bem-vistos pelos novos moradores. O prefeito, Henrique de Alencar, formara-se em Administração de Empresas e, desde a faculdade, sempre esteve envolvido em movimentos políticos. Seu pai, Sandro de Alencar Filho, fora eleito prefeito de Rovena e posteriormente deputado estadual. Aos 56 anos, sofreu um infarto fulminante, deixando viúva Cândida Moreira de Alencar e dois filhos, Henrique e Marta. Com a morte de Sandro, Cândida herdou uma pequena fortuna, que soube administrar e, assim, conseguiu manter-se sem problemas financeiros.

Henrique de Alencar era um jovem alto, de corpo atlético, que se vestia sempre com ternos bem cortados e roupas de grifes famosas. O rapaz herdara do pai o gosto pela política. Ao longo dos anos, envolveu-se em movimentos estudantis e depois na política da cidade. Aos 25 anos, elegeu-se vereador pela primeira vez e, aos 34, prefeito. Fora o prefeito mais jovem da cidade de Rovena, e aos 38 anos, acabara de ser reeleito.

Marta de Alencar possuía estatura mediana, cabelos longos, que mantinha sempre presos, e dificilmente estava sem seu uniforme. Era formada em Medicina, e, ao contrário do irmão, não gostava de política. Procurava dedicar-se ao único hospital da cidade, a Santa Casa de Misericórdia, e ao atendimento à população carente dos bairros mais afastados. Sua preocupação maior era as gestantes adolescentes.

Marta e Henrique discutiam muito sobre a necessidade de um hospital de especialidades que pudesse atender gestantes, mulheres e

---

1 Cidade fictícia.

crianças. Henrique, no entanto, alegava que não tinha verba para a construção nem apoio da oposição para o projeto.

— Marta, você tem de entender que não posso simplesmente mandar construir um hospital. Preciso que um projeto como esse seja aprovado pela Câmara, mas nem tenho conseguido aprovação de projetos menores! Como posso, então, apresentar um projeto desse porte?

— Henrique, você é o prefeito desta cidade! Quando vai entender que precisa fazer alguma coisa pelas pessoas mais necessitadas? Você autorizou a vinda de indústrias, condomínios, deu isenção de impostos a muitos empresários para fazer nossa cidade crescer, então, por que não pede a essas pessoas que apoiem a construção do hospital de especialidades?

— Porque não é tão simples assim!

— Não?! Eles estão lucrando com a venda de seus produtos aos moradores de nossa cidade. Se você não tivesse cedido terrenos e concedido isenção de impostos, eles não estariam aqui. O que o impede de lhes pedir ajuda? Ou será que você deve sua reeleição a eles?

— Marta, você está me ofendendo! Eu jamais me utilizei de favores em minha campanha. Não fale do que não sabe.

— Eu posso não saber, mas não sou surda e escuto o que o povo fala. Você deveria ouvi-los, pois um dia terá problemas com esses seus amigos importantes. Aí, meu irmão, o povo não vai apoiá-lo, e você estará perdido.

— Já chega, Marta! Você não sabe do que está falando.

— Está bem. Não vou falar mais. Mas lhe asseguro que vou procurar quem me ajude a construir o hospital de especialidades e tenho certeza de que encontrarei uma boa alma que me ajudará.

— Veja lá o que vai fazer.

— Não tenho medo de você, Henrique.

Nesse momento, Cândida entrou na sala e perguntou:

— Vocês estão discutindo novamente?

— Mamãe, Marta insiste que devo me empenhar na construção do hospital, mas não entende que não posso favorecê-la.

— Favorecer-me? O hospital é um benefício para a cidade. Só você não enxerga isso!

— Henrique, sua irmã tem razão. O que o impede de construir esse hospital?

— Agora, tenho vocês duas contra mim? Assim não é possível viver aqui! Vou para São Paulo resolver alguns assuntos da prefeitura.

Quando eu voltar, conversaremos. Se vocês continuarem a insistir nesse assunto, serei obrigado a mudar-me daqui. Adeus, mamãe.

Henrique saiu batendo a porta, e Cândida virou-se para a filha:

— Marta, Henrique me disse que você o tem acusado de favorecer algumas pessoas em detrimento de outras. Isso é verdade?

— É sim, mamãe. Ouço muita gente falando mal dele, criticando sua noção de prioridade. Henrique atende aos pedidos de alguns empresários, principalmente dos que se estabeleceram aqui depois que ele foi eleito. Os moradores antigos não conseguem nada com rapidez. A Santa Casa não dá conta dos atendimentos. Temos atendido pessoas nos corredores, e Henrique não faz nada! E, quando o critico, age como se o estivesse ofendendo, se o estivesse chamando de incompetente, e diz que não pode me favorecer com a construção do hospital novo. Ele não vai favorecer a mim. Vai atender ao povo desta cidade!

— E o que você está pensando em fazer?

— Ainda não sei, mamãe. Preciso pensar com clareza. Gostaria de pedir ajuda a algumas pessoas da cidade ou ao próprio governo, mas não posso fazer isso sem pensar com bastante calma.

— Pense bem, querida. Não faça nada que possa prejudicar seu irmão, mas não desista do seu projeto. Se houver alguma coisa que eu possa fazer para ajudá-la, saiba que estou à sua disposição.

Marta abraçou a mãe e tornou:

— Dinheiro, mamãe, dinheiro. Precisamos de muito dinheiro para construir o hospital.

— Você vai conseguir, Marta. Sei que vai. Confio em você.

— Obrigada, agora preciso ir, hoje é meu plantão noturno no hospital. Até amanhã.

— Até amanhã, filha. Bom plantão.

***

Roberto de Almeida Filho era um empresário bem-sucedido. Tinha 40 anos, era alto, moreno, jogara basquete na adolescência, mas não pôde profissionalizar-se. O pai convencera-o a estudar Direito e a ingressar na política. Roberto expressava-se bem e tinha o dom de convencer as pessoas. Conhecera Henrique de Alencar em uma reunião do partido e resolveu apoiá-lo na eleição para prefeito. Foi por intermédio de Roberto que Henrique conheceu os empresários que se estabeleceram em Rovena.

A cada novo investimento feito na cidade, Roberto recebia uma comissão do investidor e entregava uma parte a Henrique. Tudo era feito de forma a não levantar suspeitas nem deixar pistas que pudessem incriminá-los.

Após a reeleição, Henrique começou a perceber que Roberto estava ficando cada dia mais ambicioso, e isso estava deixando-o apreensivo. Roberto começara a fazer exigências cada vez maiores para desapropriações de pequenos comerciantes, de moradores em bairros afastados do centro e chacareiros. Ele dizia:

— Henrique, você não tem visão. Essa cidade crescerá muito, e você poderá se tornar governador do Estado!

— Roberto, temos de ir com calma. O povo está comentando sobre meu enriquecimento, e não tenho como justificar tudo o que possuo.

— Você deveria colocar seus bens em nome de sua irmã.

— De Marta? Ela está desconfiada do meu comportamento e está me pressionando para a construção do hospital de especialidades. Estamos sempre discutindo. Ela não abre mão desse projeto.

— Você deveria me deixar conversar com ela. Você sabe que sou apaixonado por sua irmã! Quem sabe não consigo dobrá-la?

— Você está apaixonado mesmo, está completamente cego. Ela não quer nem ouvir falar do seu nome. O que houve entre vocês? Soube que vocês se conheceram quando ela estudava Medicina, mas não sei por que Marta tem tanta raiva de você.

— Eu me apaixonei por sua irmã logo que a conheci, porém, ela não ligou para mim. Quando comecei a sair com uma amiga dela, Marta se irritou e me perguntou por que eu saía com outras se dizia gostar dela. Fiquei sem entender e resolvi me afastar. Só fui reencontrá-la aqui em Rovena. Eu mesmo não sei por que ela não me suporta.

— Ah, mulheres! São mesmo difíceis. Foi por isso que não se casou?

— Sim, espero que um dia eu consiga me aproximar de Marta e convencê-la de que não quis magoá-la. Quem sabe ela aceite meu amor? E como vai a Wanda?

— Wanda está bem. Sempre linda, sempre amorosa. Vou a São Paulo encontrar-me com ela. Faz duas semanas que não nos vemos.

— Há quanto tempo você está com ela?

— Há uns três anos, por quê?

— Cuidado, Henrique. Ela pode prejudicá-lo.

— Como ela me prejudicaria?

— Sua carreira política está em ascensão. Não permita que nada o atrapalhe. Três anos com alguém é muito tempo. Logo, logo ela vai cobrar-lhe uma relação mais séria.

10

— Ela não é disso. Não se importa com minha carreira. Ela gosta de mim e não do prefeito Henrique.

— Espero que você tenha razão, meu amigo. Bem, vou indo. Boa viagem.

— Obrigado, Roberto. Estarei de volta na segunda-feira.

***

A doutora Marta Alencar conhecia bem os problemas dos moradores de Rovena. A Santa Casa tinha recursos limitados, e jovens gestantes, crianças e pessoas idosas não tinham o atendimento médico que mereciam.

Ela insistia com o irmão sobre a construção do hospital de especialidades, porque sabia o quanto era importante para a cidade. Muitas vezes, tinha de transferir pacientes para cidades próximas, o que causava transtornos para o paciente e para sua família. Marta não entendia por que o irmão não se esforçava para aprovar o projeto do hospital que beneficiaria tanta gente.

Depois da discussão com Henrique, Marta foi procurar o vereador e diretor clínico da Santa Casa.

— Doutor Raul, por que vocês não aprovam o projeto do hospital? O que é preciso fazer?

— Marta, é preciso que seu irmão nos apresente um projeto coerente com a realidade de nossa cidade. O projeto dele é fantasioso, e a área que ele quer desapropriar está em litígio.

— Como assim, em litígio?

— Uma parte daquela área pertence à Igreja e a outra está em processo de inventário. Houve um erro na medição das áreas. A escritura da Igreja apresenta uma medida que não é a real. E a documentação da área que está sendo inventariada também está irregular.

— Você pode me explicar melhor? Como as áreas podem estar erradas? As escrituras devem ser antigas.

— Exatamente por isso. Foram feitas medições sem aparelhos adequados. Mediram com trenas. Você se lembra que havia um convento anexo à igreja?

— Sim. Ele foi demolido depois. A igreja mudou-se para outra área, e o convento acabou sendo destruído.

— Isso mesmo. Essa área ficou sem função. Foi cercada e abandonada. Quando o pessoal da prefeitura foi fazer a medição para a reavaliação do IPTU no ano passado, acabou percebendo o erro. A área encontrada é menor que a que consta na escritura original do terreno. É como se alguém tivesse mudado a cerca de lugar para se apropriar do terreno da Igreja.

— Que confusão! E isso não pode ser resolvido?

— Poderia, se o Henrique tivesse boa vontade. O proprietário do terreno vizinho morreu. É preciso localizar seus herdeiros para fazer o acerto da área. Bem... fica só entre nós o que vou lhe dizer, OK? Posso confiar em você?

— Doutor Raul, nós trabalhamos juntos há tanto tempo. Eu sou irmã do prefeito, mas não sou ele. Não aprovo as atitudes do meu irmão e já deixei isso bem claro.

— Soube que aquele amigo dele, Roberto de Almeida, está querendo mover um processo de usucapião para se tornar dono daquela área. Se ele conseguir, irá construir um condomínio de alto padrão naquele terreno. Você acha que autorizarão a construção de um hospital naquela rua?

— Mas isso é um absurdo! E como o Roberto vai conseguir isso?

— Não sei, Marta, e também não tenho como provar o que estou dizendo. Quem me contou não vai confirmar essa história. Agora, se construírem um condomínio de alto padrão naquele terreno, seu irmão certamente será beneficiado financeiramente. E sabemos que isso vem acontecendo... apenas não temos como provar.

— Eu também já ouvi isso, mas não sei como Henrique faz essas tramoias. Se eu tivesse como descobrir, entregaria meu irmão à polícia.

— Você teria coragem de fazer isso? Ele é seu irmão.

— Mas está agindo de forma errada, e não posso concordar com isso. Não tem como conseguir o endereço desses herdeiros e procurá-los?

— Não sei, Marta. Processos de inventário correm sob segredo de justiça. Não temos acesso a eles.

— E se pedíssemos ajuda a algum advogado?

— Você pode tentar, mas tome cuidado. Roberto é um homem perigoso. Muita gente nesta cidade deve favores a ele. Se ele souber que você está pretendendo procurar os herdeiros, provavelmente vai tentar impedi-la.

— Eu sei. Conheço Roberto desde o tempo da faculdade. Ele tem péssimo caráter. Enganou uma amiga minha. Ela engravidou, e Roberto convenceu-a a fazer um aborto. Se eu não tivesse chegado a tempo, ela teria morrido. Não suporto aquele homem. Mas vou tentar assim mesmo. Obrigada por sua colaboração.

— Não tem de quê, Marta. Infelizmente, nós, vereadores, estamos presos à máquina burocrática, e os que apoiam Henrique são maioria aqui.

— Obrigada, doutor Raul. Meu bipe está tocando. Vou até a enfermaria, até logo.

— Até logo.

Depois que Marta se retirou, outro médico se aproximou do doutor Raul:

— Doutor Raul, como vai?

— Vou bem, e você? Faz tempo que chegou?

— Não, vi que estava conversando com a doutora Marta e não quis atrapalhar.

— Você podia ter vindo cumprimentá-la, Jorge. Nós apenas estávamos conversando.

— De qualquer forma, eu atrapalharia. Ela é uma bela mulher. Por que será que ainda não se casou?

— Não sei. Não me preocupo com a vida de Marta. Por que não pergunta diretamente a ela?

— Calma, Raul, não precisa ficar irritado. Foi apenas um comentário.

— Preciso ir, até mais.

— Até mais, nos vemos por aí — Jorge tornou.

Assim que Raul saiu, Jorge ligou para Roberto:

— Roberto? É Jorge. Tudo bem?

— Tudo bem. Alguma novidade?

— Sim. Faz uns quinze minutos que cheguei ao hospital e encontrei o doutor Raul Molina conversando com a doutora Marta de Alencar. Eles falavam baixo, mas pude ouvir algo sobre o terreno da Igreja e a construção do hospital novo.

— Você ouviu algum comentário sobre o terreno ou sobre os herdeiros?

— Não sei ao certo, pois, como lhe disse, eles falavam em voz baixa.

— Obrigado, Jorge. Fique de olho neles, pois você só tem a ganhar.

— Conte comigo, Roberto. Até mais.

— Até logo.

Roberto desligou o telefone irritado. Raul Molina era um vereador querido pela população e estava interessado na construção do hospital. Marta era um problema que ele contornaria com Henrique, mas o médico era diferente. Precisava tomar cuidado e teria de agir com rapidez. Era preciso encontrar os herdeiros antes que alguém o fizesse.

Pensando nisso, ligou para o advogado que estava cuidando da ação de usucapião:

— Alexandre, como vai? É Roberto de Almeida.

— Roberto, tudo bem? Faz dias que não nos falamos.

— Como está o processo de usucapião?

— Ainda não pude fazer nada. Existem herdeiros, e o juiz está tentando localizá-los.

— Com toda essa lentidão, não poderei dar sequência ao meu projeto de construção do condomínio. Não consegue fazer isso de forma mais rápida? Se você tiver despesas, eu o reembolsarei. Não se preocupe.

— Roberto, não se trata de despesas, trata-se de prazo. E o juiz que está cuidando do inventário obedece a todos eles. Eu estive com ele e falei de sua necessidade de utilizar a área. O juiz simplesmente me disse que não pode fazer nada e que só dará o inventário por encerrado quando conseguir encontrar todos os herdeiros.

— O problema, Alexandre, é que há uma médica aqui em Rovena que quer construir um hospital no mesmo local onde desejo construir o condomínio. Você deve conhecê-la. É a irmã do prefeito — Roberto fez uma pausa e continuou: — Isso, no entanto, não é possível. Quem vai querer morar ao lado de um hospital?

— Eu sei, meu amigo, eu sei. Mas, infelizmente, não posso fazer nada. Assim que eu tiver alguma notícia, o avisarei.

— Está bem. Ficarei aguardando. Até mais.

— Um abraço, Roberto.

Roberto ficou ainda mais irritado com o telefonema do advogado e pensava: "Mas por que essa mulher tem de se meter em meu caminho sempre? Não basta o que houve em São Paulo?! Ela está sempre me atrapalhando. Vou falar com Henrique. Ele terá de dar um jeito nela, senão, eu mesmo tomarei providências para que ela não atrapalhe meus negócios... Preciso deter Marta! Ela é uma mulher maravilhosa, mas só me cria problemas. Marta, Marta, um dia você será minha!".

Com esses pensamentos, Roberto resolveu ir para casa. Tomaria um banho de piscina e aproveitaria para relaxar. Depois iria à casa de Ana Lúcia.

CAPÍTULO 2

Marta encerrou o plantão às 6 horas da manhã. Como não estava com sono, resolveu dar uma volta e acabou parando em frente ao terreno onde queria erguer o hospital. A médica desceu do carro, encostou-se no automóvel e ficou imaginando como seria o hospital que desejava construir. Ela não percebeu quando um carro parou próximo ao dela e o motorista ficou observando-a, temendo assustá-la.

— Bom dia!

Marta olhou assustada e viu um homem alto e moreno observando-a.

— Você costuma assustar as pessoas? — ela questionou.

— Não, me desculpe. Percebi que você estava distraída, porque não se moveu quando estacionei. Já faz alguns minutos que estou aqui. Preciso de uma informação.

— Perdão, não quis ser grosseira. Estava imaginando a construção que desejo fazer aqui e me perdi em meus pensamentos. O que você quer saber?

— Estou em Rovena? Como chego ao centro?

— Você está em Rovena e, para chegar ao centro da cidade, é só seguir em frente.

— Tem algum hotel na cidade?

— Há sim. É um hotel simples, mas bastante acolhedor. Chama-se Hotel dos Monges e fica na rua principal.

— Nome interessante para um hotel. Pertence à Igreja?

— Não. O proprietário decidiu dar esse nome ao empreendimento, apenas isso.

— E seu nome? Qual é?

— Marta de Alencar. E o seu?

— Armando Lucan Magalhães, muito prazer.

— Muito prazer. Seu nome é diferente. De onde vem o Lucan?

— Não sei bem, mas tem alguma coisa a ver com meus avós. Minha mãe morreu, quando eu tinha dez anos. Meu pai me mandou estudar na Suíça. Vivi muitos anos fora do Brasil e sem contato com minha família. Estou voltando agora.

— Sua família é daqui de Rovena?

— Não, é de São Paulo. Quando terminei meus estudos, voltei para o Brasil e comecei a trabalhar numa empresa petrolífera. Meu trabalho me obriga a viajar muito. Eu estava na Venezuela, quando soube que meu pai estava muito mal. Tirei uma licença e vim para o Brasil. Papai faleceu e nos deixou alguns bens, e estou cuidando do inventário. Há alguns dias, encontrei a escritura de um terreno daqui desta cidade e estou tentando descobrir por que ninguém sabia da existência dele. Nem sei se ele ainda é nosso. Desculpe-me, eu falo muito. Estou falando de mim e a desconcentrei.

— Não se preocupe. Sabe... muitas pessoas compraram terras nesta cidade, e não sei por que não construíram nada. Bem... você só poderá saber algo sobre o imóvel na segunda-feira.

— Sim, eu sei, mas achei o nome da cidade curioso e resolvi vir conhecê-la. Passarei o fim de semana aqui. Você é daqui?

— Sou. Nasci aqui, me formei em Medicina na USP e trabalho na Santa Casa local. Estamos precisando de um hospital novo, e este terreno é o ideal, porém, está com a documentação irregular. Esse terreno pertence à Igreja, mas a medição do IPTU não confere com a escritura que os padres possuem. O terreno ao lado está em um inventário que ninguém consegue encerrar e tem uma área maior do que a que consta nos documentos do cartório. Segundo me disseram, o dono desse terreno teria invadido a área da Igreja. Além disso, há um empresário tentando mover um processo de usucapião nessa área. Com isso meu sonhado e necessário hospital não sai.

— Puxa vida, Marta, que confusão! Esse hospital é muito importante para você?

— Sim, muito. Esta cidade não oferece atendimento médico adequado a idosos, crianças e principalmente adolescentes gestantes, e estou impossibilitada de fazer qualquer coisa por eles. Não acho justo que deem a usucapião a Roberto. Ele construirá um condomínio de luxo, e eu ficarei sem meu hospital. A cidade não precisa de mais um condomínio, precisa de um hospital.

— Parece que você trabalhou a noite toda. Não quer me acompanhar à cidade e tomar um café?

— Você está certo! Trabalhei a noite toda e preciso descansar para pensar numa forma de resolver esse problema. Eu o guiarei até o centro, mas, quanto a tomar o café, não poderei. Preciso descansar.

— Está bem. De qualquer forma, você sabe onde me encontrar. Podíamos almoçar juntos, o que você acha?

— Acho que seria ótimo. Pode ser às 14 horas?

— No horário que você quiser.

— Está bem. Vou levá-lo até o hotel e de lá seguirei para minha casa.

— Combinado. Nos vemos então às 14 horas.

Os dois seguiram em seus carros, e Marta deixou Armando em frente ao hotel. Enquanto seguia para sua casa, pensava no encontro com aquele homem. Ele era bonito, estava bem-vestido e falava com desenvoltura. "Marta, acorde! Não comece a sonhar!", pensou ela e sorriu. Precisava dormir e voltar para sua realidade.

***

Armando registrou-se no hotel e pediu ao serviço de quarto que lhe mandasse um lanche. Enquanto aguardava, deitou-se na cama e começou a pensar em Marta. "Ela é encantadora! E quem é esse Roberto, que está interessado em meu terreno? Preciso saber mais sobre ela e tomar cuidado para não assustá-la. Ah, papai! Por que você me deixou tantos problemas para resolver? Por que não me pôs a par dos seus negócios?". Uma batida na porta tirou-o dos seus devaneios.

— Seu lanche, senhor.

— Obrigado. Vocês servem almoço aqui no hotel?

— Não, senhor, apenas lanches. Mas aqui em frente há um restaurante excelente. É comida caseira e muito bem preparada pela dona Lourdes.

— Obrigado. Seu nome é?

— De nada, senhor. Meu nome é Ivan.

— Obrigado, Ivan.

Depois de comer, Armando ligou para seu advogado:

— Rogério?

— Sim? Armando, como vai? Já está em Rovena?

— Estou bem e já estou em Rovena. A primeira pessoa que conheci foi a doutora Marta de Alencar, irmã do prefeito.

— Ela lhe disse isso?

— Não, me disse apenas seu nome, que era médica e me falou do hospital. Você e o padre Antônio estavam certos. Invadiram o terreno da igreja e já existe uma ação de usucapião referente ao imóvel do papai.

— O que você pretende fazer?

— Por ora, nada. Vou almoçar com Marta e procurar saber um pouco mais sobre a cidade. Acho que ela não sabe das tramoias do irmão.

— Como você pode ter certeza?

— Porque, quando ela fala do hospital que quer construir, é muito sincera. Se estivesse de acordo com o irmão, não iria se importar com a construção do condomínio.

— Quer que eu faça alguma coisa, Armando?

— Sim. Diga ao padre Antônio que fique de sobreaviso, pois talvez eu precise que ele venha para Rovena. A doutora Marta não sabe que a Igreja doou o terreno para a prefeitura construir o hospital.

— Fique tranquilo. Falarei com ele hoje mesmo. E os pesadelos?

— Já estou me acostumando a eles. O que me incomoda é o fato de só conseguir me lembrar da voz de uma mulher gritando meu segundo nome.

— Armando, acho que você está precisando de férias verdadeiras.

— Mas eu estou de férias! Por que não seriam verdadeiras?

— Porque você veio ao Brasil para cuidar do seu pai e logo em seguida ele faleceu. Depois, abrimos o inventário, nos deparamos com esse terreno que ninguém sabia que existia e descobrimos que há uma pessoa interessada em tomar posse dele. Estamos lidando com tudo isso há mais de um mês, e até agora você não parou para descansar como deveria.

— Rogério, não posso deixar esse assunto de lado. O imóvel é meu, e há uma pessoa interessada em tomá-lo para construir um condomínio de luxo no lugar. No mesmo lugar em que uma bela médica deseja construir um hospital, que, segundo ela, é necessário para a cidade. Não conseguirei dormir com todos esses problemas à minha volta. Vamos tentar fechar esse inventário o mais rápido possível. Segunda-feira, conversarei com o doutor Otávio. Tenho certeza de que, depois dessa entrevista, as coisas entrarão nos eixos.

Rindo, Rogério respondeu:

— Conheço você há tempo suficiente para dizer que isso não acontecerá, ainda mais com "uma bela médica" solteira, aí em Rovena. Você vai é ter mais pesadelos!

— Não brinque com isso. Tenho a sensação de que os pesadelos estão ligados a esse terreno do papai. Não me pergunte o porquê.

18

— Não vou perguntar, pois tenho muitos assuntos para resolver e preciso deixar meu escritório em ordem, porque logo, logo, terei de ir para aí, certo?

— Certo, Rogério. Vou precisar de você. Agora vou deixá-lo trabalhar. Até mais.

— Até, um abraço.

***

Marta parou o carro em frente ao hotel e viu que Armando já a estava esperando:

— Boa tarde. Onde você quer almoçar?

— Boa tarde, Marta. Você está com uma ótima aparência. Quanto ao restaurante, deixo a seu critério.

— Obrigada pelo elogio à minha aparência. Não tenho dormido muito ultimamente. Vamos almoçar no Labirinto? Fica aqui perto. Podemos ir andando.

— Por acaso é o restaurante da dona Lourdes?

— Não, o restaurante da Lourdes é aqui em frente. O Labirinto fica na outra rua. Eles servem o almoço até mais tarde. A essa hora, Lourdes já fechou a cozinha. Quem lhe falou sobre ela?

— Um funcionário do hotel que me levou um lanche.

— O Ivan?

— Sim. Parece que você conhece todo mundo por aqui.

— Eu nasci aqui, meu pai foi prefeito da cidade, e meu irmão é o atual prefeito. Só saí de Rovena quando fui estudar. Hoje, trabalho na Santa Casa, onde acabo conhecendo uma grande parte dos moradores.

— Qual é sua especialidade?

— Sou clínica geral. Atendo grávidas, idosos, bebês, crianças, enfim, todas as pessoas que precisam de tratamento.

— A Santa Casa tem quantos médicos?

— Somos dez profissionais. A cidade tem perto de 200 mil habitantes, então, imagine como é o atendimento!

— E o que mudará se você construir um hospital de especialidades?

— Poderemos trazer mais médicos para cá. Médicos especialistas em ginecologia, pediatria, geriatria etc. Em alguns casos de cirurgia, temos de enviar o paciente para outras cidades, e isso cria uma série de transtornos para eles e seus familiares. O hospital possui apenas duas ambulâncias, é tudo muito precário.

— E quem mantém a Santa Casa?

— Ah! Chegamos.

Marta e Armando sentaram-se perto de uma das janelas. O restaurante fora construído com madeira, e havia uma escada no centro do salão que levava ao andar superior, onde havia locais separados por pequenos biombos:

— Alfredo reserva o andar superior para os casais. Lá, ele cria um clima romântico, com música ambiente e luz de velas. É bem aconchegante.

— Gostei da ideia! Quem sabe possamos vir aqui futuramente?

— É! Quem sabe!

— Doutora Marta, que prazer tê-la aqui!

— Boa tarde, Alfredo. Este é Armando. Ele chegou hoje a Rovena.

— Muito prazer! Seja bem-vindo à nossa cidade.

— Obrigado, Alfredo. Seu restaurante é muito simpático.

— Obrigado. Vocês já escolheram ou posso sugerir o prato da casa?

— Você tem preferência por carne ou peixe? — Marta questionou a Armando.

— Deixo a seu critério. Como carne e peixe. Só gostaria de escolher o vinho.

— O que você preparou para hoje, Alfredo?

— Temos anchova assada, arroz branco, cuscuz de atum e legumes grelhados. Para beber, eu lhe trarei os dois rótulos de vinho branco que servimos aqui. Ou o senhor prefere vinho tinto?

— Não. Se vamos comer peixe, o ideal é acompanharmos o prato com vinho branco. O que acha, Marta?

— Para mim, está ótimo. Os vinhos que o Alfredo serve vêm do Sul. São ótimos.

— Então, está resolvido! Pode trazer o vinho branco — Armando tornou.

— Perfeito! Vou providenciar o almoço e trarei duas garrafas para o senhor escolher. Com licença.

— Obrigado, Alfredo.

— O peixe que ele faz aqui é muito bom. Alfredo o pré-assa e, quando fazemos o pedido, ele tempera e volta o peixe ao forno. Fica uma delícia.

— Senhor Armando, por favor, escolha o vinho.

— Hum! Vinícola Sul-rio-grandense. Vamos tomar este aqui.

— Se me permite dizer, o senhor escolheu muito bem.

— Obrigado, Alfredo. Pode deixar que eu mesmo sirvo.

— Pois não, com licença.

— Você estava me perguntado alguma coisa quando chegamos.

— Sim, eu perguntei quem mantém a Santa Casa.

— A prefeitura mantém uma verba regular. O governo manda numerário pelo Sistema Único de Saúde, atendemos alguns pacientes particulares e há alguns moradores que fazem doações mensais. Esse dinheiro mantém o essencial, mas precisamos de mais. Os empresários da região não ajudam, e meu irmão diz que, como eles mantêm a cidade com o pagamento de impostos, não seria justo impor-lhes mais um ônus — tornou Marta.

— Seu irmão?

— Sim, meu irmão é o prefeito daqui.

— É mesmo. Seu pai foi prefeito, e hoje o prefeito é seu irmão.

— Isso mesmo.

— Doutora Marta, que prazer revê-la! Não vai me apresentar a seu amigo? — Roberto interrompeu a conversa.

— Como vai, Roberto? Armando, este é Roberto de Almeida.

— Muito prazer.

— Você está passeando em Rovena ou veio a negócios?

— Estou por aqui de passagem. Vim rever alguns amigos.

— Ah! Claro! A doutora Marta não sairia com um estranho. Bem, com licença. Estou acompanhado. Preciso subir e fazer companhia para Ana Lúcia. Espero que sua estada aqui em Rovena seja muito agradável!

— Obrigado, Roberto. Tenho certeza de que ficarei muito bem aqui.

— Até logo, Marta.

Marta não respondeu ao cumprimento e limitou-se a olhar para Roberto sem sorrir, gesto que não passou despercebido a Armando.

— Pelo jeito que você ficou, imagino que Roberto não seja uma pessoa de suas relações, ou estou enganado?

— Não está enganado não. Roberto é uma pessoa fútil e insuportável. Quando meu irmão entrou na política, tornou-se amigo dele. Eu o conheci em São Paulo em uma situação que não vale a pena mencionar.

— Ele parece ter ciúmes de você. Notei como ele me olhou, querendo saber quem eu era e o que fazia aqui.

— Sua resposta foi ótima, obrigada.

— Você não é comprometida?

— Por quê? Você é casado?

Armando riu e com um sorriso respondeu:

— Fique tranquila, não sou casado. E não há nenhuma mulher atrás de mim.

Marta sorriu e disse:

21

— Não sou comprometida. Meu compromisso é com o hospital e com meus pacientes. Não estou interessada em homens como Roberto, que só pensam em enriquecer, não importa de que maneira.

— Você não tem uma boa imagem dos homens. Acho que preciso desfazer isso...

— Desculpe. Roberto tem a capacidade de me deixar de mau humor. Vamos falar sobre coisas mais amenas. Nada sobre hospital, prefeitura, investimentos! Senão, acabarei sendo uma péssima companhia.

— Está bem. Hum! Nosso almoço está chegando. Antes de comer, vamos fazer um brinde: "A uma amizade que está surgindo!".

Marta brindou com Armando e tratou de esquecer o incômodo que a presença de Roberto lhe causara.

— Está gostando da comida?

— Está uma delícia. O peixe está muito bem temperado.

— Alfredo cozinha muito bem.

— Faz tempo que ele tem o restaurante?

— Uns três anos. Ele trouxe essa técnica de Piracicaba.

— Eu já estive em Piracicaba e não me lembro de ter comido um peixe tão bom.

— É que as pessoas que vão para lá comem no restaurante do Mirante, e ele trabalhava num restaurante da Rua do Porto, por isso muita gente não conhece o trabalho do Alfredo.

— Você tem razão, eu almocei no Mirante. Essa comida está ótima. O que faremos depois do almoço?

— Podemos andar um pouco. Mais tarde, preciso passar no hospital.

— O vinho não vai lhe fazer mal?

— Não, vou tomar apenas uma taça.

— Eu deveria ter perguntado antes a você. O que faremos com o resto do vinho?

— Deixamos aqui. Quando um cliente que frequenta o Labirinto não consome todo o vinho, Alfredo separa a garrafa, põe uma etiqueta com o nome da pessoa que consumiu parte do vinho e guarda na adega. Se você voltar aqui hoje à noite ou amanhã, ele lhe entregará essa garrafa.

— A adega é climatizada?

— Sim, sim.

— Interessante. Não perdemos o conteúdo nem precisamos beber tudo de uma vez. Gostei da ideia. Posso acompanhá-la ao hospital? Assim, conhecerei um pouco mais da cidade.

— Se não se importar de ficar na recepção.

— Não vou me importar. Quem sabe não voltamos aqui para beber o restante do vinho?

— Está bem. Hoje, eu já saí completamente de minha rotina, mas não posso ir para casa tarde. Preciso chegar cedo ao hospital amanhã.

— Não se preocupe, Marta. Seguirei os horários que você determinar.

— Posso lhe fazer uma pergunta pessoal?

— O que gostaria de saber?

— Por que me convidou para almoçar e quer ficar comigo até a noite? Desculpe-me, mas não acredito que não haja uma mulher em sua vida.

— Marta, a convidei para almoçar porque queria conhecê-la melhor. Quando falou do hospital, sua sinceridade me encantou. É difícil, pelo menos não encontrei ainda, uma mulher com essa obstinação. Tenho certeza de que você conseguirá seu hospital. Quanto a existir uma mulher em minha vida, fique sossegada, pois não tenho ninguém. Estou com 40 anos. Casei-me com 25 anos, e meu casamento durou apenas dois anos. Como lhe disse, trabalho para uma companhia petrolífera, e minha função é instalar sondas para pesquisa no fundo do mar. Tenho uma equipe muito boa, e viajamos o mundo todo. Ana Luiza não suportou minha ausência. Ela tinha o trabalho dela e não podia me acompanhar nas viagens. Nós tentamos e não deu certo, então decidimos nos separar. Não tivemos filhos, e hoje ela está casada com um industrial, tem dois filhos e vive muito bem.

Armando fez uma breve pausa e continuou:

— Depois dessa experiência, preferi não me envolver seriamente com nenhuma mulher. Meu relacionamento foi muito desgastante, tínhamos brigas constantes, e não há amor que resista a isso. E você? Por que aceitou meu convite?

— Não sei ao certo, foi um impulso. Há muito tempo não saio para almoçar com alguém interessante. Estou sempre acompanhada do pessoal do hospital, e nossas conversas giram sempre em torno do hospital e dos doentes. Você não é médico! Acho que foi por isso.

— Por um momento, achei que eu fosse alguém interessante!

Marta riu e tornou:

— Você é uma pessoa interessante. É um homem bonito, agradável, e eu gostei de conhecê-lo.

— Nunca pensou em se casar?

— Pensei sim, mas não deu certo. Durante a faculdade, namorei um estudante de Medicina dois anos mais velho que eu. Nosso namoro ia bem até eu pegá-lo com uma de minhas amigas, também estudante de Medicina. Ele tentou se justificar, dizendo que isso era normal em nossa profissão, pois nosso nível de estresse era muito alto e por essa razão precisávamos nos relacionar sexualmente para extravasar nossa energia. Minha vontade foi de esmurrá-lo. Fui embora e nunca mais falei com ele. Engraçado... nunca falei sobre isso com ninguém. Acho que é o vinho.

— Não culpe o vinho. Talvez você estivesse precisando de um amigo para conversar. Às vezes, é mais fácil falar com desconhecidos, pois eles não nos julgam, e, se julgarem, a probabilidade de reencontro é remota. Confesso que dificilmente falo sobre mim ou sobre meu casamento, contudo, com você é fácil conversar.

— Obrigada. Não sei se conseguirei confiar em outro homem. Sempre que inicio um relacionamento, me lembro do Adalberto ou encontro alguém parecido com Roberto.

— Não pense assim. Você é uma mulher linda, inteligente, decidida, que preza a ética... Só não encontrou alguém que a mereça. É só isso.

— Você é muito gentil, Armando. Bem... preciso ir. Já estou me atrasando muito.

— Está bem! Vou pedir a conta e a acompanho ao hospital.

CAPÍTULO 3

— Roberto, o que há com você, meu amor? Está distante, parece preocupado — Ana Lúcia comentou.

— Desculpe, Ana. Vi uma cena há pouco que me deixou irritado. Não se preocupe. Não tem nada a ver com você.

— Vamos, relaxe, tome mais um pouco de vinho. O que acha de irmos para sua casa? Mais tarde, podíamos tomar um banho de piscina.

— Não, Ana, tenho alguns problemas urgentes para resolver. Vamos terminar o almoço, e a levarei para casa.

— Você tem feito isso constantemente. Me leva para almoçar ou para jantar e depois me dispensa. O que está acontecendo? Minha companhia não o agrada mais?

— Ana Lúcia, por favor. Você sabe que tenho muitos afazeres. Não comece a inventar problemas que não existem. Eu já lhe disse que, assim que minha vida estiver em ordem, faremos um cruzeiro. Agora, pare de me amolar com coisas bobas.

Nesse momento, os dois viram pela janela Marta e Armando deixando o restaurante. Ana Lúcia percebeu o olhar enraivecido de Roberto, contudo, não disse nada. Não iria fazer uma cena, mas não deixaria Roberto usá-la como ele pretendia.

Ana Lúcia estava com Roberto havia alguns anos. Ele não assumia um compromisso e sempre arranjava desculpas quando ela tocava no assunto. Ana, porém, estava determinada a tirar proveito dessa situação e pensava que não permitiria que Roberto a deixasse de lado. Sabia que ele nutria uma paixão por Marta, mas não era correspondido. O acompanhante da médica era um homem bonito e desconhecido, e Ana tinha certeza de que isso irritara Roberto.

— Vamos, Ana. Preciso ir embora.

— Está bem. Já pediu a conta?

***

Marta chegou ao hospital e na recepção foi informada de que a estavam procurando:

— Doutora Marta, que bom que a senhora chegou! Estamos com uma emergência no centro cirúrgico.

— O que houve?

— O senhor Álvaro Gimenez está com hemorragia.

— E o doutor Raul? Vocês o chamaram?

— Ele não está na cidade. Só contamos com a senhora.

— Está bem, Armando?

— Vá sossegada. Ficarei aqui esperando por você. Dê-me as chaves do carro para que eu possa deixá-lo no estacionamento.

— Obrigada. Vamos, Cida! Quem está com o paciente?

Enquanto Marta seguia pelo corredor do hospital, Armando olhava-a, encantado com a segurança da médica e seu amor pela profissão.

— Senhor?

— Sim?

— O senhor deseja alguma coisa?

— Ah! Não. Estou acompanhando a doutora Marta. Onde é o estacionamento?

— Saindo por essa porta, fica à sua esquerda.

— Obrigado.

Armando estacionou o carro e notou que estava sendo observado. Um homem de avental branco estava fumando e olhava com curiosidade para ele. Armando fechou o carro, cumprimentou o homem e voltou para a recepção do hospital.

Vendo que Armando entrara no hospital, Jorge esperou alguns minutos para certificar-se de que ele não voltaria e depois ligou para Roberto:

— Roberto? É Jorge.

— Diga, Jorge. O que houve?

— Já soube que tem um estranho acompanhando a doutora Marta?

— Sim, eu os vi no Labirinto. Por quê?

— Ele a trouxe para o hospital e estava dirigindo o carro dela.

— Não se preocupe, Jorge. Parece que são amigos antigos. Se você conseguir alguma informação sobre ele, me avise.

— Fique tranquilo. Até logo.

Roberto desligou o telefone sem responder, pois estava irritado com aquela situação. "Quem é esse homem e o que estará fazendo com Marta?", pensou. Precisava falar com Henrique, mas o celular do amigo estava fora de área. Irritado, atirou um copo na parede e gritou:

— Você é minha, Marta! Ninguém vai roubá-la de mim! Ninguém!

***

Armando perguntou na recepção onde poderia ficar esperando Marta, e a atendente indicou-lhe a sala de espera e ofereceu-lhe café.

— Obrigado, acabei de almoçar. Incomodo se ficar nesta sala? Creio que a doutora Marta vá demorar um pouco.

— Não incomoda não. Nesta sala ficam os parentes das pessoas que estão aguardando para falar com os médicos. É bem possível que logo o senhor tenha companhia. O senhor se chama...?

— Armando. Por favor, assim que for possível, avise doutora Marta de que a estou esperando, mas que não tenho pressa. Como é seu nome?

— Rita. Pedirei a uma das enfermeiras para dar o recado a ela. Se o senhor precisar de alguma coisa, por favor, venha à recepção.

— Obrigado, Rita.

Algum tempo depois, chegaram um casal e uma senhora. Os três cumprimentaram Armando e sentaram-se próximos a ele. Conversavam sobre o paciente que Marta estava operando.

— Graças a Deus, ela estava aqui, senão o pobre Álvaro não seria socorrido.

— É, mamãe, a senhora tem razão. Papai teria de ser levado para Campinas. Seria terrível.

O rapaz que acompanhava as duas mulheres se virou para Armando e perguntou:

— O senhor está esperando notícias de algum paciente?

— Não. Eu estou esperando pela doutora Marta. Vocês são parentes do senhor que está sendo operado por ela?

— Sim, meu nome é Gabriel, e essas são minha mãe Josefa e minha irmã Sara. Desculpe-me se fui inconveniente, senhor. A doutora Marta está operando meu pai.

— Você não foi inconveniente, não, fique tranquilo. Sou amigo da doutora Marta. Nós almoçamos juntos e viemos para cá, porque ela queria ver alguns pacientes. Quando chegamos, nos informaram que havia um paciente que necessitava de cuidados urgentes. Fui estacionar o carro e vou esperar Marta para levá-la para casa. Não precisa me tratar por senhor. Meu nome é Armando.

Josefa virou-se para Armando e disse:

— A doutora Marta é muito querida em nossa cidade. Sem ela, não sei o que seria de nós.

Armando perguntou:

— Mas não existem outros médicos aqui? Desculpem-me perguntar, mas não sou daqui. Cheguei hoje à cidade.

Foi Gabriel quem respondeu:

— Existir existe, mas é ela quem nos socorre. Os outros apenas cumprem horário. Doutora Marta nos atende aqui no hospital e no pronto-socorro do bairro. Não temos muitos recursos financeiros. Muitas vezes, ela nos dá remédios, nos ensina a fazer medicamentos caseiros, nos explica como devemos nos alimentar. Temos total confiança nela.

— O senhor pode ter certeza de que, se ela não conseguir salvar o Álvaro, é porque não tinha jeito mesmo. Estava na hora de ele partir.

Sara completou:

— Mamãe está certa. Ah! se todos nessa cidade fossem como ela! É difícil acreditar que doutora Marta seja irmã do nosso prefeito, pois são completamente diferentes.

Gabriel alertou a irmã:

— Sara, não fale assim! Não conhecemos o senhor Armando! Ele pode ser amigo da família e se sentir ofendido.

— Não se preocupe, Gabriel. Sou amigo apenas de Marta, não conheço a família dela.

Sem entender direito, Josefa perguntou:

— Como o senhor pode ser amigo da doutora e não conhecer a família dela?

— Dona Josefa, é uma longa história. Vocês querem tomar um café? Posso pegar ali na máquina.

— Se não for incômodo... — tornou Josefa.

— Eu vou com o senhor.

— Está bem! Vamos, Gabriel.

A sós com a filha, Josefa comentou:

— Gostei desse moço! Ele parece ser gente de bem.

— Tomara, mamãe. A doutora Marta merece ter alguém que goste dela.

— Pronto! Trouxemos café e alguns biscoitos — Armando anunciou.

— O senhor não precisava se incomodar.

— Não se preocupe, dona Josefa. A noite será longa, e é mais fácil esperar com o estômago cheio. A senhora não acha?

— O senhor tem razão, mas não é justo que lhe demos trabalho.

— Não é trabalho nenhum. Fique tranquila.

Passava das 22 horas, quando uma das assistentes entrou na sala de espera e avisou que a cirurgia terminara e que a doutora Marta logo estaria com eles.

Josefa perguntou:

— Meu marido está bem?

— Não posso responder-lhe, senhora, porque não estava no centro cirúrgico, mas a doutora logo virá falar com vocês. Boa noite.

Alguns minutos depois, Marta chegou à sala de espera, e todos se levantaram ansiosos pelo resultado da cirurgia:

— Doutora Marta, como está Álvaro?

— Ele está bem, está dormindo. A cirurgia foi longa, mas fomos bem-sucedidos. Vocês o socorreram na hora certa. Nós o manteremos sedado até amanhã. Podem ir para casa descansar. Deixarei uma ordem na recepção para que possam vê-lo amanhã, lá pelas 10 horas, está bem?

Gabriel perguntou:

— Por que não podemos vê-lo agora?

— Pois ele está na UTI. Como lhes disse, a cirurgia foi longa. Vamos deixá-lo descansar. Amanhã cedo, virei vê-lo e, quando vocês chegarem, estarei aqui esperando-os.

— Ele não vai morrer, não é, doutora?

— Não, Josefa, não chore. Ele está bem e não vai morrer tão cedo.

— Doutora, a senhora é um anjo. Faremos o que disse! Voltaremos amanhã cedo. Obrigada, vamos ficar lhe devendo um grande favor.

— Vocês não me devem nada, pare com isso. Fiz meu trabalho e, graças a Deus, no tempo certo. Descansem, e amanhã voltamos a conversar.

— Então, até amanhã, doutora. Adeus, senhor Armando. E mais uma vez obrigada aos dois.

Sara e Gabriel despediram-se, e, quando eles saíram, Marta perguntou:

— Você ficou me esperando até essa hora? Por que não foi descansar?

— Fiquei na companhia da dona Josefa e dos filhos. Comprei café e biscoitos para eles, pois achei que estavam com fome... No fim das contas, estava certo. Marta, todos os seus pacientes são assim?

— Assim como?

— Gente simples, que acredita que, se você não salvar o parente deles, foi porque Deus não quis?

— É mais ou menos isso. Não me considero dona de nenhum poder divino. Estudei Medicina por vocação e adoro cuidar de pessoas. Estudo muito e já resolvi alguns casos bem mais difíceis do que o de hoje. Graças a Deus, eles o trouxeram a tempo, senão, ele teria morrido. Mas se isso tivesse acontecido, não seria vontade de Deus, mas sim negligência da prefeitura, que não dispõe de ambulâncias em número necessário para atender à cidade. Nem temos um carro de resgate com paramédicos, que poderiam ter feito um primeiro atendimento e suavizado as dores que ele estava sentindo.

— Vai para casa agora?

— Sim. Já falei com as enfermeiras, e está tudo calmo. Vamos! Eu deixo você no hotel.

— Nada disso! Sou eu quem vai levá-la para casa. Amanhã cedo, irei buscá-la e levarei seu carro. E não se preocupe, pois não vou fugir com ele. Se quiser, posso deixar as chaves do meu como garantia.

— Armando, sua proposta é tentadora, mas, se houver uma emergência durante a madrugada, precisarei do carro. Eu estou bem, estou acostumada a esse cansaço. Fique sossegado.

— Está bem! Você realmente pode precisar do carro e, em vez de ajudá-la, posso acabar atrapalhando-a. Farei como me pede. Dirigirei até o hotel, pois assim você descansa um pouco.

— Concordo. Vamos.

Enquanto iam para o hotel, Armando perguntou:

— Do que você precisa para construir o hospital?

— De tudo! Terreno, dinheiro para a construção do hospital, dinheiro para comprar os equipamentos e contratar pessoal, porém, não tenho nada.

— Já pensou em pedir ajuda fora daqui?

— Já, mas não sei por onde começar. Vivo aqui e não conheço quem possa me ajudar. Não posso contar com meu irmão, que é o prefeito e deveria ser o maior interessado nessa construção.

— E aquele Roberto? O homem que encontramos no restaurante. Ele não é empresário?

— Roberto é pior que Henrique e, além de tudo, não tem caráter. Não quero nada dele, prefiro ficar como estou.

— Chegamos. Obrigado por me levar para almoçar e me permitir conhecê-la.

— Armando, você não precisa me agradecer. Nós nem nos conhecemos direito, e já lhe contei todos os meus problemas. Desculpe! Fico tão revoltada quando vejo pessoas precisando de atendimento médico e me dou conta de que não posso atendê-los. Fico tão indignada que acabo falando demais.

— Você ficará o dia todo no hospital amanhã?

— Não. Amanhã é domingo. Apenas visitarei alguns pacientes pela manhã e depois irei para casa.

— Podemos nos ver? Gostaria de conversar mais com você sobre o projeto do hospital, pois talvez possa ajudá-la.

— Está bem. Assim que eu estiver livre, ligo para você.

— Você tem o telefone do hotel?

— Tenho sim. Acho que será bom conversarmos. Talvez você me ajude a enxergar uma forma de resolver esse problema.

— Aguardarei sua ligação. Boa noite, Marta.

— Boa noite. Até amanhã.

Armando esperou Marta distanciar-se para entrar no hotel. Quando foi pegar a chave do quarto, encontrou Ivan:

— Boa noite, Ivan. O que você está fazendo aqui a essa hora?

— Boa noite, senhor Armando. Hoje é meu plantão. Se o senhor precisar de alguma coisa...

— Posso lhe pedir um lanche, ou a cozinha está fechada?

— A cozinha funciona até a meia-noite. Pode pedir o que quiser, e eu providenciarei.

— Obrigado. Você tem um cardápio?

— Tenho sim. Aqui está.

Enquanto olhava o cardápio, Armando perguntou:

— Você conhece a doutora Marta?

— Sim, ela é uma pessoa muito especial em nossa cidade. Todos em Rovena gostam muito dela. Por que o senhor está perguntando?

— Porque a conheci hoje e acho que ela seja uma pessoa muito especial.

— Senhor Armando, se existem anjos, ela deve ser um deles. Pode perguntar na cidade toda! Todo mundo tem algum parente que ela ajudou em um momento difícil.

— E por que dizem que ela é diferente do irmão?

— Porque o irmão dela... Por favor, não comente nada do que vou lhe dizer a alguém, senão terei problemas.

— Fique sossegado, Ivan. Não quero criar problemas para você. Se não quiser me contar, não precisa.

— Posso contar, só não gostaria que o senhor dissesse isso a ela. O irmão dela, o prefeito Henrique, não se preocupa com o povo. Ele só pensa em trazer empresas e lojas para cá e construir casas para pessoas ricas. Nossa cidade está precisando de um hospital maior e de uma escola lá para os lados das chácaras. Há alguns bairros que não têm ruas asfaltadas, e dessas coisas ninguém fala.

— E por que vocês o reelegeram?

— Porque um candidato desistiu, e o outro era o senhor Roberto. Ninguém gosta dele na cidade.

— É, Ivan... política é uma coisa complicada. Olhe, escolhi esse lanche aqui. Você manda um para mim?

— Sim, senhor. Em vinte minutos ficará pronto.

— Está bem, obrigado. E pode ficar sossegado. Não vou falar nada do que me contou à doutora Marta.

— Obrigado, senhor Armando. Eu coloquei cerveja e refrigerante no frigobar.

— Obrigado. Boa noite.

— Boa noite, senhor Armando.

Enquanto esperava pelo lanche, Armando ligou para Rogério:

— Rogério, boa noite. É Armando.

— Oi, Armando, aconteceu alguma coisa?

— Sim, mas não quero falar sobre isso agora. Você conseguiu falar com o doutor Otávio?

— Consegui. Ia ligar para você amanhã. Ele pediu que você o encontrasse no fórum na segunda-feira, às 9 horas da manhã. Pediu que o tranquilizasse e que o terreno do seu pai está seguro. Ele ficou muito contente ao saber que você está em Rovena.

— Ótimo, Rogério. Estou colhendo algumas informações com pessoas daqui. A doutora Marta, a irmã do prefeito, é muito querida na cidade, ao contrário do irmão. Preciso que descubra para mim quem é um tal Roberto, empresário. Ele candidatou-se à prefeitura na última eleição. Não quero fazer isso aqui no hotel. Você tem como me passar essa informação amanhã?

— Você vai ficar acordado até tarde?

— Vou. Por quê?

— Daqui a pouco, eu ligo. Vou dar uma olhada na internet e ver o que descubro.

— É tarde, Rogério. Faça isso amanhã.

— Ainda é cedo, e eu fiquei curioso. E pelo jeito você está interessado na doutora Marta...

— Ela é uma mulher linda, agradável, inteligente, competente e muito decidida. Não posso cometer nenhum erro, senão, perderei a confiança dela.

— Eu arriscaria dizer que você está se apaixonando por essa mulher, estou certo?

— Não sei ainda, meu caro, mas lhe direi se estiver.

Rindo, Rogério respondeu:

— É, meu amigo... vou esperar por sua resposta. Daqui a pouco, ligo para você.

— Pode ligar para meu celular. Até mais.

— Até.

***

Marta chegou em casa e encontrou a mãe esperando-a:

— Mamãe, aconteceu alguma coisa?

— Não, fiquei esperando você para jantar. Aconteceu alguma coisa?

— Aconteceram várias coisas, mamãe. Fui almoçar com Armando e depois fui até o hospital. Quando cheguei lá, havia uma emergência. Um paciente precisava de cirurgia, mas não encontravam um médico que a fizesse. Saí do hospital há pouco.

— Quem é Armando?

— O rapaz que conheci hoje na entrada da cidade. Nós almoçamos no Labirinto, e depois ele me acompanhou até o hospital. Eu o deixei no hotel e vim para casa.

— Ele ficou no hospital esperando por você?

— Ficou. Ele queria me trazer em casa, mas não deixei. Estávamos com meu carro, e não posso ficar sem carro durante a noite.

— Você sabe alguma coisa sobre ele? Ele está interessado em você?

— Mamãe, ele é uma ótima companhia, apenas isso. Veio cuidar de um imóvel do pai. Nada de mais. Agora, vou tomar um banho e dormir. Estou exausta e amanhã terei de me levantar cedo. Boa noite, mamãe.

— Boa noite, filha.

Cândida estranhou a atitude de Marta, pois ela dificilmente saía com alguém, principalmente com um desconhecido. A mulher percebeu que a filha estava cansada e não fez mais perguntas. No dia seguinte, conversariam.

33

CAPÍTULO 4

Marta levantou-se cedo e foi direto para o hospital. Lá chegando, o primeiro paciente que ela visitou foi o senhor Álvaro Gimenez:

— Como o senhor está?

— Sinto um pouco de dor por causa dos pontos. A enfermeira disse que não posso me alimentar.

— É, senhor Álvaro... sua cirurgia foi bastante delicada. O senhor será alimentado por sonda por alguns dias. Quanto aos pontos, vai doer um pouquinho, mas não se preocupe. Muito em breve, o senhor estará de volta ao seu trabalho e sem sentir dor.

— Obrigado, doutora. A senhora viu minha mulher?

— Sim, ela e seus filhos estiveram aqui ontem e só foram embora depois que a cirurgia acabou. Conversei com eles e expliquei tudo. Daqui a pouco, estarão aqui.

— Deus lhe pague, doutora. Aqui não há ninguém como a senhora.

— Obrigada, senhor Álvaro. Agora, tente descansar e não faça esforço, para não mexer com os pontos internos.

— Pode deixar. Vou ficar quietinho, esperando Josefa e os meninos.

— Ótimo! Vou visitar os outros pacientes e, antes de ir embora, passarei por aqui.

Marta seguiu seu roteiro de visitas e foi informada de que o doutor Jorge não estava na cidade e que não havia um médico para cuidar dos pacientes dele. Ele deixara um recado na recepção para que ela fizesse os atendimentos necessários.

Depois que recebeu o recado de uma das funcionárias da recepção, Marta entrou no posto médico e encontrou Sônia, uma das enfermeiras mais antigas do hospital.

— Oi, Sônia. Bom dia.

— Bom dia, doutora. Já separei os prontuários dos seus pacientes.

— Pode incluir os do doutor Jorge.

— Por quê? Ele não virá aqui hoje?

— Não. Me deixou um recado na recepção.

— Doutora Marta, com todo respeito, mas ele é muito irresponsável! Há uma paciente dele aqui, que foi internada ontem à noite para dar à luz. A moça está sem dilatação, e será necessário fazer uma cesariana. Como faremos sem ele?

— Não há outro médico nesta cidade?

— Não. Doutor Raul está em um congresso com o doutor Manoel, e o doutor Jorge não está. Só restou a senhora.

Marta suspirou e disse:

— Sônia, peça à enfermeira responsável pelo pré-natal que venha até aqui. Enquanto isso, vou checar os prontuários dos meus pacientes.

Alguns minutos depois, a enfermeira Solange entrou no posto médico:

— Doutora Marta, a senhora queria falar comigo?

— Sim, Solange. Como está a paciente do doutor Jorge?

— Não está bem. É uma jovem de 20 anos e está com dificuldades para dar à luz.

— Temos como fazer uma ultrassonografia? Preciso saber como está a criança, se a moça pode esperar, ou se precisaremos operá-la.

— Vou providenciar o exame.

— Seja rápida, Solange. A criança pode estar sofrendo.

Olhando para Marta, Sônia perguntou:

— A senhora vai telefonar para o doutor Jorge?

— Não, Sônia. Mande preparar o centro cirúrgico. Assim que eu tiver o resultado da ultrassonografia, farei a cesariana.

— O doutor Jorge não gosta que suas parturientes façam cesariana; ele prefere esperar pelo parto normal.

— Sônia, ele não me pediu para cuidar dos pacientes? Então, farei o que achar melhor. Posso contar com você?

— Pode contar comigo sempre, doutora. Vou agora mesmo ao centro cirúrgico pedir que preparem tudo.

— Veja se o doutor Wagner está em casa. Vou precisar da ajuda dele.

— Está bem, doutora. Vou fazer o que a senhora me pediu.

Todos os funcionários trabalharam rápido para atender aos pedidos da médica. Quando doutor Wagner chegou, Marta já examinava a ultrassonografia. Ele disse:

— Bom dia, doutora Marta. A cesariana será necessária?

— Sim, doutor Wagner. Veja. O bebê está sentado e é muito improvável que ele mude de posição. Meu receio é de que ele se enrosque no cordão umbilical.

— Você está certa. Vamos! A paciente já está na sala?

— Sim, estávamos aguardando você chegar para operá-la.

Os médicos trabalharam com rapidez, e a cirurgia foi bem-sucedida. O bebê nasceu, e a médica fez-lhe uma massagem nas costas para que respirasse. Em alguns segundos, já se ouvia o som forte do seu choro. A enfermeira mostrou o bebê para a mãe e levou-o para o berçário.

Emocionada, Maria agradeceu à médica a rapidez do atendimento. Marta, então, explicou à moça que ela iria tomar uma medicação e que dormiria por algumas horas. Por fim, disse que depois o bebê seria levado para o quarto para ficar com ela.

Quando saiu do centro cirúrgico, Marta pediu a uma das enfermeiras que mandasse chamar alguém da família para acompanhar a paciente. Wagner perguntou:

— Marta, você está bem? Parece-me exausta.

— Estou um pouco cansada. Ontem à noite, operei um paciente com úlcera e agora fiz a cesariana dessa parturiente. Ainda tenho algumas visitas para fazer.

— Por que não me chamou ontem?

— Não foi preciso. Paulo estava aqui controlando a situação e, quando cheguei, fui direto ao centro cirúrgico. Fui avisada pela manhã que Jorge não estava na cidade. Ele deixou um recado, pedindo que eu atendesse os pacientes dele.

— Mas isso não está certo. Ele deveria estar de plantão neste fim de semana. Onde está o Raul?

— Em um congresso no Rio de Janeiro. Não vai poder fazer nada.

— Vá descansar, Marta. Cuidarei dos pacientes do Jorge e amanhã falarei com Raul. Em todos os plantões do Jorge acontece alguma coisa e alguém é prejudicado. E, ao que parece, é sempre você quem fica com os pacientes dele.

— É, Wagner, fico sempre com eles. Você acha que falar com Raul vai resolver algo?

— Tem de resolver, afinal, ele é o diretor clínico deste hospital. Vá para casa, descanse e deixe o resto por minha conta.

— Está bem. Vou só dar uma olhadinha no senhor Álvaro e depois irei almoçar. Obrigada, Wagner. Eu estava mesmo precisando de ajuda.

— Não precisa me agradecer. Somos uma equipe! Vá sossegada.

— Obrigada.

Marta foi até o quarto de Álvaro e conversou com a esposa do paciente. Depois, passou pelo quarto da moça que acabara de dar à luz e falou com o marido dela:

— Sua esposa vai dormir por algumas horas, mas está bem. Apenas precisa descansar. Você já viu o bebê?

— Sim, doutora. Ele é lindo, obrigado. Se não fosse a senhora...

— Não pense nisso. Se não fosse eu, provavelmente teria sido outro médico. Agora preste atenção no que vou lhe dizer. Fique atento a Maria e, se notar algo estranho, chame a enfermeira. Estou preocupada, pois a pressão dela pode subir.

— Eu não vou sair daqui, doutora. Se acontecer alguma coisa, eu chamo as enfermeiras. A senhora acha que ela pode ter algum problema?

— Não sei, Marcos. Talvez ela não tenha nada, mas, por precaução, não a deixe sozinha.

— Não vou deixar, doutora. A senhora vai ficar aqui no hospital?

— Não, mas estarei por perto. Me ligue, se acontecer qualquer problema. Tome. Nesse cartão tem meus telefones. Pode me ligar sem preocupação.

— Obrigada, doutora. Espero não precisar chamá-la.

— Até logo, Marcos. Mais tarde, darei uma passadinha aqui.

— Está bem, doutora. Até a noite.

Marta saiu do hospital e notou que havia um carro estacionado ao lado do seu e um homem encostado no porta-malas olhando em sua direção. Quando chegou perto do veículo, reconheceu Armando e lembrou-se de que haviam combinado de ir almoçar.

— Bom dia, Armando. Que horas são?

— Bom dia, Marta. São meio-dia e meia. Como você não me ligou, resolvi vir até aqui. Na recepção, me informaram que estava em cirurgia, então, fiquei esperando por você aqui fora. Como está se sentindo?

— Cansada, muito cansada.

— Não está sentindo nem um pouquinho de fome, para que possamos almoçar juntos?

— Sinceramente, não. Gostaria apenas de andar um pouco.

— Me diga aonde quer, e eu a levarei.

— Há um parque aqui perto. Não prefere ir almoçar? Posso ir sozinha.

— De modo algum. Vou com você até o parque, e, se quiser, almoçamos mais tarde. Venha, vamos em meu carro.

— Está bem.

Os dois entraram no carro de Armando e não perceberam que estavam sendo observados pelo ocupante de um carro estacionado próximo ao hospital.

Marta ouviu o toque do celular e apressou-se a atender a ligação, imaginando que fosse do hospital:

— Alô?

— Marta, você virá almoçar?

— Não, mamãe. Desculpe! Não a avisei a tempo. Vou almoçar com Armando.

— Não tem problema. Sabendo que não virá, prepararei alguma coisa simples para mim.

— Está bem, mamãe. Até mais tarde, um beijo.

— Outro para você.

Percebendo que Marta ficara preocupada, Armando perguntou:

— Está tudo bem? Estou lhe causando algum problema?

— Não, está tudo bem. Era só mamãe preocupada comigo.

— Esse parque realmente nos convida a uma caminhada. É um lugar muito agradável.

— É... esse parque existe, porque um grupo que cuida do meio ambiente não deixou que derrubassem as árvores. Se isso não tivesse acontecido, existiria um prédio de quatro andares aqui, com 20 apartamentos.

— Quatro andares e 20 apartamentos?

— Contando com o térreo.

— Você tem razão. Aparentemente, o prefeito gosta muito de construções por aqui.

— É... meu irmão já construiu vários prédios e todos seguem esse padrão. Existe uma lei aqui que não permite a construção de prédios mais altos. E o secretário do meio ambiente não gosta do Henrique, então, você já pode imaginar como eles vivem por aqui.

— Marta, política é igual em qualquer cidade. Mas não vamos falar sobre isso. Que tal irmos comer alguma coisa? Confesso que estou com fome.

— Vamos! Já consegui relaxar um pouco. Devo estar sendo uma péssima companhia.

— Não, não pense nisso. Você é uma pessoa muito agradável, inteligente e que está trabalhando muito. Apenas isso. Venha. Que tal irmos almoçar no Labirinto? Ou prefere outro restaurante?

— Podemos ir lá mesmo. A comida do Alfredo é muito boa.

— Então, vamos. Mas pedirei a ele que nos atenda no andar de cima, pois assim não ficaremos expostos a olhares curiosos.

Marta riu e disse:

— Você tem razão. Armando, até agora só falamos de mim... fale um pouco de você. Você veio procurar um terreno que foi do seu pai? É isso?

— É. Encontrei nos documentos do inventário do papai uma escritura daqui de Rovena. Como só havia a escritura, não sei quem vinha pagando os impostos da propriedade. É possível que alguém tenha tomado posse da terra ou até entrado com um pedido de usucapião. Amanhã, me encontrarei com o juiz Otávio. Você o conhece?

— Sim. É uma excelente pessoa.

— Ele sabe que você quer construir o hospital?

— Não sei, não o tenho visto. Mas o que ele poderia fazer? Henrique precisa desapropriar o terreno da igreja e, enquanto isso não acontecer, não terei como fazer nada. Aquele local é o ideal, pois está próximo ao centro e à saída da cidade. É fácil de chegar de carro ou de ônibus. Todas as linhas de ônibus da cidade passam por ali.

— Quem sabe amanhã eu lhe traga boas notícias?

— Você?

— E por quê não? Não lhe disse que estou procurando o terreno do meu pai? Talvez possamos construir seu hospital nele.

— Você faria isso?

— Se o terreno for apropriado, por quê não? Chegamos ao restaurante! Vamos almoçar e deixar as preocupações para amanhã. Tenho um encontro com o juiz às 9 horas da manhã. Depois de conversar com ele, vou procurá-la no hospital para lhe dar notícias. Está bem assim?

— Não sei o que dizer, Armando. É a primeira vez que encontro alguém com disposição para me ajudar. Obrigada.

— Não me agradeça ainda. Primeiro, preciso encontrar o terreno. Depois, conversaremos.

— Está bem! Acho que minha fome está voltando.

— Ótimo. Vamos entrar e pedir um reservado para Alfredo.

Depois do almoço, Armando levou Marta de volta ao hospital. Ela precisava visitar seus pacientes, e os dois combinaram de se encontrarem na segunda-feira para almoçar.

39

***

Marta chegou em casa às 22 horas. Cândida a esperava:

— Marta, você está bem? É tão tarde.

— Mamãe, estou cansada. Trabalhei muito nesse fim de semana e os poucos momentos de descanso que tive foi quando saí com Armando. Ele é uma ótima pessoa. A senhora vai conhecê-lo, não se preocupe. Não sou uma adolescente, sei o que estou fazendo.

— Você está tendo um caso com esse rapaz?

— Não, mamãe! Claro que não. Nós nos conhecemos há dois dias.

— É que hoje em dia tudo é tão rápido. As pessoas mal se conhecem e já estão dormindo juntas.

Marta abraçou a mãe e disse:

— Mamãe, sente-se aqui. Olhe... conheci o Armando há dois dias. Ele é um homem bonito, inteligente, educado, conversamos muito, mas não sei se acontecerá alguma coisa entre nós. Ele irá embora na terça-feira. Pare de se preocupar.

— Você falou com Henrique esse fim de semana?

— Não. Ele ligou para você?

— Não, estou preocupada. Sempre que ele vai a São Paulo, volta no domingo ou então telefona. Será que aconteceu alguma coisa?

— Mamãe, Henrique sabe se cuidar. Se tivesse acontecido alguma coisa, nós saberíamos.

— Não sei não. Nós não conversamos mais, e vocês estão sempre discutindo.

— Sei que é horrível para a senhora nos ver discutindo, mas ele não pode falar comigo da maneira que fala. Tudo tem limite.

— Você está certa. Não sei o que está acontecendo com ele. Henrique sempre foi um bom menino, mas está se tornando um homem desconfiado de tudo, misterioso. Não diz mais aonde vai nem onde esteve.

— Mamãe, Henrique é adulto e sabe cuidar de si. Não fique se preocupando com ele. Agora, vamos descansar, pois estou exausta.

— Já jantou?

— Não. Eu tomei um suco no hospital, mas não precisa se preocupar, pois estou sem fome.

— Está bem, minha filha, durma bem.

— Boa noite, mamãe.

Quando ficou sozinha, Marta começou a pensar no irmão. O que estaria acontecendo com ele? Henrique viajava para São Paulo frequentemente, sempre nos fins de semana, dizendo que ia tratar de negócios da prefeitura. Voltava alegre, mas logo estavam discutindo. Ela achava que Roberto tinha alguma coisa a ver com as viagens e com o comportamento do irmão. Depois que o conheceu, Henrique mudou. A mãe de Marta estava certa: ele parecia estar sempre fugindo de alguém e desconfiava de tudo e de todos.

Algumas pessoas paravam de falar quando Marta se aproximava e pareciam constrangidas. Já ouvira boatos sobre a situação financeira de Henrique, mas ele não modificara nada em casa. Ela e a mãe não sabiam o que ele fazia com o salário que recebia como prefeito e acreditavam que Henrique estivesse fazendo algum investimento pensando no futuro. "Não, ele está metido em alguma falcatrua com Roberto", pensou Marta, imaginando que, se tivesse tempo, iria investigar. "Com o trabalho no hospital, não tenho tempo nem de cuidar de mim, quanto mais da vida de Henrique".

Vencida pelo cansaço, Marta adormeceu pensando no irmão e em como seria bom se ele não tivesse mudado e tivesse continuado a ser seu amigo como quando eram adolescentes.

Enquanto Marta pensava no irmão, Cândida pensava nos filhos. A mulher olhava para o retrato do marido e perguntava-se:

— Sandro, o que fiz de errado? Por que você se foi tão cedo? Não sei o que houve com nossos filhos... Quando estão juntos, não conseguem conversar e discutem o tempo todo. Quando você estava aqui, tudo era diferente. Sentávamos à mesa para as refeições, tínhamos conversas alegres. Na época em que eles estavam estudando em São Paulo, fazíamos companhia um ao outro. Quando eles vinham passar as férias ou feriados conosco, tudo era barulhento. Traziam amigos, nossa casa ficava cheia, mas era muito prazeroso recebê-los. Havia alegria. Agora, não tem mais nada. Fico sozinha o dia inteiro. Marta trabalha muito e está lutando por um novo hospital para nossa cidade. Henrique não quer ajudá-la e argumenta que não pode fazer nada. Se ao menos um deles se casasse e me desse um neto... mas parece que isso não vai acontecer. Ah, Sandro! Eu sinto tanto a sua falta. Você sabia me aconselhar, me ouvia, me contava seus problemas, suas dúvidas, as coisas que você via na política e não gostava. Fizemos tantos planos para quando envelhecêssemos, e tudo se desfez como fumaça. Será que um dia conseguirei vencer a saudade? Não vou esquecê-lo nunca, mas preciso fazer alguma coisa para me sentir viva. Você me deixou bem financeiramente e não precisei trabalhar para me manter, contudo, essa solidão está me deprimindo. Amanhã conversarei com a Marta. Talvez ela me

41

ajude a encontrar alguma coisa para fazer... — e dormiu abraçada à fotografia do marido.

Na manhã seguinte, Cândida acordou cedo, recolocou o porta-retratos no criado-mudo e levantou-se animada para procurar algo que pudesse mantê-la ocupada durante o dia. Estava cansada de ser a viúva do deputado Sandro de Alencar e desejava voltar a ser apenas Cândida.

Decidida, foi preparar o café da manhã, pois sabia que Marta se levantaria cedo e assim teriam uma oportunidade de conversar.

Marta entrou na cozinha e estranhou o comportamento da mãe:

— Mamãe, aconteceu alguma coisa? A senhora não costuma se levantar a essa hora.

— Queria falar com você antes que fosse para o hospital. Decidi que não serei mais a viúva de Sandro apenas. Preciso arrumar alguma atividade! Não aguento mais ficar aqui sozinha o dia inteiro, você me ajuda?

— Claro! Que ótimo que tenha tomado essa decisão. Em que posso ajudá-la?

— Quero fazer alguma coisa, mas não sei bem o quê. Sou professora, você sabe, mas não tenho paciência para lidar com as crianças de hoje.

— Gostaria de me ajudar na área rural? Precisamos de alguém que oriente aquelas mães. Elas precisam aprender a cuidar dos filhos, noções de higiene e a alimentar os bebês. A senhora seria muito útil nesse trabalho.

— Quando quer que eu comece?

— Pode começar hoje. Posso levá-la até lá e depois o doutor Marcos a traz de volta. Ele deve ficar por lá o dia todo. A senhora pode observar o trabalho dele e auxiliar Roberta, a nossa assistente.

— Termine seu café, enquanto me arrumo. Não quero perder um minuto.

Marta ficou olhando a mãe sair da cozinha e pensou em como era bom vê-la interessada em fazer alguma coisa. Depois que seu pai se fora, Cândida cuidara dos investimentos e da casa. Sua vida se resumia a ir ao banco e orientar a faxineira, que ia duas vezes por semana à casa da família.

Pouco depois, Cândida retornou e disse à filha:

— Como estou? Devo levar alguma coisa?

— A senhora está ótima. Leve apenas seus objetos de higiene pessoal. Tudo lá é muito simples, não tem o luxo a que a senhora está acostumada.

— Marta, a vida sempre me deu tudo, então, chegou a hora de eu retribuir. Você não tem ideia de como estou contente por poder fazer um trabalho que vai beneficiar alguém. Só espero não atrapalhar sua assistente e o doutor Marcos.

— Tenho certeza de que a senhora será muito útil lá. Agora vamos, senão me atrasarei.

Mãe e filha saíram animadas. Cândida, porque poderia ser útil em alguma coisa, e Marta, porque a atitude da mãe a enchera de orgulho. A matriarca da família tinha 65 anos e tinha ótima saúde. Ficar em casa sem fazer nada só servia para deprimi-la, e Marta tinha certeza de que a mãe se sairia bem no trabalho da clínica.

CAPÍTULO 5

Armando chegou ao fórum na hora marcada e perguntou a uma atendente onde ficava a sala do doutor Otávio. A jovem interfonou para a secretária, que lhe pediu que o acompanhasse até a sala do juiz.

— Doutor Otávio, como vai?

— Armando! Que prazer em vê-lo. Nossa! Como o tempo passa! Com que idade você estava quando o vi a última vez?

— Calculo que com 20 anos. Estou com 40 agora. Faz uns 20 anos.

— Você se parece com seu pai. Mas me diga! Como encontrou essa escritura?

— Ah! doutor Otávio, foi por puro acaso. Quando fui informado do estado de saúde do papai, voltei imediatamente ao Brasil. Chegamos a conversar, porém, algumas coisas que ele me disse não faziam sentido. Ele falava de escrituras, doações, cartas, cofre, e nada fazia sentido para mim. Morreu dois dias depois de minha chegada. No velório, tentei conversar com o irmão de papai, o tio José, e com os dois irmãos da mamãe, Carlos e Adalberto, mas nenhum deles sabia algo sobre os bens de nossa família.

Armando fez uma breve pausa e continuou:

— Tio Carlos me disse que mamãe tinha herdado um terreno de uma tia distante, mas ele não soube dizer o que foi feito disso. Quanto aos bens de papai, ele não soube dizer nada. A empregada que trabalhou em nossa casa durante trinta anos me contou que papai mantinha a escrivaninha sempre trancada, mas não fazia ideia de onde estava a chave. Bom, levei uma semana para arrumar os papéis, fazer contato com alguns advogados cujos nomes encontrei na agenda dele e, quando já estava pensando em chamar um chaveiro para arrombar a gaveta da escrivaninha, encontrei a chave. Papai tinha várias propriedades, a maioria lotes de terreno, e um deles está em Rovena. Não encontrei comprovantes de pagamento de impostos... Será que perdi esse terreno?

— Não, meu filho. Não perdeu não.

O juiz entregou a Armando uma pasta, onde estavam guardados os comprovantes de pagamento dos impostos referentes ao imóvel que pertencia à família de Armando.

— É o senhor que vem pagando esses impostos? Por quê?

— Armando, conheci seu pai quando estávamos na faculdade. Um dia, eu o convidei a vir a Rovena para passar um fim de semana aqui, desses de feriado prolongado. Eu tinha alguns amigos, e nós havíamos combinado de passar aqueles dias na fazenda de uns amigos do meu pai. Nesse passeio, seu pai conheceu Jandira. O amor entre os dois foi imediato. Sabe aquela coisa de amor à primeira vista? Foi assim. Jandira era professora, ensinava às crianças daqui de Rovena. Seu pai vinha vê-la com regularidade. Depois que ele se formou, os dois se casaram e foram viver em São Paulo. Sua mãe parou de trabalhar, pois naquele tempo as mulheres não trabalhavam depois de casadas. Você nasceu um ano após o casamento, e seu avô, pai de Jandira, deu a eles um lote de terreno em Rovena. Esse terreno seria depois passado a você, o primeiro neto. Quando seu avô faleceu, os bens que ele deixou ficaram para os dois irmãos de sua mãe. Seu pai abriu mão do direito de receber outro imóvel, uma vez que já possuíam um.

Otávio fez uma breve pausa e prosseguiu:

— Os anos se passaram, sua mãe faleceu, e Luciano ficou desesperado. Não sabia como criaria você, como seria sua vida sem Jandira. Eu e seus tios tentamos de tudo para ajudá-lo. Eu não sei quem o aconselhou a mandá-lo para a Suíça para terminar seus estudos. Os impostos do terreno eram endereçados à casa do seu avô e devolvidos sem pagamento. Um dia, peguei uma ação de cobrança desses impostos movida contra seu pai pela prefeitura, contudo, não consegui encontrá-lo. Decidi, então, quitar a dívida e alterar o endereço de remessa das cobranças para minha caixa postal. Eu não queria que soubessem que eu estava pagando essa dívida. Quando reencontrei seu pai, expliquei-lhe a situação, e ele me reembolsou os valores pagos.

— Doutor Otávio, ele lhe pagou tudo?

— Sim, só o carnê deste ano que não. Você pode conferir. Está tudo nessa pasta. Na época em que reencontrei seu pai, ele estava bem.

Sentia falta de sua mãe, mas estava bem. Felizmente, Luciano não se entregou à bebida.

— Ele não bebia, acho que isso ajudou. Na primeira vez em que voltei para casa, estava com 15 anos. Eu não sabia como encontraria papai e guardava certa mágoa por ele ter me mandado para longe. Ele estava me esperando no aeroporto, e não fomos direto para casa. Acabou me levando para o escritório e me contou tudo o que havia acontecido naqueles cinco anos. Explicou-me por que tinha me colocado num colégio fora do Brasil, contou-me sobre a crise depressiva pela qual havia passado e comentou sobre como o senhor e meus tios tentaram ajudá-lo. Ele estava recomeçando a viver. Consegui compreendê-lo, e nós passamos a nos relacionar como pai e filho, com carinho, respeito e amizade. Retornei para a Suíça para continuar meus estudos e, depois, voltei ao Brasil, já com 20 anos. Se não me engano, foi quando nos encontramos. Vocês fizeram um jantar de reencontro de colegas de escola, não foi?

— Foi isso mesmo! Seu pai estava orgulhoso de você.

— Depois que concluí meus estudos, comecei a trabalhar com exploração de poços de petróleo na empresa onde atuo até hoje. Com esses documentos, conseguirei fechar o inventário de papai e assim poderei decidir o que fazer com as propriedades que ele deixou. Soube que um empresário daqui está tentando mover uma ação de usucapião para assumir esse imóvel. Isso é verdade?

— Sim, é verdade. Eu retive o processo, porque sabia que o terreno lhe pertencia. O empresário em questão se chama Roberto de Almeida Filho. Ele tem intermediado vários negócios imobiliários aqui em Rovena, mas esse terreno ele quer para ele. Se não me engano, Roberto deseja construir um condomínio de alto padrão no local.

— É, eu sei. Ao lado do terreno que a Igreja doou para o município construir um hospital e que o prefeito diz não conseguir desapropriar.

— Como sabe disso?

— O advogado que contratei para me ajudar com o inventário esteve aqui no cartório e pediu uma certidão negativa do meu terreno. Ele pediu ao funcionário do cartório que emitisse o documento naquele mesmo dia porque teria que voltar para São Paulo. O funcionário foi bastante atencioso e disse que os papéis estariam prontos logo após o almoço. Rogério, meu advogado, foi almoçar no restaurante Labirinto e só encontrou um lugar para sentar-se naquela área reservada do primeiro andar. Na mesa em que ele se sentou, acabou ouvindo por acaso a conversa das pessoas que estavam no reservado ao lado. Ele ouviu os nomes de Henrique, Roberto e Alexandre. Como eles estavam falando de desapropriação, Rogério procurou prestar atenção à conversa e foi assim que ele descobriu que o terreno ao lado do meu era o da Igreja, que havia sido doado. Os três estavam montando um processo de desapropriação e de ação de usucapião.

— Mas a Igreja fez um documento oficial da doação?

— Aparentemente, não. O bispo mandou uma carta oferecendo o terreno para a construção de um hospital. Nessa carta, ele pedia à prefeitura que enviasse o projeto do hospital para que o pedido fosse oficializado em Roma.

— Bem, Armando, imagino que Henrique seja o prefeito e que Roberto seja o empresário de quem falamos. E Alexandre? Quem seria?

— Segundo Rogério, ele deve ser um advogado, pois estava apontando as falhas nas ideias dos outros dois.

— E como você soube desse documento da Igreja?

— Porque o padre que rezou a missa de sétimo dia do papai era amigo da nossa família. Ele sabia que nós éramos os proprietários do terreno ao lado do imóvel da Igreja e, sabendo que eu viria à cidade, pediu-me para verificar o que estava acontecendo, pois a prefeitura não tinha enviado o projeto à diocese. Ele está preocupado porque perderá a possibilidade de fazer a doação. É um trâmite da Igreja, um prazo que eles têm para solicitar essas doações. Não entrei muito em detalhes. O senhor sabe como é difícil conseguir esse tipo de doação! Tê-la nas mãos e perdê-la é algo que deixa qualquer um inconformado.

— Não posso interferir nas questões da prefeitura. Você vai até lá pedir informações?

— Não, doutor Otávio. Eu conheci a doutora Marta de Alencar, que me falou que o projeto não existe. O irmão dela tem arrumado desculpas e não tem feito nada. Ela me contou um pouco sobre os problemas da cidade. Eu vi o quanto a doutora trabalha e pude presenciar o quanto as pessoas gostam dela. Ela não mede esforços para ajudar os que precisam de seu trabalho.

— A doutora Marta é uma excelente profissional e um ser humano como poucos. O pai dela tinha muito orgulho dela. Henrique é ambicioso e pensa que é esperto e que ninguém percebe o que ele e Roberto estão fazendo. Nós estamos de olho nos dois. Não temos provas ainda, mas eles vão acabar cometendo um erro, e aí a festa acabará — tornou Otávio.

— Mas, enquanto isso, Marta se mata de trabalhar.

— O que você pretende fazer?

47

— Quero encontrar um meio de ajudá-la. Sou capaz de trazer uma construtora aqui para fazer o projeto e entregá-lo ao padre Antônio.

— Meu filho, tenha calma. Ela sabe tudo sobre você?

— Não. Eu queria saber primeiro se o terreno era meu mesmo. Conhecê-la foi puro acaso.

— Eu o aconselho a conversar com Marta e contar-lhe sua história. Ela é uma moça inteligente, preparada e de temperamento forte. Ela pode achar que você a estava usando para conseguir informações sobre Henrique. Fique atento, senão, você vai ter muitos problemas.

— O senhor está certo. Falarei com ela hoje mesmo. Acho que o tal Roberto gosta dela. Ele nos abordou no restaurante. Ontem, quando fui buscá-la para almoçar, notei que ele estava nos vigiando. Marta não percebeu, mas vi quando Roberto parou o carro, nos seguiu até o parque e depois foi embora.

— Cuidado com ele, Armando. Ele é perigoso e traiçoeiro.

— Vou me lembrar disso, doutor Otávio. Obrigado por sua ajuda. Vou enviar esses documentos para meu advogado para concluir o inventário do papai.

— Não precisa me agradecer. Eu e seu pai fomos muito amigos. Se precisar de alguma coisa, venha me procurar.

— Obrigado. Até logo.

— Vá em paz, meu filho.

Depois de abraçar Otávio, Armando dirigiu-se ao hospital para conversar com Marta. Lá chegando, foi até a recepção e perguntou pela médica:

— O senhor é...?

— Armando.

— Vou avisá-la de que o senhor está aqui.

A recepcionista interfonou para a médica, que pediu que Armando fosse para o consultório:

— Armando, como vai?

— Bem, e você?

— Estou bem, mas não poderei almoçar com você. Um dos plantonistas faltou, e não poderei sair do hospital.

—Podemos conversar agora? Não vou atrapalhar seu atendimento?

— Não, tenho um intervalo de 20 minutos. Estava esperando você chegar para fazê-lo.

— Vou ser breve e espero não decepcioná-la.

Marta olhou-o com uma expressão séria e perguntou:

— Por que você me decepcionaria?

— Não sei. Vou lhe contar tudo, e depois você me diz. Eu vim a Rovena buscar os documentos de um terreno que meu avô deixou para mim. Com a morte do meu pai, não consegui encontrar todos os documentos necessários, por isso vim até aqui. A família da minha mãe era daqui. O terreno é aquele que fica ao lado da propriedade da Igreja, no local onde você deseja construir o hospital.

Armando deteve-se por um momento e continuou:

— Eu sabia que era aquele o terreno de meu avô. Só não comentei nada, porque sabia também que havia uma ação de usucapião movida por um empresário para ficar com ele. O que eu não poderia imaginar é que iria conhecê-la e agora estou com receio de ter feito uma grande bobagem e de a ter magoado.

— Armando, quando falei meu nome, você já sabia que eu era a irmã do prefeito?

— Sim, eu conheço a história de Rovena. Do seu pai, do seu irmão, desse tal de Roberto de Almeida. Eu só não podia imaginar que a conheceria.

Marta falava baixo e havia um misto de tristeza e raiva em sua voz:

— Não sei o que lhe dizer... Armando, você esteve comigo durante esses dois dias apenas para conhecer detalhes da minha vida e da minha família? Por acaso, passou por sua cabeça que eu era igual ao meu irmão? Ambiciosa a ponto de fazer qualquer coisa por dinheiro?

— Não, Marta, acredite em mim. Em nenhum momento, pensei que você fosse diferente do que é: uma mulher forte, decidida, inteligente e ética. Só olhando para você, é possível perceber suas qualidades. Em nenhum momento, duvidei disso. Em nenhum momento, achei que estivesse enganado a seu respeito.

— Não sei o que pensar. Eu esperava tudo, menos essa conversa. Por favor, vá embora e me deixe sozinha.

— Não irei embora enquanto não tirar todas as suas dúvidas. Não quero perdê-la.

— Você não pode perder aquilo que não tem ou que nunca teve. Não pertenço a você. Não houve nada entre nós. Estou me sentindo usada por você! Você me enganou, mesmo sabendo o que penso sobre esse tipo de homens. Você me ouviu dizer coisas que eu nunca disse a ninguém. Estou me sentindo péssima. Vá embora, Armando! Saia da minha sala agora, ou chamarei alguém para tirá-lo daqui.

— Está bem. Sairei de sua sala, mas ficarei na cidade por mais alguns dias. Você sabe onde me encontrar.

— Adeus, Armando.

49

Depois que Armando saiu, Marta ficou sentada olhando para o vazio.

Não queria acreditar em tudo aquilo. Sentia-se traída, humilhada e pensava: "Por que não percebi que era tudo uma ilusão? Por que acreditei que seria possível me apaixonar por alguém e ser feliz? Por quê?".

Sônia entrou na sala e perguntou:

— Doutora Marta, a senhora está bem?

— Não, Sônia. Estou me sentindo péssima, traída, usada! Acho que banquei a adolescente neste fim de semana. Acreditei que tinha encontrado alguém especial, e era tudo uma mentira.

— O senhor Armando?

— Sim. Todos no hospital o conhecem?

— Eu vi quando ele saiu daqui. A tristeza no rosto dele dava pena, por isso vim vê-la. Achei que vocês tinham brigado. Doutora Marta, sou bem mais velha que você, então, vou lhe dizer uma coisa do fundo do coração... Às vezes, nós queremos muito alguém e o idealizamos como se ele fosse nossa imagem no espelho. Não vemos, no entanto, que o outro também tem medos, dúvidas, insegurança e, quando descobrimos que ele não tem a nossa imagem, mas tem nossos sentimentos, nos afastamos, colocamos o orgulho acima de tudo e não tentamos nem por um momento compreender o sentimento do outro. Nós nos sentimos traídos, usados, a pior das criaturas, porém, nem por um momento tentamos nos colocar no lugar do outro.

— Ele achou que eu era igual a Henrique.

— Doutora Marta, quem não a conhece pensa exatamente assim, afinal, vocês são irmãos. Quando a senhora começou a trabalhar aqui no hospital, eu mesma tinha dúvidas a seu respeito. Me desculpe dizer isso, mas seu irmão é uma pessoa ruim. Ele aparenta ser um cordeiro, contudo, sabemos que é um lobo. Pense nisso. De onde veio o senhor Armando? Ele não é daqui, então, como poderia saber que a senhora é esse encanto de pessoa, mesmo sendo irmã de Henrique? Reflita sobre isso. Não deixe escapar o que a vida está lhe dando.

— Nossa, Sônia! Nunca imaginei que ouviria palavras tão sábias. Você tem razão. No lugar dele, acho que teria feito a mesma coisa. Mas... se estivermos enganadas? E se tudo não passar de um truque de Armando para se aproximar de mim?

— Ele não teria passado a noite de sábado fazendo companhia aos parentes do senhor Álvaro. Não teria ficado para ouvir as pessoas falando da senhora. Nem dado conversa ao Ivan lá no hotel.

— O que tem Ivan?

— Ivan trabalhou no fim da semana. O senhor Armando fez um comentário sobre a senhora, e meu filho falou do seu trabalho e fez também algumas críticas ao seu irmão. Ivan ficou preocupado com a possibilidade de tê-la prejudicado. No domingo pela manhã, ele foi procurar o senhor Armando e pediu-lhe desculpas por ter falado demais.

— E ele?

— Ele disse a Ivan que não se preocupasse, pois tinha certeza de que você era apenas irmã do prefeito e não tinha nada a ver com ele. Depois, Ivan me contou que o senhor Armando passou a manhã inteira esperando sua ligação até que resolveu ir direto ao hospital.

— Sônia, obrigada por suas palavras, pois me fizeram muito bem. Vou tomar um suco e voltar ao trabalho. Mais tarde, pensarei no que fazer. Você é uma boa amiga.

— Doutora Marta, a senhora é merece ser feliz. Fique aqui e descanse. Pense no que eu falei, enquanto vou buscar seu suco.

— Está bem, Sônia. Obrigada.

O dia no hospital transcorreu com calma. No fim da tarde, Marta foi chamada ao escritório do diretor clínico:

— Doutor Raul, o senhor mandou me chamar?

— Sim, Marta. Como foi seu dia?

— Foi um dia calmo. Não tivemos nenhuma emergência.

— Pedi que viesse falar comigo, porque recebi uma reclamação sobre seu trabalho. Como a conheço bem, gostaria que me contasse o que aconteceu nesse fim de semana.

— Bem, no sábado deixei meu plantão às 6 horas da manhã e retornei ao hospital perto das 18 horas. Fiz uma cirurgia de emergência e saí daqui por volta das 22 horas. No domingo, vim para cá pela manhã e fui informada de que deveria cuidar dos pacientes do doutor Jorge Caldeira. Entre eles estava uma jovem prestes a dar à luz, que havia passado a noite em trabalho de parto e precisava de cuidados. Pedi que fizessem uma ultrassonografia na moça para saber como estava o bebê e, quando olhei o exame, vi que a criança estava sentada. Constatei que a mãe precisava de uma cesariana e chamei o doutor Wagner e as enfermeiras que estavam aqui para me auxiliarem. A criança e a mãe passam bem. Acabei de vê-los. Foi isso o que aconteceu no fim de semana.

— E por que não consultou o doutor Jorge para ouvir a opinião dele sobre a paciente gestante?

— Porque não sabia onde encontrá-lo.

— Ele deixou um número de telefone com a recepcionista.

— Sim, mas, quando ligamos, ouvimos a mensagem de que estava fora de área.

— Marta, desculpe minha impertinência... Jorge entrou aqui dizendo que você esteve aqui no sábado com um amigo e que essa pessoa teria ficado à sua espera para levá-la para casa. Ele deu a entender que no domingo você talvez não estivesse bem o suficiente para fazer uma análise tão delicada...

— Eu não acredito no que estou ouvindo. Doutor Raul, eu trabalho neste hospital há anos! Como o senhor pode duvidar do meu critério médico? E que direito o Jorge tem de vir aqui contar para o senhor com quem saí ou deixei de sair? O que significa isso?

— Por favor, Marta, tenho certeza de que você agiu com absoluta competência. O doutor Wagner me falou sobre a cesariana e confirmou que a criança estava sentada e não nasceria de parto normal. Não sei o que está acontecendo com Jorge. Ele tem feito perguntas e insinuações sobre você. Andaram discutindo?

— Não, doutor Raul, eu praticamente ignoro o doutor Jorge. Ele tem uma noção de profissionalismo muito diferente da minha, e, quanto à minha vida pessoal, não vou discuti-la com o senhor nem com ninguém. O que eu faço fora daqui nunca interferiu em meu trabalho.

— Você está certa, me desculpe. Jorge falou tanto que acabei me contaminando com o veneno dele. Você é uma profissional muito competente e sua vida pessoal não nos diz respeito. Desculpe-me. Fui indelicado.

— Doutor Raul, nós trabalhamos juntos há muito tempo. Sei da sua responsabilidade como diretor clínico e da sua posição dentro do hospital, mas lhe peço que, quando ouvir comentários a meu respeito, fale diretamente comigo. Eu jamais faria algo que comprometesse meu trabalho, pois lido com vidas humanas, não com números ou máquinas. Meu trabalho está acima de tudo. Espero que não tenhamos mais esse tipo de conversa.

— Fique tranquila, Marta. Se acontecer novamente, eu a procurarei e a informarei sobre o que estiver acontecendo. Obrigado por sua sinceridade e mais uma vez me desculpe. Não quis ofendê-la.

— O senhor não me ofendeu, pois, como lhe disse, isso faz parte do seu cargo. Foram as insinuações do Jorge que me irritaram. Ele está sempre espreitando. Parece que me vigia e passa informações para alguém. É uma situação bastante desconfortável.

— Você não está imaginando isso, está? Jorge é meio estranho, mas, daí a estar vigiando-a a pedido de alguém... Não sei, me parece meio absurdo.

— Não sei. Não confio nele.

— Marta, vou procurar observá-lo. Se você perceber alguma coisa, me avise, e juntos encontraremos uma solução, está bem?

— Está bem. Se perceber alguma coisa errada, venho procurá-lo. Ainda precisa de mim?

— Não. Vá descansar, pois seu plantão já terminou.

— Até amanhã, doutor Raul.

— Até amanhã.

Depois que Marta saiu, Raul ficou pensando no que ela lhe dissera. Ele respondera que era uma situação absurda, mas lembrou-se de que Jorge estava sempre perto quando eles estavam conversando. Quando Marta se retirava, o médico se aproximava e tentava descobrir sobre o que falavam. As insinuações que Jorge fizera sobre o comportamento da médica não combinavam com a personalidade dela. Andar em companhia de estranhos, tomar bebida alcoólica durante o expediente. Não, Marta estava certa. Alguma coisa estava acontecendo. Alguém estava interessado em prejudicá-la, e ele iria descobrir quem era essa pessoa e o porquê.

***

Quando Marta chegou em casa, Cândida a esperava com um ramalhete de flores nas mãos:

— Marta, essas flores chegaram há pouco para você.

— São lindas! Deixe-me ver o cartão.

— Ah! Aqui está: "Marta, ficarei na cidade por vários dias. Espero que consiga me entender e me deixe ser seu amigo. Você é uma pessoa muito especial para mim. Armando".

Marta leu o cartão mais de uma vez. Intrigada, Cândida perguntou:

— São daquele moço que a levou para almoçar?

— São, mamãe.

— Vocês brigaram?

— Mais ou menos. Ele me aborreceu com uma atitude.

— Você não me disse o nome dele.

— O nome dele é Armando Lucan Magalhães. Ele não é daqui.

— Lucan?

— Sim, Lucan. O que tem isso?

53

— Acho que ele é filho de uma amiga minha muito querida. Ela faleceu muito jovem, e o menino foi criado pelo pai. Eles moravam em São Paulo. Depois que Jandira morreu, nunca mais tive notícias deles.

— Como pode ter certeza disso?

— Porque nós duas lemos um livro, cujo personagem se chamava Lucan. Ela adorava a história e dizia que, quando tivesse um filho, ele se chamaria Armando Lucan. Tenho certeza de que não estou enganada.

— Pode ser, mamãe. Ele não sabe por que tem o Lucan no nome e veio para cá em busca de um terreno que foi deixado pelo avô. O terreno em questão é aquele ao lado da propriedade onde desejo construir o hospital.

— É isso mesmo! Agora estou me lembrando. O pai de Jandira era dono de toda aquela área. O avô dela havia doado uma parte do terreno para a Igreja e o restante ficou para a família. Quando Jandira se casou, o pai dela disse que daria aquele terreno para seu primeiro neto. Acredito que ele tenha cumprido a promessa. Você vai ligar para agradecer as flores?

— Não sei, mamãe. Estou muito aborrecida com Armando. Vou tomar um banho e depois decidirei o que fazer. O que a senhora vai preparar para o jantar?

CAPÍTULO 6

— Senhor Armando?

— Sim?

— O rapaz da floricultura está aqui.

— Ah! Diga-lhe que já estou indo.

— Então, Carlos, como foi?

— Ela não me viu. Esperei a moça entrar na garagem e entreguei o ramalhete para a mãe dela, como o senhor me pediu.

— Você viu se ela recebeu as flores?

— Sim. Assim que ela desceu do carro, a mãe entregou as flores.

— Obrigado, Carlos. Aqui está seu pagamento.

— Obrigado, senhor. Sempre que precisar, pode contar comigo.

— Obrigado. Não vou me esquecer disso.

Ivan ficou olhando Armando conversar com Carlos, mas não conseguiu ouvir o que diziam. Armando notou a curiosidade do rapaz e perguntou:

— Está tudo bem, Ivan?

— Sim. Tudo em ordem.

— Você estava ouvindo minha conversa com Carlos?

— Não, senhor. Eu estava apenas os observando. Sei que Carlos trabalha na floricultura, então, deduzi que o senhor mandou flores para a doutora Marta.

— Sim, as flores eram para ela. Você poderia reservar o quarto ao lado do meu para um amigo que chegará em dois dias?

— Posso, senhor. Farei a reserva em seu nome.

— Pode cobrar as diárias junto com as diárias do meu quarto.

— Não precisa se preocupar, senhor Armando. Nessa época do ano, o hotel fica vazio. Vou reservar o quarto e, se precisar dele, venho falar com o senhor.

— Obrigado, Ivan. Irei para meu quarto agora para continuar meu trabalho. Em uma hora, você poderia mandar um lanche para mim?

— O de sempre?

— Sim, o de sempre.

— Quer que eu acrescente uma salada? Hoje, o senhor não saiu do hotel para almoçar. Ou será que não o vi sair?

— Não saí, não. Pode acrescentar a salada e mande uma jarra de suco em vez de um copo, por favor.

— Vou pedir para prepararem e daqui a pouco levarei para o senhor.

— Obrigado, Ivan. Você é muito eficiente.

— Não tem de quê, senhor. É o meu trabalho.

— Você trabalha muito bem. O dono do hotel deve gostar muito de você.

— Ele não vem aqui, não me vê trabalhar.

— Como assim?

— Falo com o dono por telefone. Ele me manda o que preciso. Fui contratado por uma agência de empregos e a única coisa que sei é que ele se chama Alexandre.

— Vocês recebem em dia, têm os direitos trabalhistas garantidos?

— Sim, está tudo em ordem. Ele manda os envelopes de pagamento e outros documentos, que ficam arquivados no escritório. A funcionária da agência que me contratou me explicou como eu deveria guardar os documentos que ele envia. Eu faço relatório das pessoas que se hospedam aqui e deposito no banco o dinheiro que entra.

— Que estranho! Bem... ele deve estar satisfeito com seu serviço e confiar muito em você.

— Minha mãe diz a mesma coisa. Estou trabalhando aqui há três anos.

— Quem é sua mãe?

— Minha mãe é enfermeira na Santa Casa.

— Ela deve estar muito orgulhosa de você.

— É! Ela diz isso também.

— Muito bem, Ivan! Agora, preciso trabalhar. Vou para meu quarto. Até já.

— Pode ir sossegado. Vou providenciar seu lanche.

No quarto, Armando ligou para Rogério:

— Oi, Armando, estava esperando sua ligação. Como estão as coisas?

— Mais ou menos. Consegui encontrar os documentos do terreno, mas acabei perdendo Marta. Ela está achando que eu a enganei, que me aproximei dela apenas para conseguir informações sobre Henrique.

— Perdendo a Marta? Não entendi essa parte.

— Rogério, nunca conheci uma mulher como ela. Ela é maravilhosa!

— Você está apaixonado?

— Acho que sim. Mandei-lhe flores e um cartão e, se eu tiver sorte, ela me ligará. Enquanto isso não acontecer, vou ficando por aqui.

— E os seus negócios?

— Como meus negócios estão todos com você, já reservei um quarto para que venha para cá. Você conseguiria juntar toda essa papelada em dois dias?

— Sem problemas. Talvez até antes.

— Ótimo, amanhã mesmo providenciarei a limpeza do meu terreno e uma placa indicando a quem ele pertence. Você falou com padre Antônio?

— Falei, e ele me disse que conseguirá ir para Rovena na próxima semana.

— Hoje é segunda-feira, e você estará aqui na quarta... Ótimo! Teremos tempo de organizar tudo até a chegada do padre Antônio. Preciso do telefone do Jairo Nogueira, você tem aí?

— Tenho o telefone da construtora, mas vou procurar o número do celular dele. Depois, enviarei tudo para seu e-mail.

— Você conseguiu obter as informações sobre Roberto?

— Mais do que você imagina! Levarei um dossiê para você na quarta-feira.

— Obrigado, Rogério. Se precisar de dinheiro para as despesas, me avise para que eu faça uma transferência para você.

— Não preciso, está tudo em ordem. Até quarta. E cuidado para não fazer nenhuma bobagem em relação a Marta.

— Não se preocupe. A bobagem já foi feita! Não há como piorar a situação. Até quarta.

Quando desligou o telefone, Armando voltou a pensar em Marta: "Tenho que encontrar um meio de me aproximar de você, Marta. O que devo fazer?".

Armando adormeceu e, pouco depois, acordou assustado com as batidas na porta:

— Senhor Armando, o senhor está bem?!

Armando lembrou-se do lanche e correu para abrir a porta:

— Estou bem! Apenas peguei no sono. Obrigado, Ivan. Pode colocar a bandeja aqui na mesa. Vou tirar esses papéis.

— Se o senhor precisar de mais alguma coisa, estarei na recepção.

— Não, está tudo bem. Vou jantar e dormir. Não pensei que estivesse tão cansado.

***

Marta estava deitada, quando escutou baterem à porta:

— Posso entrar?

— Sim, mamãe. Aconteceu alguma coisa?

— Estou preocupada com seu irmão. Ele não chegou até agora e não atende ao celular.

— Que horas são?

— É quase meia-noite.

— Mamãe, não se preocupe. Ele deve estar com Roberto. Daqui a pouco, ele chegará.

— Ele poderia me avisar, pois sabe que fico preocupada.

— Mamãe, Henrique está com quase 40 anos. A senhora não precisa se preocupar tanto.

— Ah, minha filha! É muito difícil uma mãe não se preocupar com os filhos, tenham eles a idade que tiverem. E você? Está mais tranquila?

— Tranquila em relação a quê?

— A seu amigo Armando. Ligou para ele?

— Não, mamãe, essas coisas não são assim. Eu aceitei as flores, mas preciso de um tempo para digerir tudo o que ouvi.

— Você precisa confiar nas pessoas.

— Mamãe, não sei o que há comigo. Todas as vezes em que confiei em alguém, deu errado. Parece que só atraio confusão.

— Não seja tão dura consigo. Pelo que me contou, Armando tinha de agir como agiu.

— Você está contra mim agora?

— Não estou contra você. Apenas acho que você deveria tentar entendê-lo em vez de julgá-lo. Onde ele está hospedado?

— No Hotel dos Monges. A senhora vai fazer-lhe uma visita?

— Talvez, gostaria de saber o que houve com os pais dele. Eu gostava muito de Jandira. O pai de Armando foi trazido para Rovena pelo doutor Otávio. Nós éramos muito jovens. Houve uma festa na casa de um dos nossos amigos e foi lá que Jandira conheceu Luciano. Ele era muito simpático, divertido, e os dois se apaixonaram à primeira vista.

Engraçado... Depois de tantos anos, o filho dele volta a Rovena e a conhece. Só pode ser coisa do destino.

Marta ouviu um barulho:

— Mamãe, parou um carro aí em frente. Deve ser Henrique.

— Ainda bem, estou ouvindo o portão. É ele mesmo e está com mais alguém. Será que aconteceu alguma coisa?

— É melhor descermos. Venha. Vou com a senhora.

Quando chegaram à sala, encontraram Henrique com o braço engessado. Assustada, Cândida perguntou:

— Meu filho, o que houve?

— Eu bati o carro, mamãe. Quando freei, o carro rodou, e eu bati em uma árvore. Quebrei um braço e bati o peito no volante.

Enquanto Henrique falava com a mãe, Marta percebeu que Roberto estava na sala observando-a.

— Quem o trouxe para casa? — Cândida perguntou.

— Foi Roberto. A senhora não o viu?

— Ah! Desculpe, Roberto. Não o vi. Estava tão preocupada com Henrique! Obrigada por trazê-lo para casa.

— Não por isso. A senhora sabe que somos muito amigos. Demoramos, porque não havia quem fizesse os curativos que Henrique precisava.

Marta, que até aquele momento nada dissera, perguntou:

— Você foi atendido na Santa Casa? Por que não pediu para me chamarem?

— Não quis incomodá-la, mana. Soube que você trabalhou muito no fim de semana passado.

— Soube por quem?

Henrique percebeu que falara o que não devia. Roberto olhou para o amigo com ar sério e respondeu à pergunta de Marta:

— Soubemos no hospital.

Marta suspirou e disse:

— Pelo jeito, vocês não precisam de mim. Vou me deitar, então. Boa noite.

Henrique pediu à mãe que fosse à cozinha e lhe trouxesse um copo de água e depois disse a Roberto:

— Desculpe, quase pus tudo a perder.

— Você precisa tomar cuidado, pois sua irmã não é boba. Viu o que aconteceu com o Jorge... Precisamos nos manter atentos.

— Tem razão. Vou prestar mais atenção quando falar com ela. E o tal Armando? Soube alguma coisa a respeito dele?

— Ainda não. Sei apenas que ele não saiu da cidade.

— Henrique, aqui está sua água. Quer beber alguma coisa, Roberto?

— Não, dona Cândida, estou de saída. Cuide-se, Henrique. Até amanhã.

— Até amanhã, Roberto.

— Eu o acompanho até a porta.

— Não se incomode, dona Cândida. Eu conheço o caminho, fique sossegada.

— Está bem. Boa noite, Roberto.

— Mamãe, vou subir, tomar um banho e me deitar. Estou exausto.

— Precisa de ajuda com esse braço?

— Não, eu me ajeito. Vá se deitar, mãe. É muito tarde.

— Está bem, meu filho. Vou trancar a porta da frente e seguirei para meu quarto. Boa noite.

— Boa noite, mamãe.

***

Marta chegou cedo ao hospital e foi direto ao posto de enfermagem para iniciar suas visitas. Sônia a estava esperando:

— Doutora Marta, a senhora soube o que aconteceu com doutor Jorge?

— Não. O que houve?

— O doutor Raul o suspendeu por uma semana.

— Sabe por quê?

— Não sei ao certo, mas tem algo a ver com o doutor Wagner.

— O que aconteceu neste hospital depois que fui embora?

— Eu trabalhei até as 22 horas, porque a enfermeira da tarde faltou. O que ouvi foi que, depois que a senhora saiu, o doutor Raul mandou chamar o doutor Wagner e, meia hora depois, chamou também o doutor Jorge. Os três falavam alto, mas a pessoa que me contou disse que não conseguiu ouvir o que eles diziam. Ela viu apenas quando o doutor Jorge saiu do consultório batendo a porta e dizendo "isso não ficará assim". Mais tarde, saíram juntos o doutor Raul e o doutor Wagner.

— Bem, isso foi com o doutor Jorge. E o que houve quando meu irmão esteve aqui?

— O senhor Henrique esteve aqui? Não o vi. É melhor falar com Rita.

— Sônia, por favor, faça isso para mim. Não quero atrasar minhas visitas.

— Vou interfonar para ela e falarei com a senhora em seguida.

Algum tempo depois, quando saía do quarto do paciente Álvaro Gimenez, Marta encontrou com Sônia:

— Ah, doutora Marta, eu estava à sua procura! Seu irmão não esteve aqui.

— Como não? Ele me disse que bateu o carro e estava com o braço engessado. Roberto estava com ele.

— Ele pode ter feito tudo isso, mas o atendimento não foi feito aqui. Falei com Rita e verifiquei o registro dos atendimentos que foram feitos ontem à noite. Não tem nada não.

— Que estranho... Bem, Sônia, depois resolvo isso. Venha comigo. Preciso de você no atendimento.

***

Armando levantou-se cedo, tomou café no hotel e dirigiu-se à prefeitura. Chegando lá, pediu informações sobre como mandar limpar o terreno que lhe pertencia. O funcionário informou-lhe o nome de duas empresas que prestavam aquele tipo de serviço e orientou-o a ficar atento à fiscalização ambiental.

— Não se preocupe. Vou acompanhar a limpeza para evitar o corte indevido de árvores. Sabe onde eu poderia mandar fazer uma placa?

— Que tipo de placa?

— Uma placa que sinalizasse à população que não jogue lixo no terreno ou propriedade particular. Quero apenas que saibam que o terreno tem dono.

— O senhor pode falar com José Luiz. Ele faz placas para a prefeitura. O senhor não é daqui?

— Não. Estou de passagem.

— A loja dele fica perto do Hotel dos Monges.

— Então, acharei facilmente a loja, pois estou hospedado nesse hotel. Muito obrigado.

— Não tem de quê, senhor...?

— Armando Lucan. E você? Como se chama?

— Valdir de Carvalho. Se o senhor precisar de mais alguma coisa, pode me procurar. Estou aqui todos os dias.

— Obrigado, Valdir. Bom dia.

— Bom dia, senhor Armando.

Armando foi às duas empresas indicadas por Valdir e constatou que os preços cobrados por ambas eram quase iguais, porém, uma utilizava máquinas e a outra, roçadeiras. Armando preferiu contratar a segunda empresa, pois acreditava que era mais fácil controlar o serviço de limpeza feito pelas roçadeiras.

Depois de combinar o serviço para a manhã do dia seguinte, Armando foi procurar a loja onde eram feitas as placas. Chegando lá, procurou pela pessoa indicada pelo funcionário da prefeitura e pediu-lhe que a placa fosse entregue no hotel no mesmo dia.

Armando seguiu até o terreno e ficou imaginando o que poderia fazer para ajudar Marta a construir o hospital. O telefone tocou, e ele apressou-se a atender achando que fosse a médica.

— Armando? Como vai? É Jairo. Estou retornando sua ligação.

— Oi, Jairo. Desculpe... pensei que fosse outra pessoa.

— Uma garota eu suponho.

— Sim, mas isso é assunto para outra hora. Você pode vir até Rovena? Gostaria de mostrar-lhe uma área para a construção de um hospital.

— Quando quer que eu vá?

— O quanto antes. Rogério virá para cá amanhã. Você pode vir com ele? Só me confirme a vinda para que eu possa reservar um quarto aqui no hotel.

— Pode reservar o quarto. Falarei com Rogério hoje mesmo.

— Ótimo. Ficarei aguardando vocês.

— Você saiu da petroleira?

— Não. Trabalhei dois anos sem tirar férias e, quando pedi uns dias por causa da doença do meu pai, eles me deram os dias. Não haverá trabalho para minha equipe nos próximos três meses, então, todos estão de férias.

— Não sei se isso é bom ou ruim, mas não se preocupe! Amanhã, estarei aí.

— Até lá, Jairo.

— Um abraço, Armando.

No fim da tarde, Armando resolveu ir ao parque Municipal na esperança de encontrar Marta. Fazia uma tarde quente, e ele sentou-se para observar algumas crianças brincarem. Quando desistiu de esperar e já ia levantar-se para ir embora, viu Marta vindo em sua direção. Armando, então, foi ao encontro dela e perguntou:

— Ainda está muito brava comigo?

— Brava não é o termo certo, Armando. Decepcionada é a palavra mais adequada. Eu havia lhe dito que não suportava mentiras. Desde que cheguei aqui, após terminar a faculdade, tenho visto muita coisa errada, muita gente usando subterfúgios para atingir objetivos, e por isso não sei em quem confiar.

— Marta, me dê uma chance. Reconheço que começamos de forma errada, mas eu não sabia o que iria encontrar aqui. Como poderia saber que você não era como seu irmão? Eu nem tinha certeza se esse terreno ainda me pertencia. O juiz Otávio me disse que, por ser uma pessoa muito correta, você ficaria brava comigo, mas eu não tinha como voltar atrás. Por essa razão, fui ao hospital e contei-lhe tudo, esperando que você me compreendesse. Será que não podemos recomeçar? Vou precisar de sua ajuda para construir o hospital.

— Como assim vai precisar de minha ajuda para construir o hospital?

— Chamei meu advogado e um amigo que é construtor, o Jairo Nogueira. Amanhã, eles estarão aqui, e irei mostrar-lhes o terreno. Pedirei a Jairo que faça um projeto do hospital, mas preciso de você para saber o que deve ter o hospital.

— Por que resolveu fazer isso?

— Porque você se tornou uma pessoa muito especial para mim e é muito importante para as pessoas que moram nesta cidade. Nesses dias, tenho ouvido muitas conversas a seu respeito e sei que, se com o pouco que tem você já faz o que faz, fará muito mais por essas pessoas com um hospital e recursos adequados.

— E o que terei de lhe dar em troca?

— As informações necessárias para que possamos desenvolver esse projeto.

— Nada mais?

— Gostaria de voltar a ser seu amigo, mas, se você não quiser, trataremos apenas de negócios.

— Armando, não tenho capital para ajudar na construção.

— Marta, você precisa apenas nos orientar sobre a disposição dos leitos, quartos, centro cirúrgico, UTI, consultório etc. Quanto ao resto, vou buscar verba com pessoas interessadas em bancar o projeto. Pessoas decentes que saibam a importância de um hospital para o bem-estar de todos, principalmente daqueles que não têm acesso a exames de alta complexidade, cirurgias, enfim, a um bom atendimento médico.

— Armando, se você conseguir isso, serei eternamente grata a você, mas não espere muito de mim.

— Se você for minha amiga, já será o bastante para mim. Então, amigos?

— Amigos, mas com uma condição...

— Qual?

— Que nunca mais minta para mim. Quero a verdade sempre, seja ela qual for. Combinado?

— Combinado, Marta. Nunca mais mentirei ou usarei de argumentos que possam magoá-la.

Os dois se deram as mãos e foram dar uma volta pelo parque, fazendo planos para a construção do hospital. Mais tarde, caminharam até o hotel e fizeram um lanche juntos. Marta contou a Armando sobre a conversa que tivera com sua mãe e sobre a origem do nome Lucan, e ele ficou interessado em conhecer Cândida. Por fim, deixou com Marta uma foto dos pais para que Cândida pudesse confirmar se realmente os conhecia.

Armando contou a Marta que contratara uma empresa para limpar o terreno e que mandara fazer uma placa para que todos soubessem a quem o imóvel pertencia. Marta gostou da ideia e disse que, se tivesse uma folga, passaria no terreno para acompanhar o andamento dos trabalhos. Quando ela foi embora, Ivan aproximou-se de Armando e disse:

— É bom ver que o senhor e a doutora Marta fizeram as pazes.

— É, Ivan, ela é uma mulher decidida, tem personalidade forte e sabe o que quer. Quanto mais a conheço, mais a admiro.

— Se o senhor me permite dizer, vocês formam um bonito casal.

— Quem sabe um dia, Ivan... quem sabe.

Marta foi para casa pensando em Armando. Com ele, a médica sentia-se protegida e amparada. Não sabia de onde vinha essa sensação, mas era assim que se apercebia. Talvez um dia, eles viessem a namorar, mas, por enquanto, queria certificar-se de que ele realmente era um homem honesto. Tinha medo de iludir-se e sofrer novamente. As experiências que tivera no passado lhe deixaram marcas profundas, e Marta não queria errar de novo. Daria tempo ao tempo. Se um romance tivesse de acontecer, aconteceria. Nisso ela acreditava.

Chegando em casa, Marta encontrou Henrique:

— Boa noite, Henrique.

— Boa noite, Marta. Posso lhe perguntar onde você estava? Liguei para o hospital e me disseram que você saiu às 17 horas.

— Já disse que não lhe devo satisfação de minha vida, portanto, não vou lhe dizer onde estava. Em contrapartida, gostaria de saber por que você me disse que havia sofrido um acidente e ido à Santa Casa, quando nada disso é verdade.

— Não quer me dizer onde estava, mas eu sei com quem você estava. Com aquele tal de Armando, não é?

— Não mude de assunto, Henrique. O que aconteceu com você ontem?

— Vou lhe dar um aviso: fique longe desse cara! Ele pode prejudicá-la.

— Prejudicar-me em quê? Por acaso, isso é uma ameaça?

— Não, é um pedido. Esse cara não é digno de confiança. Ele está enrolando você.

— Vou tomar cuidado, pode deixar. E quanto a você? Vai me contar ou não o que houve ontem?

— Não, Marta, não quero falar sobre isso.

— Muito bem, é você quem sabe. Não quer me contar, não conte, mas não enrole a mamãe nem invente coisas sobre o hospital. Boa noite.

— Boa noite.

CAPÍTULO 7

Henrique estava cansado. Roberto dominava-o completamente e estava cada vez mais exigente, dando-lhe ordens e intimando que as cumprisse quando ele quisesse. Antes de entrar para a política, ele e Marta eram amigos. Muitas vezes, ele fizera confidências à irmã sobre sua vida, porém, agora só brigavam. Ele era obrigado a mentir para ela e para Cândida. Não estava mais suportando tanta pressão, mas o que fazer? Como sair daquela situação? Precisava falar com alguém, mas com quem?

Começou a recordar-se do fim de semana e lembrou-se de Wanda. Ele a amava, mas não tinha certeza de ser correspondido da mesma forma. Wanda fizera-lhe exigências. Queria ir para Rovena conhecer a família de Henrique e ser vista com ele em lugares públicos. Recordou-se da discussão que tiveram:

— Henrique, se você não me levar e me assumir publicamente, irei sozinha a Rovena e me apresentarei à sua família.

— Por quê isso agora, Wanda?

— Porque estamos juntos há três anos, e eu o vejo apenas de vez em quando! Não vamos a lugares públicos! Você tem vergonha de mim?

— Não, Wanda. Apenas não é o momento de aparecermos juntos em público.

— E quando será esse momento? Quando resolver se casar com alguém mais jovem que eu? Alguém mais preparada, que tenha estudado, tenha uma profissão e que não seja uma simples recepcionista? Quando nos conhecemos, você sabia que eu vinha de uma família simples, me tirou do meu trabalho e prometeu se casar comigo! E hoje, o que sou? Apenas alguém com quem você passa o tempo quando tem vontade? Não, meu caro! As coisas não são assim. Não fiquei com você durante todo esse tempo para ser abandonada ou trocada por outra mulher mais jovem, mais bonita, ou com qualidades que não possuo. Eu me encantei com você, com suas palavras bonitas, com suas promessas e seus presentes, e o que tenho hoje? Nada. Nem este apartamento me pertence. No dia em que você resolver me deixar, ficarei na rua. E isso não está certo! Você não pode simplesmente me usar e jogar fora como um sapato velho.

— Está enganada, Wanda. Eu gosto muito de você, contudo, não posso aparecer com você assim, de repente. Tenho que pensar no meu nome, na minha carreira. Posso perder tudo por causa de um capricho seu.

— Capricho meu?! Já chega, Henrique! Vá embora!

— O que você disse?

— Eu disse: Henrique, vá embora.

— Você não pode me mandar embora! O apartamento é meu.

— Sim, é seu, e eu sei como você o conseguiu. Agora, saia. Não quero vê-lo nunca mais. E não se preocupe com o "seu apartamento"! Vou procurar um emprego e, assim que conseguir, mudarei daqui e lhe mandarei as chaves. Não quero nada de você.

— Por quê isso agora, Wanda? Estávamos bem até alguns dias atrás. O que deu em você?

— Estou vendo minhas amigas casadas, outras progredindo profissionalmente, e eu? Sou apenas a amante do prefeito de Rovena. Chega, Henrique! Não foi essa vida que escolhi para mim.

— Você nunca me falou que tinha amigas! Elas andaram enchendo sua cabeça, só pode ser isso.

— Henrique, você não entende, não é? Para você, eu não penso, não tenho amor-próprio, não sou nada, mas está enganado! E vou lhe provar que posso ser alguém e que posso encontrar alguém que goste de mim! Eu posso ser feliz. O que quero não é possível com você. Agora, por favor, vá embora. Você tem para onde ir, eu ainda não.

— Você está nervosa. Alguém encheu sua cabeça de bobagens. Vou dormir em um hotel e amanhã virei vê-la. Tenho certeza de que, depois de uma noite de sono, você pensará diferente.

Henrique tentou beijar Wanda, mas ela desviou o rosto. Ele a olhou, como se a estivesse vendo pela primeira vez, virou-se e foi embora.

Ele rodou pela cidade durante algumas horas, sem vontade de procurar um hotel. "Com quem ela pensa que está falando?", pensou. O

67

telefone tocou, e Henrique imediatamente atendeu à ligação, presumindo que fosse Wanda.

— Senhor Henrique? É Arnaldo, o porteiro. Dona Wanda me pediu para telefonar para o senhor e avisar que ela partiu e que a chave do apartamento está na recepção.

Henrique voltou correndo ao apartamento. Tudo estava no lugar. Wanda não levara nada; pegara apenas suas roupas. As joias, os perfumes, os aparelhos eletrônicos, tudo ficara lá. Henrique perguntou a Arnaldo com quem ela tinha ido embora, e o porteiro respondeu que ela se fora com uma moça chamada Ângela.

No apartamento, Henrique desabou no sofá. "Meu Deus, por que isso está acontecendo comigo? O que foi que eu fiz?", questionou-se. Enquanto se lamentava, pegou uma garrafa de uísque, começou a beber e acabou dormindo ali mesmo. Acordou no dia seguinte por volta da hora do almoço e sua cabeça doía. Não estava com vontade de falar com ninguém e por isso decidiu ficar largado no apartamento. Sentia-se um fracassado. Começou a imaginar que Wanda tinha outro homem em sua vida e, com esses pensamentos, voltou a beber. Quando tentou levantar-se, caiu em cima do braço e desmaiou. Acordou muito tempo depois com uma forte dor no braço e imaginou que o houvesse quebrado. Como não conseguia raciocinar direito por causa da bebida, chamou Roberto para ajudá-lo e avisou-lhe que deixaria a porta aberta para que ele pudesse entrar.

Quando Roberto chegou ao apartamento de Henrique, encontrou-o caído no sofá e desacordado. Ele, então, enfiou o amigo debaixo do chuveiro para que acordasse e lhe explicasse o que acontecera. Henrique gemeu por causa das dores de cabeça e do braço. Não havia comido nada. Roberto ajudou-o a recompor-se e, depois de lhe dar um café bem forte, sentou-se perto do amigo para saber o que acontecera.

Henrique contou a Roberto o que se lembrava. Disse que Wanda o mandara embora e o deixara, que bebera demais e que provavelmente caíra em cima do braço, porque este doía muito. Roberto levou-o até o hospital, onde os médicos constataram que havia uma fratura. Engessaram o braço, deram-lhe uma injeção para dor e disseram-lhe que não tomasse bebida alcoólica. Henrique deveria se alimentar e ir para casa dormir.

Roberto providenciou uma refeição para os dois e passou a noite com o amigo no apartamento. No dia seguinte, Henrique acordou tarde. A cabeça ainda doía e o braço incomodava-o por causa do gesso. Quando sentiu o cheiro de café, pensou em Wanda:

— Wanda, você voltou?

Roberto respondeu:

— Não, Henrique, ela não voltou. Eu fiz café. Quer uma xícara?

— Pode deixar que eu mesmo pego, Roberto. Obrigado.

— Você está melhor?

— Minha cabeça ainda dói um pouco, e esse gesso está me incomodando, mas logo estarei bem. Você dormiu aqui?

— Sim. Acordei cedo, fiz o café e fui comprar o jornal. Você pode me contar o que houve aqui?

— Não me lembro direito. Tive uma briga com Wanda, e ela me mandou embora. Depois, o porteiro me ligou pedindo que eu viesse buscar as chaves do apartamento. Ela foi embora com uma tal Ângela. Eu subi e comecei a beber. Não me lembro de mais nada.

— Como você sai do seu apartamento e deixa aquela maluca aqui? Ela deve ter levado alguma coisa.

— Não levou nada, Roberto. Disso eu tenho certeza. Ou ela arrumou outro, ou alguém encheu a cabeça dela. Só pode ter sido isso.

— E você me dizia que ela estava interessada em você e só em você. Henrique, acorde! Essas garotas só estão interessadas em dinheiro e em aparecer. Aposto que ela reclamou porque você não a levou para conhecer sua família, não sai com ela em público etc., etc., etc.

— Foi isso mesmo. Ela usou essas palavras.

— E você quase se matou por causa de uma garota qualquer! Henrique, acorde! Você pode ter todas as mulheres que quiser, pois é um homem público e está bem financeiramente. Por que se meteu com uma garota como Wanda?

— Porque eu gosto dela. Ela é uma pessoa alegre, sincera, e me faz bem estar com ela.

— Isso! Ela foi embora e logo, logo vai chantageá-lo e expor sua vida particular. Você não era assim! O que está acontecendo?

Henrique não respondeu. Olhou para Roberto como se o visse pela primeira vez e teve uma sensação estranha. A voz de Cândida trouxe-o de volta à realidade:

— Meu filho, você ainda está aí?

— Sim, mamãe, estou sem sono. E você? O que está fazendo acordada?

— Vim beber um copo d'água. Quer alguma coisa?

— Não, mamãe, vou me deitar. Boa noite.

— Boa noite, meu filho.

***

— Doutora Marta, telefone para a senhora.

— Alô.

— Bom dia, Marta. É Armando. A que horas você estará livre?

— Bom dia, Armando. Acho que lá pelas 18 horas, por quê?

— A empresa que eu contratei começou a limpar o terreno, e eu gostaria que você o visse. Hoje chegam meu advogado e o construtor, e é importante que você os conheça.

— Vamos combinar assim... quando eu estiver saindo do trabalho, ligo para você e vou aonde estiver. Se não der para ver o terreno hoje, podíamos vê-lo amanhã cedo.

— Está bem. Vou aguardar sua ligação. Um beijo.

***

— Como foi a entrevista, Wanda?

— Foi boa. Fiz todos os testes e fui aprovada. Começarei a trabalhar amanhã.

— Viu? Não falei que você precisava ter confiança?

— Não sei como lhe agradecer. Você tem sido uma ótima amiga.

— Sei o que você passou. Também vim para São Paulo para ter uma vida melhor. No começo, foi muito difícil, e homens como Henrique existem em todos os lugares. A diferença entre nós é que você acreditou nas promessas que ele lhe fez. Não pense que a estou criticando ou menosprezando. Você é uma mulher bonita, inteligente, largou tudo por causa dele e acabou se decepcionando. Use essa experiência a seu favor. Quando aparecer outro homem lhe fazendo promessas, não se entregue como se ele fosse resolver todos os seus problemas. Nós somos fortes e não precisamos que ninguém nos sustente. Podemos estudar, trabalhar, crescer profissional e financeiramente. Viver com alguém só porque lhe dá presentes e lhe compra aquilo que quer é o mesmo que se prostituir. Você deve se sustentar. O amor é para ser vivido a dois, e o dinheiro não deve estar no meio disso. Relacione-se com alguém pelo prazer de estar junto dessa pessoa e não porque ela vai lhe pagar o jantar.

— Ângela, suas palavras são sábias. Eu fiz exatamente isso. Abandonei os estudos, meu trabalho, menti para meus pais e agora estou aqui vivendo de favor.

— Você não está vivendo de favor. Está aqui porque sou sua amiga e lhe quero bem. Cuide de você. Comece seu trabalho valorizando cada dia de sua vida. Quando receber seu salário, poderá me ajudar nas despesas. Por ora, não se preocupe com isso. Minha vida está estabilizada.

— Obrigada, Ângela. Foi muito bom encontrá-la, senão eu estaria me humilhando por um homem que não me ama.

— O que sente por ele?

— Eu sou apaixonada por Henrique. Ele apareceu em um momento muito difícil de minha vida. Nós nos conhecemos por acaso. Eu não sabia quem ele era, pois, se soubesse, não teria me envolvido.

— E quando descobriu a verdade?

— Escutei uma conversa entre ele e um tal Roberto. Ele dizia: "Já lhe disse que ela não é problema!". Quando Henrique percebeu que eu estava na sala, desligou o telefone. Então, perguntei: "Essa 'ela' sou eu?", e ele respondeu: "Desculpe, Wanda. Meu amigo Roberto está preocupado com minha imagem. Não posso me envolver em escândalos".

Wanda fez uma breve pausa e continuou:

— Perguntei a ele por que eu não era "problema", e Henrique respondeu que havia sido apenas força de expressão e que eu era a garota dele. Que ele sabia que eu nunca lhe criaria problemas. Então, Henrique me abraçou, e eu fui me envolvendo e esquecendo a história. Alguns dias antes, tinha pegado um jornal onde havia uma foto dele e desse tal Roberto. Foi assim que eu soube que ele era prefeito de uma cidade e que eu nunca seria uma primeira-dama.

— Você disse isso a ele?

— Não, eu o ameacei e cobrei dele uma postura mais justa em relação a mim. Ele me disse que eu poderia "estragar sua imagem". Se eu não a tivesse encontrado naquele dia, talvez não tivesse tido coragem de fazer o que fiz.

— É, e ainda bem que a vi, senão você teria sido atropelada. Mas agora acabou! O que acha de sairmos para comer comida chinesa?

— Ângela, eu estou sem dinheiro. Já lhe disse isso.

— Quando receber, você me paga! Está bem? Amanhã, você precisa estar bem-disposta para seu primeiro dia de trabalho.

— Está bem. Vou anotar tudo o que você pagar para mim e depois acertaremos as contas.

— Como quiser. Agora vamos, pois estou morrendo de fome!

As duas amigas saíram para jantar. Ângela compreendia o que a amiga estava passando. Ela quase vivera uma situação semelhante, mas, diferente de Wanda, não abandonara a família nem o emprego. Hoje, estava trabalhando em uma boa empresa, ocupava o cargo de secretária bilíngue, tinha seu próprio apartamento e um carro e nutria a certeza de que Wanda conseguiria se sair bem. As duas haviam se conhecido quando cursavam o Ensino Médio, não se viam havia muitos anos, até que Wanda surgiu na frente do carro de Ângela e quase foi atropelada.

Ângela levou a amiga a um hospital para ter certeza de que Wanda não se ferira, e, enquanto conversavam, se recordaram da antiga amizade. Wanda contou o que estava acontecendo, e Ângela, percebendo que a amiga estava com problemas, decidiu ajudá-la.

***

Marta preparava-se para sair do hospital, quando ouviu um chamado do alto-falante:

— Doutora Marta, seu irmão está à sua espera na recepção.

Pouco depois, ela apareceu:

— Henrique, aconteceu alguma coisa?

— Não estou aguentando a dor no meu braço. Você pode fazer alguma coisa?

— Venha comigo. Vou tirar esse gesso e ver como está seu braço.

Marta levou Henrique para a enfermaria e pediu ajuda a um enfermeiro.

— Doutora Marta, o braço dele está inchado.

— Você consegue tirar o gesso sem machucá-lo?

— Consigo. Talvez doa um pouco, porque terei de movimentar o braço.

Henrique respondeu:

— Pode fazer o que for preciso. Eu aguento a dor.

— Por que você não veio mais cedo?

— Eu não queria lhe dar trabalho. Achei que tomando um analgésico a dor passaria, mas não adiantou nada. Parece até que a dor piorou.

— Que bobagem! Não quis me dar trabalho e olhe só como está seu braço! Fez uma radiografia desse braço?

— Não sei, mana, não me lembro. Foi Roberto quem cuidou de tudo. Eu não estava bem.

— Pronto, doutora! O braço dele está livre. O que a senhora acha?

— Leve-o para fazer uma radiografia. Vou esperar aqui, e depois adotaremos o procedimento correto. O braço está muito inchado.

— Está bem, doutora. Vamos, senhor Henrique.

Henrique seguiu o enfermeiro e perguntou:

— Acha que fizeram o tratamento errado em meu braço?

— Não posso lhe responder isso, senhor. Depois que fizer a radiografia, a doutora Marta terá condições de avaliar o que aconteceu e passar a conduta certa.

Enquanto caminhavam até o setor onde eram feitas as radiografias, duas enfermeiras perguntaram pela doutora Marta, e o enfermeiro que acompanhava Henrique lhes informou que ela estava na enfermaria da emergência.

Henrique não se conteve e perguntou:

— Não há outro médico aqui?

— Neste momento, apenas a doutora Marta, o doutor Raul e o doutor Wagner.

— E por que só perguntaram pela Marta?

— Porque é ela quem atende os pacientes internados e a emergência. O doutor Jorge não está trabalhando, e os outros médicos fazem plantão. O plantonista da noite ainda não deve ter chegado.

— Mas são 18h30. O horário não se inicia às 18 horas?

— Senhor Henrique, chegamos. Por aqui, por favor. Quanto ao horário dos médicos, prefiro que o senhor fale com o doutor Raul. Não tenho como informá-lo sobre isso.

O enfermeiro encaminhou Henrique ao técnico de radiologia e avisou que esperaria do lado de fora.

Alguns minutos depois, Henrique saiu da sala segurando a radiografia. O enfermeiro levou-o de volta e entregou a radiografia à médica.

— Então, Marta, o que houve com meu braço?

— Você quebrou o braço, mas ele foi engessado sem que o osso fosse colocado no lugar de forma correta, por isso o braço inchou. Você precisa fazer uma cirurgia para colocar o osso no lugar. E aí sim, o gesso será aplicado de forma correta.

— Eu terei de ser operado aqui?

— Sim, nós não temos outro hospital na cidade.

— Você está brincando! E quem fará a cirurgia?

— Pedirei ao doutor Raul que o opere.

— Ah, Marta, você está brincando!

— Henrique, pare com isso! Veja bem onde você está. O doutor Raul está aí, e eu pedi para que ele olhe seu braço. Não seja infantil.

— E se me acontecer alguma coisa durante a cirurgia?

— Não seja ridículo! O que poderia acontecer?

— Ora, uma anestesia errada, uma falha médica!

Marta suspirou e pediu ao enfermeiro que a deixasse sozinha com Henrique.

— Henrique, você percebeu o que acabou de fazer? Como pôde falar mal do diretor do hospital na frente dos funcionários? O que há com você? Todos os dias, eu, o doutor Raul e o doutor Wagner operamos e cuidamos de todos os que nos procuraram. Se nós tivéssemos um hospital maior, teríamos mais médicos para atender as pessoas que chegam aqui. Mas você se recusa a construir um novo hospital e agora não quer ser tratado aqui. Eu não vou levá-lo a lugar algum! Você será tratado aqui com os recursos que nós temos. Se não quiser, procure quem o ajude.

— Você está brincando! Não posso sair assim.

— Então, você será tratado pelo doutor Raul.

Nesse momento, o médico entrou na sala e perguntou:

— Com licença. Como vai, Henrique?

Foi Marta quem respondeu:

— Doutor Raul, Henrique quebrou o braço, e o osso ficou fora do lugar. Eu gostaria do seu parecer e de saber se o senhor tem disponibilidade para realizar uma cirurgia.

Raul olhou a radiografia e constatou que o diagnóstico de Marta estava correto.

— É melhor operarmos amanhã cedo. Podemos interná-lo agora e iniciar os procedimentos para a cirurgia.

Henrique perguntou:

— O que seriam esses procedimentos?

— Exames pré-operatórios para que não corra nenhum risco durante a cirurgia. Imobilizaremos seu braço, você será medicado, fará a dieta adequada a seu caso, e amanhã cedo nós o operaremos. Doutora Marta, você poderia me auxiliar na cirurgia?

— A que horas o senhor quer operá-lo?

— Às 8 horas da manhã.

— Está bem, estarei aqui. Henrique, vou embora. Você ficará sob os cuidados do doutor Raul. Avisarei mamãe. Fique tranquilo, pois você está em boas mãos.

— Marta, Henrique terá de dividir um quarto com outro paciente. Você se importa, Henrique?

— Doutor Raul, sou o prefeito desta cidade! Não há um apartamento neste hospital onde eu possa passar a noite? Por que não posso ir para casa e voltar amanhã cedo?

— Porque amanhã cedo, quando eu e a Marta chegarmos, você já estará no centro cirúrgico, pronto para ser operado. Esta noite, você ficará em um apartamento e o dividirá com outro paciente, pois não temos leitos disponíveis. O hospital está lotado.

— Marta, você tem certeza de que posso ficar aqui?

— Não seja infantil! Afinal, você é o "prefeito desta cidade". Já pensou no que seus eleitores diriam se ouvissem o que você acabou de dizer?

— Pelo jeito, não tenho outra saída.

— Tem! Você pode pegar seu carro e ir para Campinas, para São Paulo ou para onde quiser.

— Mas você nem vai imobilizar meu braço?

— Não. Se você está questionando nosso tratamento, por que devemos tratá-lo, então?

Henrique calou-se e resolveu aceitar a situação. Quando o enfermeiro o levou para o quarto, Raul disse a Marta:

— Não sei se tivemos sorte ou muito azar em ter de tratá-lo.

— Só espero que ele não maltrate ninguém. Obrigada, doutor Raul. Amanhã cedo, estarei aqui.

— Boa noite, Marta.

CAPÍTULO 8

Marta saiu do hospital e foi encontrar-se com Armando no hotel. Ele já a estava esperando na recepção, acompanhado de Rogério e de Jairo. Depois das apresentações, eles foram para uma sala de reuniões.

Armando foi o primeiro a falar:

— Marta, é uma pena que não tenha conseguido ver o terreno ainda. Poderíamos visitá-lo amanhã cedo?

— Não, Armando. Amanhã cedo, ajudarei o doutor Raul a operar o braço de Henrique. Assim que estiver livre, ligarei para você. Mas, com o movimento do hospital e a falta de médicos, não posso marcar um horário.

— É uma pena. Hoje, enquanto fazíamos a limpeza do terreno, uma pessoa da prefeitura foi até lá. Conversamos, e ele me disse quais são as árvores que não podem ser derrubadas. Da forma como ele explicou, só poderíamos levantar um parque ali, nunca um hospital ou qualquer outra coisa. De qualquer forma, o terreno agora está cercado. Fizemos a medição para colocar as cercas nos lugares corretos e medimos também o terreno da igreja. Por fim, coloquei uma placa informando a quem pertence os dois terrenos. Nós encontramos uma pequena nascente, e acredito que possamos aproveitar essa água. O que precisamos imediatamente é que você nos explique como o hospital deverá ser construído. O padre Antônio, responsável pelo terreno ao lado do meu, deve vir para cá na próxima semana. Ele precisa apresentar esse projeto para o arcebispo, para que ele possa encaminhá-lo para Roma. Não sei se você sabe, mas a Igreja doou o terreno para que a prefeitura construísse o hospital lá, no entanto, é necessário que apresentemos um projeto para que a doação seja confirmada.

— Espere aí, Armando. Deve estar acontecendo alguma confusão. Henrique me disse que precisava aprovar um projeto na Câmara para pedir a desapropriação da área da Igreja.

— Marta, desculpe-me desapontá-la, mas nós não havíamos combinado de que eu diria apenas a verdade?

— Sim.

— Então... Infelizmente, seu irmão mentiu para você. O padre Antônio, representando a Igreja, procurou o prefeito e ofereceu o terreno para a construção do hospital. Ele explicou que apenas precisaria do projeto aprovado para confirmar a doação. O prefeito daqui, no entanto, não fez nada.

— E como você soube dessa história?

Rogério respondeu:

— Eu descobri, doutora Marta. Quando comecei a preparar o inventário do pai do Armando, vim até aqui para procurar os documentos referentes ao terreno. Sem querer, escutei uma conversa entre o prefeito e duas pessoas. Eles falavam sobre o terreno e a doação da igreja.

Armando continuou:

— Padre Antônio é amigo da minha família. Foi ele quem rezou a missa de sétimo dia do meu pai. Ele sabia que eu viria para Rovena e me pediu para verificar o que estava acontecendo, pois o projeto ainda não havia sido entregue pela prefeitura. Por isso é importante que tenhamos as informações sobre a construção para que o projeto seja entregue a ele e a doação seja efetivada.

Marta olhou para Armando e perguntou:

— Por que não me falou sobre essa doação?

— Porque eu sabia que seria mais um aborrecimento para você e estava certo de que poderia construir o hospital em meu terreno.

— Você disse que uma pessoa da prefeitura esteve lá. Sabe o nome dele?

— Não, Marta. Ele foi ríspido. Nem me deixou explicar o que estávamos fazendo. Eu lhe assegurei que não derrubaria nenhuma árvore, e ele foi embora. Preciso voltar à prefeitura e descobrir o que houve.

— Armando, procure por Luís Carlos de Souza na delegacia e explique a ele o que aconteceu hoje. Nós não temos uma delegacia ambiental, mas temos um técnico que atende às denúncias. Ele investiga as denúncias de corte indevido de árvores, de pedido de corte e limpeza de terreno, que esteja atrapalhando a via pública. Veja se ele pode acompanhá-lo ao terreno, pois assim teremos certeza do que pode ou não ser derrubado. Acho até que ele pode ajudá-lo no exame da água. Você disse que o padre Antônio virá para cá?

— Sim, Marta. Provavelmente na segunda-feira.

— Gostaria de conhecê-lo e espero que não me tomem pelo meu irmão. Estou muito envergonhada do comportamento dele.

Rogério tornou:

— Doutora Marta, por favor, nós sabemos que a senhora é uma pessoa íntegra. Em nenhum momento, pensamos que a senhora poderia ser como Henrique. Desculpe-me. Sei que ele é seu irmão, mas é uma pessoa sem caráter.

Jairo completou:

— Eu conheço um pouco do comportamento de alguns administradores públicos. Muitas vezes, eles são envolvidos por empresários inescrupulosos e acabam cometendo alguns erros. Um dia, seu irmão vai cair em si e perceber as bobagens que fez.

Marta perguntou:

— E será que, quando esse dia chegar, as pessoas que ele prejudicou estarão dispostas a aceitá-lo?

Armando respondeu:

— Marta, acredito que todas as pessoas, em algum momento na vida, param e pensam em tudo o que fizeram de bom ou ruim. Começam a perceber que a vida é muito maior do que saldo bancário, poder, aparência, carro do ano, e, nesse momento, voltam-se para seu interior e começam a se perguntar: "O que fiz da minha vida?". Algumas pessoas vivem tão plenamente que não ficam se questionando, e eu acredito que esse seja o seu caso. Você abraçou a Medicina e pôs seus pacientes e seu trabalho acima de tudo. Seu irmão vive na ilusão. Para ele, só existe o mundo material. Um dia, ele vai perceber que a vida é muito mais que isso. Você disse que vai operá-lo?

— Sim. O doutor Raul Molina vai operá-lo, e eu vou auxiliá-lo. Henrique quebrou o braço, e a pessoa quem o engessou não colocou o osso no lugar. Doutor Raul o internou para os procedimentos pré-operatórios, e a cirurgia será amanhã cedo.

— E ele ficou bem na Santa Casa?

Marta riu:

— Não. Ele reclama que não tem apartamento, não gosta do médico que vai operá-lo e se preocupa com o que vão dizer. É só nisso que ele pensa. Acho que Henrique está muito longe de fazer esse exame de consciência.

Armando replicou:

— Acho que vou visitá-lo amanhã à tarde!

— Armando, não faça isso. Ele está curioso para saber quem é você. Deixe que ele fique assim.

— Estou brincando, Marta. Jamais faria alguma coisa para atrapalhar você. E agora? Vamos falar do hospital?

— Vamos.

Marta explicou-lhes que o hospital precisava de salas de cirurgia, UTI, equipamentos para exames de alta complexidade, consultórios, refeitório, salas de espera, recepção, atendimento emergencial e apartamentos. E depois de colocar tudo no papel, falou:

— Vocês acham que conseguiremos recursos construí-lo? Se conseguirmos, ele será um grande hospital.

Jairo respondeu:

— Doutora, vou fazer o desenho e mostrarei para você, para que possa apontar o que falta. Podemos iniciar a construção pelo atendimento emergencial e completamos as outras alas à medida que conseguirmos as verbas necessárias.

— Mesmo assim, Jairo, acho que exagerei.

— Não se preocupe com isso. Vamos projetá-lo e ver o que acontece. Tem muita gente que pode contribuir com essa obra.

Marta olhou para Armando e perguntou:

— Quem você acha que contribuiria?

— Posso falar com a empresa para a qual trabalho. Podemos fazer movimentos para angariar fundos, nos reunir com o comércio local. Nós conhecemos muita gente. Não se preocupe, pois tenho certeza de que conseguiremos a verba necessária para erguer o hospital. Quem sabe seu irmão não a ajude depois de conhecer o projeto? Afinal, ele terá de comunicar à cidade que a Igreja doou o terreno para a construção do hospital.

— Você tem razão. Quero agradecer a vocês pelo empenho em me ajudar a erguer o hospital. Esta cidade precisa muito dessa obra.

Rogério respondeu:

— Doutora Marta, é um prazer ajudá-la. Cheguei hoje e já ouvi vários elogios ao seu trabalho. E não foram do Armando.

Marta sentiu-se ruborizar:

— Bem, agora vou deixá-los. Amanhã, terei de me levantar cedo. Boa noite a todos.

Armando disse:

— Eu a acompanho até o carro. Gostaria de jantar conosco?

79

— Não, Armando, fica para outro dia. Amanhã, terei de me levantar cedo e preciso estar bem-disposta.

— Você ficou aborrecida conosco pelo que falamos sobre Henrique?

— Não, eu conheço meu irmão, e é uma pena que ele esteja assim. Éramos muito amigos antes de ele se envolver com política.

Quando chegaram ao carro de Marta, Armando perguntou:

— E quanto a nós?

— Nós?

— Marta, você vai me desculpar algum dia?

— Armando, eu já o desculpei. Só não quero me envolver numa aventura. Me dê algum tempo. Preciso me habituar à ideia de ter você perto de mim.

Armando puxou Marta para perto de si e a beijou. Marta não se afastou e correspondeu ao beijo com a mesma intensidade.

— Marta, estou apaixonado por você e não quero que nada de mal lhe aconteça. Por favor, não me afaste, não me tire de sua vida.

— Tudo é muito novo para mim. Não sou uma adolescente, e a única coisa que tenho feito é trabalhar. Minha dedicação ao hospital é praticamente integral. Você vai se cansar de esperar por mim.

— Marta, eu esperaria por você a vida toda. Não tenha pressa. Apenas me deixe amá-la, me deixe participar de sua vida como desejo que participe da minha.

Em resposta, Marta beijou Armando. Deu-lhe um beijo suave e cheio de promessas.

— Você precisa me deixar ir embora, pois amanhã terei de me levantar muito cedo.

— Quer que eu a acompanhe? É tarde.

— Não, estou acostumada a andar sozinha pela cidade.

— Então me ligue quando chegar em casa, está bem?

Rindo, Marta respondeu:

— Olha só! Já está querendo me controlar.

— Não, amor. Apenas quero ter certeza de que chegou bem.

— Está bem, eu lhe telefono. Até amanhã.

— Até amanhã.

Marta saiu, e Armando ficou observando o carro desaparecer na rua. Quando se virou para voltar para o hotel, percebeu um veículo parado próximo ao estacionamento. Não pôde ver o motorista, mas, quando chegou à porta, ouviu o automóvel sair em velocidade.

Armando entrou no hotel e perguntou para Ivan se ele sabia a quem pertencia aquele carro.

— Senhor Armando, me pareceu o carro do doutor Jorge Caldeira.

— Isso está me preocupando... O que ele estaria fazendo aqui a esta hora?

Voltando para a sala, Armando contou aos outros o que observara, explicando que não era a primeira vez que isso acontecia.

Jairo foi o primeiro a falar:

— A doutora Marta lhe pediu para conversar com uma pessoa da delegacia, não foi? Deve ser alguém em quem ela confia. Por que não comenta o que está acontecendo com essa pessoa?

Rogério completou:

— Ou fala com o doutor Otávio? Acredito que ele também possa ajudá-lo.

O telefone tocou:

— Oi, Marta. Tudo bem?

— Tudo, já estou em casa. Aconteceu alguma coisa?

— Não, está tudo bem.

— Boa noite, Armando.

— Boa noite, amor. Um beijo.

— Outro para você.

Quando Armando desligou, os três olharam para ele como se perguntassem: "Boa noite, amor?".

— O que estão olhando? Eu vi os três me espionando pela janela, então, não comecem com piadinhas.

Todos riram e pediram a Ivan que lhes trouxesse lanches e uma cerveja, afinal, precisavam comemorar.

Jairo disse para Armando:

— Você está apaixonado por uma mulher encantadora. Cuide bem dela.

— Por que está dizendo isso? Você se apaixonou por ela?

— Não! Eu não soube valorizar a mulher que tinha ao meu lado e a perdi. Eu era muito jovem, imaturo... Ofereci a essa mulher o mundo, mas ela não me aceitou. Era muito inteligente e percebeu que eu era apenas um jovem querendo conquistá-la para me exibir para meus amigos. Meu pai fundou a construtora que tenho hoje e, naquela época, tudo o que eu sabia era gastar dinheiro, nada mais. Ofereci a ela um apartamento, lhe dei presentes, e, quando ela percebeu quem eu era, foi embora, deixando tudo lá. E foi aí que percebi que tinha feito uma grande besteira.

— Você nunca mais a viu?

81

— A procurei por muito tempo, descobri onde ela trabalha, onde mora, mas não tive coragem de me aproximar.

— Ela se casou? — perguntou Rogério.

— Me parece que não.

Rogério opinou:

— Acho que você deveria procurá-la e lhe dizer tudo o que está nos contando. Tenho certeza de que ela o ouviria.

Armando completou:

— Jairo, quase perdi Marta porque não soube ser verdadeiro com ela. Rogério tem razão. Se você a ama, procure-a. Quem sabe não é esse o momento de vocês?

CAPÍTULO 9

No dia seguinte, Henrique chamou uma enfermeira e perguntou:

— O que está acontecendo? Escutei chamarem a doutora Marta e o doutor Raul com urgência na recepção, mas neste horário eles já deveriam estar me operando.

— Senhor Henrique, estamos com problemas na emergência. Houve um acidente, e todos estão ocupados atendendo os feridos. Por isso, o senhor ainda não foi levado ao centro cirúrgico.

— E devo ficar em jejum?

— Sim, não recebemos ordens para alimentá-lo. Por favor, espere um pouco. Vou verificar seu caso.

— Está bem. Eu havia pedido que me trouxessem um pijama. Será que trouxeram?

— Vou verificar também. Agora, por favor, aguarde, pois estou sozinha atendendo os pacientes internados. Toda a equipe médica está na emergência.

— Mas isso é um absurdo! Por que não contratam mais profissionais?

— Senhor Henrique, não posso lhe dar essa informação. Recomendo que o senhor converse depois com o doutor Raul. Agora, por favor, me deixe trabalhar, pois tenho de levar a medicação dos pacientes.

Cândida chegou à recepção e assustou-se com o movimento. A mulher perguntou à recepcionista:

— Bom dia, o que houve? Vim trazer roupa para meu filho.

— Minha senhora, estamos atendendo as vítimas de um acidente que ocorreu há pouco. Se não for urgente, peço, por favor, que marque o nome dele na bolsa. Mando entregar depois.

— Se você quiser, posso levá-la eu mesma. Sou a mãe da doutora Marta.

— Ah, me desculpe! Não a reconheci! Seu filho está no segundo andar, no quarto 206. Se a senhora puder levar a roupa para ele, ficarei muito grata.

— Claro, claro, minha filha, não se preocupe comigo. Vou levar a roupa e depois vou embora.

Chegando ao quarto, Cândida percebeu que Henrique estava irritado:

— Mamãe, o que a senhora faz aqui?

— Bom dia, meu filho. Vim trazer o pijama que você pediu.

— E por que Marta não fez isso?

— Meu filho, sua irmã foi chamada para vir aqui às 5 horas da manhã. Ela não se lembrou do seu pijama, por isso vim trazê-lo.

— O que está acontecendo lá embaixo? Me deixaram de jejum para fazer uma cirurgia, e ninguém apareceu.

— Henrique, aconteceu um acidente hoje pela manhã. Parece que há muitos feridos, e o hospital está mobilizado para atendê-los. Tenho certeza de que logo você será informado de sua cirurgia.

— Foi um acidente envolvendo habitantes de Rovena?

— Me parece que sim. Você quer mais alguma coisa?

— Não, mamãe. A menos que a senhora tenha notícias sobre o que vão fazer comigo.

— Henrique, como pode ser tão insensível? Como pode estar apenas preocupado com você, quando há pessoas feridas lá embaixo na emergência? Eu vou embora. Talvez possa ajudá-los em alguma coisa.

— Mamãe, isso não fica bem. Ainda mais na sua idade.

— Não vou discutir com você. Não importa se fica bem ou não, se tenho idade ou não, vou ajudar no que for preciso. Até logo.

Cândida saiu do quarto irritada com o comportamento do filho, afinal, estava claro que o hospital precisava ser ampliado e necessitava de recursos para contratar funcionários, médicos e enfermeiras. Ela pensou que, quando as coisas se normalizassem, falaria com Marta e discutiria com a filha como poderia ajudar na construção do hospital novo.

— Mocinha?

— Sim, dona Cândida. Meu nome é Rita.

— Rita, em que posso ajudá-los? Vejo que está sozinha aí. Quando jovem, trabalhei em um hospital e acredito que o serviço não tenha mudado tanto.

Rita sorriu e tornou:

— Mudou um pouco, mas a senhora é bem-vinda. Estou precisando de ajuda. Olhe, precisa preencher esses formulários. Precisamos conversar com as pessoas que estão aqui e saber quem é parente de quem. Venha comigo! Assim lhe mostro como preenchê-lo.

Em pouco tempo, Cândida já estava trabalhando sozinha e dividindo com Rita a tarefa de registrar os pacientes que chegavam buscando atendimento.

***

— Alô? Hotel dos Monges.

— Ivan, sou eu.

— Oi, mamãe, o que houve?

— Você soube do acidente?

— Sim, o hospital deve estar uma loucura.

— Está sim. Por favor, fale com os hóspedes e veja se alguém poderia vir doar sangue e se algum deles poderia ir até Campinas para buscar material para nós. Ivan, isso é mais que urgente! Há vidas em perigo.

— Não se preocupe, mamãe. Já sei quem pode nos ajudar. Ligo depois.

— Ligue e fale com Rita ou com dona Cândida. Elas estão na recepção.

— Está bem, mamãe.

Ivan desligou o telefone e correu até Armando:

— Senhor Armando, o hospital está precisando de doadores de sangue e de alguém que vá a Campinas buscar material. O senhor poderia nos ajudar?

— Claro, Ivan! Vamos, pessoal! Vamos deixar esses documentos no meu quarto e socorrer o hospital.

— Você vem conosco?

— Agora não. Vou buscar mais ajuda e pedir ao pessoal que está aqui para doar sangue.

— Está bem, Ivan. Se acontecer alguma coisa, ligue para mim.

— Fique tranquilo, senhor Armando.

Cada um em seu carro, Armando, Jairo e Rogério chegaram ao hospital.

— Dona Cândida?

— Sim?

— Sou Armando, este é Jairo e este é Rogério. A mãe de Ivan nos pediu para que os ajudássemos. Precisa que eu vá a Campinas para buscar algo?

— Sim! Olhe. O local fica nesse endereço. É um banco de sangue. Vocês vão junto?

— Se for necessário, sim. Estamos disponíveis para fazer o que a senhora precisar.

— Quem de vocês conhece melhor a região?

— Acho que eu. Do que a senhora precisa?

— Preciso que deem carona a dois pacientes que estão de alta, pois necessitamos dos leitos.

— Eles podem ir sentados?

— Não sei. Ainda não sei quem são.

— Vamos fazer assim, Rogério... Vá buscar o material em Campinas, e eu e o Jairo ficamos por aqui.

— Tudo bem, Armando. Dona Cândida, a senhora quer ficar com o número do meu telefone? Assim, se precisar de mais alguma coisa, é só me ligar.

— Anote aqui para mim, por favor. E, muito obrigada.

— Não por isso. Me diga, por favor, o número daqui. Se houver algum contratempo, ligo pra cá.

— Leve esse cartão. Vá com Deus, meu filho.

— Obrigado.

Rita aproximou-se do balcão da recepção e falou com Armando:

— O senhor veio falar com a doutora Marta?

— Não. Vim aqui porque Sônia, a mãe do Ivan, nos pediu ajuda.

— Rita, eles podem levar os pacientes que já receberam alta.

— Boa ideia, dona Cândida. A senhora pode ficar sozinha um pouco?

— Posso. Leve-os lá para dentro.

Nesse momento, Roberto chegou:

— Dona Cândida, o que a senhora faz aqui?

— Estou ajudando. Soube do acidente de hoje de manhã?

— Sim, soube. Dona Cândida, a senhora não deveria estar aqui, afinal, é a mãe do nosso prefeito!

— Roberto, eu decido onde devo ficar. Por favor, não me venha com esse discurso de "mãe do prefeito". Se você não veio ajudar, por favor, vá embora, pois estou muito ocupada.

— Desculpe, dona Cândida, não quis ofendê-la. Vim visitar Henrique.

— Ele está no quarto 206, no segundo andar.

— Obrigado. Não vou demorar.

Roberto caminhava rumo ao quarto de Henrique, quando parou próximo à escada para dar passagem a uma maca. Duas pessoas estavam conversando e decidindo qual seria a melhor forma de colocar o paciente no carro.

— Armando, ele precisa ir deitado.

— Não tem problema. Podemos abaixar o banco da frente e acomodá-lo.

Os dois pararam quando viram Roberto. Armando cumprimentou:

— Bom dia, Roberto. Veio também ajudar?

— Não, vim apenas visitar um amigo.

— Ótimo, dê lembranças ao prefeito. Vamos, doutor.

Armando e o médico dirigiram-se à saída e de lá seguiram até o carro para acomodar o paciente. Pouco depois, Jairo e um enfermeiro chegaram trazendo um casal com um recém-nascido. Roberto, por sua vez, encontrara o quarto de Henrique.

— Que confusão é essa? Até aquele tal Armando está trabalhando aqui hoje!

— Quem chamou Armando aqui?

— Acho que foi sua irmã quem o chamou. Quem mais o conhece? Sua mãe está trabalhando na recepção! E você como está? Como foi a cirurgia?

— Que cirurgia? Com esse acidente, me esqueceram aqui. Você sabe quem são os acidentados?

— Não. Me parece que são duas famílias. Os carros bateram de frente.

— Sabe se alguém morreu?

— Não sei, Henrique, mas logo descobriremos. Por que está neste quarto?

— Porque não havia outro.

— O hospital deveria reservar um quarto para a família do prefeito.

— Roberto, em que mundo você está? O hospital está lotado, aconteceu um acidente grave, eu não fui operado ainda, estou sem comer há quase vinte e quatro horas, e você vem fazer graça?

— Nossa! Todo mundo está de mau humor hoje. Sua mãe foi grosseira comigo, você me respondeu mal... será que não somos mais amigos?

— Não, Roberto, não é isso. Estou farto de ficar aqui.

— Por que não me ligou?

— Eu liguei, mas sua secretária me disse que você tinha ido a São Paulo.

— É, fui buscar seu carro. Sabe o que descobri? Que Wanda está trabalhando.

— Trabalhando? Onde?

— Na construtora Nogueira, como recepcionista.

— Como descobriu isso?

— Ontem, dois amigos do Armando chegaram a Rovena. Eu mandei Jorge ficar de tocaia para descobrir quem eram. Ele me falou que um é advogado e chama-se Rogério Prado. E o outro é o Jairo Nogueira, dono da construtora.

— Você os conhece?

— Rogério não, mas Jairo sim. Meu pai tentou negociar com ele, mas não foi bem-sucedido. Meu pai o indicou para uma obra, mas disse que não trabalhava em obra pública. Deixou meu pai falando sozinho numa reunião com políticos importantes.

— Como ele teve essa coragem? Ele conhecia seu pai?

— Sim, nossos pais eram amigos. Segundo Jairo, o pai dele teve alguns problemas no passado, e ele não queria passar pela mesma coisa.

— E o que eles estão fazendo aqui em Rovena?

— O que você acha? Vão construir o hospital que sua irmãzinha quer, afinal, ele é o dono do terreno onde eu iria construir um condomínio de alto padrão. E tudo isso porque você, com seus receios, não o desapropriou nem me deu a usucapião.

— Roberto, você não pensa que nós podemos nos dar mal com essas histórias? Esses contratos que temos feito podem se virar contra nós!

— Não, meu amigo. Eu penso que você tem de fazer alguma coisa para passar aquele terreno para mim. Preciso construir o condomínio aqui em Rovena. O material publicitário está pronto, e já investi um bom dinheiro nisso.

— Eu vou ver o que posso fazer.

— Você não verá, você fará! Afinal, sua comissão é bastante representativa.

— Roberto, voltarei a falar com você quando sair daqui.

— Vou esperar, mas não demore, pois o tempo está contra nós.

**

Armando e Jairo levaram alguns pacientes para casa, e, enquanto isso acontecia, Marta e Raul operavam uma garota de 15 anos, que apresentava traumatismo craniano.

A cirurgia foi longa, mas bem-sucedida. A jovem agora estava em recuperação. Quando deixaram o centro cirúrgico, os dois médicos encontraram o pai da menina:

— Doutora Marta, doutor Raul, como está minha filha?

Raul respondeu:

— Fizemos tudo o que podíamos com os recursos disponíveis no hospital. Ela está na sala de recuperação, vamos aguardar. O prazo para constatarmos o resultado da cirurgia é de vinte e quatro horas. Ronaldo, tente ficar calmo. Reze, se você necessitar, mas saiba que desespero não vai ajudá-lo em nada. Como você está? Quem mais estava com você no carro?

— Minha mulher e o bebê.

— E onde eles estão? Foram socorridos?

— Sim. Cida não se machucou muito, pois estava no banco de trás com o bebê. Ela foi atendida, e o senhor Armando os levou para casa.

Raul e Marta entreolharam-se e pediram licença para se retirarem. Os dois foram até a recepção para ver como estava o hospital e encontraram tudo em ordem. Quando Marta viu a mãe, perguntou:

— Mamãe, o que está fazendo aqui?

— Vim trazer o pijama do seu irmão e decidi ajudar. Vocês estavam no centro cirúrgico e não viram como isto aqui estava, mas conseguimos bons ajudantes e deu tudo certo.

— Rita onde estão as ambulâncias? Por que os pacientes foram embora em carros particulares? — Raul perguntou.

— Doutor Raul, uma ambulância está trabalhando. Ela está realizando o socorro dos pacientes. Está no local do acidente, porque ainda há uma pessoa presa nas ferragens. A outra ambulância está na manutenção e ainda não voltou.

— Mas essa ambulância não foi para manutenção na semana passada?

— Foi, mas um funcionário da prefeitura veio buscá-la, dizendo que precisavam trocar uma peça que havia chegado ontem.

— Ontem? Bem no dia em que o prefeito foi internado para uma cirurgia? Rita, o prefeito tem acesso a telefone?

— Sim, ele está com um celular e hoje recebeu a visita do senhor Roberto de Almeida.

Marta falou:

— Doutor Raul, será que estamos pensando a mesma coisa?

— Não sei, Marta, não sei, mas vou verificar esse conserto pessoalmente.

89

Nesse momento, a ambulância chegou trazendo a motorista de um dos carros envolvidos no acidente.

— Depressa, doutores! Ela teve uma parada cardíaca no caminho.

Os dois médicos correram para a emergência e começaram a cuidar da paciente, que respirava com dificuldade. Aplicaram a medicação necessária e, quando solicitaram o desfibrilador, foram informados de que o aparelho não retornara do conserto. Desesperada, Marta começou a massagear o peito da jovem. O aparelho que monitorava os batimentos cardíacos e a pressão arterial indicou que de nada adiantaria, a jovem já estava morta.

Marta ficou em estado de choque. Era a primeira vez que perdia uma paciente. Ela gritou com o enfermeiro da ambulância para saber por que haviam demorado a socorrer a paciente. Nesse momento, Armando, que vinha chegando, abraçou-a para tirá-la dali. Marta estava ficando histérica.

Raul disse ao enfermeiro:

— Por favor, José, não a leve a mal. É a primeira vez que Marta perde uma paciente dessa forma. Me conte o que houve.

— Nós ficamos esperando os bombeiros cortarem a parte da frente do carro para tirar a moça. Ela estava presa e gritava muito por causa das crianças que estavam no banco de trás. A polícia trouxe os meninos para o hospital, e nós tentamos acalmá-la dizendo que eles estavam bem. Na posição em que o carro ficou, foi difícil tirá-la. Quando os bombeiros conseguiram, ela teve uma parada cardíaca. Fizeram a massagem e a respiração, e, quando ela voltou a si, nós a colocamos no oxigênio e viemos para cá o mais rápido que pudemos.

— Está certo, José. Vocês trabalharam bem. Mais uma vez, desculpe o comportamento da doutora Marta. Quando estiver mais calma, ela falará com você.

— Doutor Raul, eu entendo. Gosto muito da doutora Marta e não estou bravo com ela. A culpa não é dela, é desse prefeito que não faz nada para nos ajudar. Se a ambulância fosse mais bem aparelhada, nós teríamos conseguido salvar a moça e a doutora Marta não teria ficado do jeito que ficou.

Henrique, que ouviu os gritos da irmã e se levantara para ver o que estava acontecendo, ficou sem palavras quando escutou o que o motorista disse. Vendo que o prefeito estava ali, Raul perguntou:

— Henrique, você quer alguma coisa?

— Por que tudo o que acontece nesta cidade é culpa do prefeito?

— Porque estamos lhe pedindo há dois meses os equipamentos de primeiros socorros necessários ao resgate e tudo o que ouvimos é: "A Prefeitura não tem verba aprovada para a compra". Quer saber mais alguma coisa?

— Não, doutor Raul.

Quando Henrique saiu, José disse:

— Hoje não é meu dia. Prejudiquei o senhor e vou perder o emprego.

— José, não vai acontecer nem uma coisa nem outra. Agora vá cuidar da ambulância. Vou ver como a doutora Marta está. E quanto aos filhos dessa moça, você sabe onde eles estão?

— Não sei, doutor, mas pode deixar que vou falar com Rita e depois informo o senhor.

— Obrigado, José.

Raul encontrou Marta recostada em Armando, mais calma, mas ainda chorando. Quando a médica viu Raul, separou-se de Armando e questionou:

— Doutor Raul, por que nós a perdemos? Por que o aparelho não foi consertado a tempo? O que fiz de errado?

— Você não fez nada errado. Ela já havia tido uma parada cardíaca na estrada. Por que o aparelho não estava no lugar? Eu não sei, mas vou descobrir ainda hoje. Nós a perdemos, porque isso é um dos dissabores da nossa profissão. Salvamos vidas, curamos pessoas, contudo, de repente alguém se vai. Não temos o poder de Deus em nossas mãos. Não decidimos quem fica ou quem vai, e isso faz parte dos desígnios dEle. Pode ser conformismo falar que chegou a hora dela, mas das dez vítimas do acidente apenas ela se foi. Os outros estão machucados, ainda não sabemos se a garota que sofreu traumatismo craniano irá sobreviver e duas pessoas estão internadas com fraturas. Fizemos tudo o que estava ao nosso alcance. Quantas pessoas você já socorreu durante todos esses anos? Pessoas que chegaram aqui desenganadas por outros médicos e que foram salvas por nós? Vá para casa descansar. Você está aqui desde as 5 horas da manhã. Armando, cuide dela e leve também a dona Cândida. Vou falar com o pai da jovem que operamos e depois irei para casa. O doutor Wagner, a doutora Carla e o doutor João Alberto ficarão no hospital.

— Vamos, Marta. O doutor Raul tem razão. Vou levá-la para casa. Onde está sua bolsa?

— No armário dos médicos. Vou buscá-la.

— Vou com você. Não quero deixá-la sozinha. Quer tomar um calmante ou um chá?

— Não, Armando, quero ir para casa. Lá, minha mãe provavelmente me fará um chá.

Armando e Marta foram para a recepção e chamaram dona Cândida.

— Rita, eu irei com eles. Preciso cuidar da Marta.

— Pode ir sossegada, dona Cândida. Muito obrigada por sua ajuda.

— Não tem de quê. Acho que virei mais vezes ajudá-la.

— Venha sempre que quiser.

Armando falou com Jairo:

— Vamos levá-las. Irei com o carro da Marta. Me siga, pois terei de voltar aqui para pegar meu carro.

— Está bem. Vou estar logo atrás de você.

Chegando à casa de Marta, Armando ajudou a médica a sair do carro.

— Obrigada, Armando, e me desculpe. Não sei o que houve comigo. Nunca agi assim.

— Você não tem que me pedir desculpas. Teve um dia estafante. Não sou médico, mas imagino o que sentiu. Perdi um colega por causa de um acidente de trabalho e lhe digo que nunca havia sentido nada igual. Com você acredito que tenha sido pior, pois estava tentando salvar uma vida. Procure descansar. Amanhã, venho vê-la.

— É bem provável que eu esteja no hospital.

Armando sorriu e disse:

— Tenho certeza disso, mas não se preocupe. Eu a encontrarei.

— Até amanhã, Armando, e muito obrigada por sua ajuda.

Armando beijo-a na testa e saiu rumo ao hospital para pegar o carro que deixara no estacionamento. Antes de irem embora, foram verificar com a recepcionista se o hospital não precisava mais deles.

— Não, senhor Armando. Muito obrigada pela ajuda. A propósito, seu Rogério esteve aqui e pediu para avisá-los de que iria para o hotel.

— Obrigado, Rita. Nós também iremos para lá.

Nesse momento, Raul chegou e pediu para falar com Armando. Jairo despediu-se, e os dois foram para a sala da administração.

— Armando, você levou Marta para casa?

— Sim, eu a deixei mais calma.

— Estou muito preocupado com ela... Resolvi conversar com você, porque temo que ela esteja correndo perigo.

— Perigo?

— Sim. Há um médico aqui do hospital que está sempre querendo obter informações sobre ela. Vou explicar melhor. Ultimamente, tenho notado que todas as vezes em que estive conversando com Marta, esse médico esperava que terminássemos a conversa para tentar descobrir o que conversávamos. Isso aconteceu várias vezes, e, quando eu dava nossa conversa por encerrada, ele ligava para alguém e contava algo.

— Doutor, acredito que alguém esteja nos seguindo, mas, como o vidro do carro dessa pessoa é escuro, não consigo ver quem é. Achei que pudesse ser aquele tal Roberto, amigo do prefeito. Nós nos encontramos uma vez no restaurante, e ele foi bastante desagradável. Percebi que Marta não se sente bem na presença dele.

— Ainda bem que você percebeu. Achei que estivesse imaginando coisas e não sabia com quem falar. Henrique não me dará ouvidos e certamente contará a conversa para Roberto.

— Sou novo na cidade, mas estou empenhado em ajudar Marta na construção do novo hospital. O terreno da Igreja estava em processo de doação à prefeitura, mas Henrique não fez nada. Está enrolando. E quanto ao meu terreno, que fica ao lado do da Igreja, ele está tentando entrar com uma ação de usucapião para tomar posse dele.

— Não sabia que o terreno era seu. Quando você o comprou?

— Não o comprei, eu o herdei. Meu pai faleceu este ano, e precisei vir aqui para acertar as certidões do imóvel para concluir o inventário.

— E você pretende doar o terreno para a construção do hospital?

— Se houver necessidade, sim, mas creio que não será preciso. O padre responsável pela doação da Igreja estará aqui na próxima semana. Ele precisava do projeto do hospital, e, como a prefeitura não apresentou, nós o estamos fazendo. Jairo é o proprietário da Construtora Nogueira, e Rogério meu advogado. Com a ajuda da Marta, conseguimos montar um projeto que será apresentado ao padre Antônio para que ele consiga confirmar a doação. Nós íamos concluí-lo hoje, mas não foi possível.

— Se não for necessário o uso do seu terreno para a construção do hospital, o que você pretende construir ali?

— Ainda não sei. Preciso conversar com uma pessoa que Marta me indicou. Um funcionário da prefeitura apareceu lá dizendo que não posso derrubar nenhuma árvore, senão estarei cometendo crime ambiental.

— Não sei o que dizer.

— Você vai trabalhar agora?

— Não, estava indo para casa.

93

— Se não estiver muito cansado, venha jantar conosco. Assim, você poderia dar uma olhada no projeto e ver se nos esquecemos de alguma coisa.

— Claro. Onde estão hospedados?

— No Monges.

— Vou tomar um banho e me encontrarei com vocês lá.

— Ótimo! Ficaremos à sua espera.

Armando despediu-se e seguiu para o hotel.

CAPÍTULO 10

Armando chegou ao hotel, avisou aos amigos que convidara Raul para jantar e pediu-lhes que separassem os esboços do projeto do hospital.

Quando Raul chegou, o grupo pegou os desenhos e foi ao Restaurante Labirinto. Alfredo reservou-lhes um lugar onde poderiam conversar tranquilamente.

— Senhor Armando, o que será hoje?

— Alfredo, não precisa me chamar de senhor. Pessoal, o que preferem? Eu lhes recomendo o peixe.

Raul disse:

— Eu também fico com o peixe.

Jairo e Rogério concordaram com os dois. Armando pediu para Alfredo preparar o peixe e pediu uma garrafa de vinho.

Pouco depois, Alfredo voltou com a comida e com o vinho. Depois de comerem, eles voltaram a atenção para o projeto:

Armando foi o primeiro a falar:

— Doutor Raul, o que está achando?

— Armando, pode me chamar de Raul. Deixemos para trás as formalidades. Estou gostando do que vejo. A disposição das salas está muito bem-feita. A ideia foi sua, Jairo?

— Não, Raul, eu só desenhei. O projeto é da doutora Marta.

— A doutora Marta conhece bem as nossas necessidades. Eu não acrescentaria mais nada. Não sem antes falar com ela. E quem arcará com os custos?

— Pediremos a ajuda de alguns empresários — respondeu Rogério.

— A Igreja está doando o terreno. Depois que a construção estiver pronta, aí sim, vocês terão de arcar com o mobiliário e equipamentos.

— Raul, você não é o presidente da Câmara?

— Não, o presidente da Câmara é do partido do prefeito. Eu sou da oposição, mas somos minoria. Tenho conversado com todos eles e explicado a situação da Santa Casa. Já falei sobre a necessidade de construirmos um novo hospital, mas todos ficam indecisos, não sabem como conseguir verba, e assim o assunto vai sendo empurrado. O problema que tivemos hoje foi muito grave. Estávamos sem equipamento adequado, nossa UTI está fechada por falta de pessoal especializado, houve demora no atendimento da paciente que acabou morrendo e temos apenas duas ambulâncias, sendo que uma delas estava para manutenção. Se, em vez de dois carros envolvidos em um acidente, tivéssemos um ônibus, teria sido uma tragédia.

— Quando cheguei ao banco de sangue em Campinas, me fizeram algumas perguntas sobre como estava sendo feito o socorro aqui. Já estavam sabendo que vocês têm enfrentado dificuldades.

— Pois é, Rogério, todo mundo sabe de nossas dificuldades, menos o nosso prefeito.

Armando perguntou:

— Ele vai ser operado amanhã?

— Sim, eu e o doutor Wagner faremos a cirurgia. Vou deixar a doutora Marta descansar. Todos os funcionários, médicos, atendentes, pessoal administrativo ficaram penalizados com o que houve. Ah, meu celular! Me deem licença. Um instante.

— Alô? O que foi, Rita?

— O marido da paciente que faleceu está aqui. Ele mandou chamar a polícia. Quer processar a doutora Marta, o hospital! O homem está transtornado.

— Doutor Mauro está aí?

— Está. Ele e o doutor André estão aqui. O senhor poderia vir para cá?

— Não, Rita, estou jantando e acabei de tomar uma taça de vinho. Se eu for aí, vão dizer que trabalho bêbado. Você tentou falar com o doutor Wagner?

— Não, liguei primeiro para o senhor.

— Ligue para ele e diga que estou pedindo que tente resolver essa situação pelo menos até amanhã cedo. Mais tarde, eu telefono para ele. Se não conseguir, me avise para que eu possa dar um jeito.

— Está bem, doutor Raul. Boa noite.

— Boa noite, Rita.

Jairo perguntou:

— Quantas Ritas há na recepção?

— Apenas uma. Eu sei, ela trabalhou o dia inteiro. Antes de vir para cá, conversei com ela. Rita me disse que ficaria no hospital para terminar de preencher alguns prontuários e depois iria embora.

— E o marido da paciente que morreu?

— Armando, ele está desesperado. Eu o conheço. Estavam casados há dez anos e têm um filho de 7 anos e outro de 4. Ele estava trabalhando em São Paulo, foi difícil localizá-lo.

— Ele pode processar o hospital e ganhar, afinal, estava faltando um aparelho importante no local para tratar a esposa dele — disse Armando.

— E há chances de o hospital perder a ação e ter de pagar-lhe uma senhora indenização. Amigos, estou exausto. Se não se importarem, vou para casa. O jantar estava ótimo, e o projeto está bem encaminhado.

Preocupado, Armando disse:

— Vou acompanhá-lo.

— Não precisa, Armando. Você também está cansado.

— Não tanto quanto você.

— Eu e Jairo vamos acompanhá-los. Assim, conseguimos trazer Armando — Rogério avisou.

— Vocês não precisam ter esse trabalho.

— Não se preocupe. Armando e eu estamos em condições de dirigir e não estamos cansados como você.

— Então, está bem. Vamos.

— Alfredo, a conta, por favor.

— Aqui, está senhor... quer dizer, Armando. Vocês não tomaram todo o vinho?

— Não, Alfredo. Pode guardar a garrafa, pois amanhã voltaremos. Aqui está. Pode ficar com o troco.

— Obrigado, Armando. Amanhã farei um prato com carne. Vocês vão gostar.

— Estaremos aqui. Até amanhã, Alfredo.

— Até amanhã, senhores.

Enquanto Armando dirigia o carro de Raul, os dois conversavam sobre as suspeitas do médico. Armando disse:

— Amanhã, levarei Marta ao terreno. Se vir o carro de que lhe falei, tentarei anotar a placa. Assim, descobriremos quem está nos seguindo.

— Bem pensado! Se você conseguir, me avise para que eu fale com o delegado Antunes. Conversei com ele, mas, como não tenho nada de concreto, Antunes não pôde fazer nada ainda.

— A polícia daqui é atuante?

— Sim, nossa cidade é pequena, não tem grandes problemas. Apenas pequenos furtos, porte de drogas. Felizmente, não temos assassinatos, grandes assaltos. Ainda temos uma vida pacata por aqui.

— Mesmo com prisões por porte de drogas?

— Mesmo com elas. As drogas estão em todos os lugares. Rovena cresceu com a vinda de algumas indústrias e condomínios. Em breve, é possível que ocorra um aumento da criminalidade. Já percebemos que existe gente nova na cidade. Não quero dizer que todos sejam bandidos, mas conseguimos notar a diferença.

— É, Raul... o progresso é bom, mas traz com ele problemas de moradia, desemprego, falta de escolas, creches, hospitais.

— Pois é... Rovena está crescendo. Vamos ver como estaremos daqui a uns dez anos. Chegamos, minha casa é aquela com portão amarelo.

Raul abriu a garagem, e Armando guardou o carro.

— Obrigado, Armando. E agradeça a seus amigos por mim.

— Não tem de quê. Estamos aqui para ajudar. Até amanhã.

— Até amanhã.

***

Armando levantou-se cedo, tomou seu café e ficou esperando os amigos acordarem. Não demorou muito para que todos estivessem juntos. Jairo perguntou:

— O que faremos hoje?

— Vou à casa de Marta saber como ela está. Vocês querem voltar para São Paulo?

Rogério respondeu:

— Eu não tenho nada para fazer em São Paulo. Falei com minha secretária ontem, e ela me tranquilizou. Não tivemos nenhuma mudança nos prazos processuais.

— Também não tenho nada de especial para fazer. Vou terminar os desenhos para entregar para o padre Antônio. Podemos ir dar uma volta, conhecer a cidade.

— Vou pedir-lhes apenas um favor. Se virem um carro prata, acho que é um Audi, com vidros escuros, por favor, anotem a placa e se possível registrem o lugar onde ele estava.

Rogério perguntou:

— Por quê? Você me parece preocupado.

— Porque eu e Marta estamos sendo seguidos por esse carro. Eu não me lembrei de anotar a placa, mas já o vi em diversas ocasiões. Não pode ser coincidência.

— Será que só há um Audi prata com vidros escuros nesta cidade?

— Não sei, Jairo, mas fiquem atentos, por favor. É muito importante.

— Fique tranquilo, ficaremos de olho. Nós nos encontraremos para almoçar?

— Não sei, amigos. Ligo para vocês mais tarde. Agora vou para a casa de Marta, pois ela já deve estar acordada.

Quando Armando saiu, Rogério disse:

— Fazia muito tempo que eu não via Armando assim por causa de uma mulher. Ele só falava em trabalho.

— Que bom que ele está se relacionando com alguém novamente. Não é bom ficar sozinho. Você é casado?

— Não, Jairo, divorciado. Tenho duas filhas lindas. Minha ex-mulher casou-se novamente, mas eu não encontrei ninguém que me motivasse a iniciar um novo relacionamento. Foi muito difícil quando meu casamento acabou.

— Você não queria a separação?

— Não. Rute não me amava. Ela casou-se comigo porque estava grávida e porque os pais dela nos obrigaram. Éramos muito jovens. Depois que Débora nasceu, nós começamos a brigar. Nos separamos por um tempo e depois resolvemos tentar novamente. Quando ela engravidou de nossa segunda filha, Rute brigou comigo, dizendo que eu a havia engravidado de propósito. Depois que Amélia nasceu, fui morar sozinho. Nós nos separamos amigavelmente, e eu vejo as meninas sempre. Débora está com 18 anos, e Amélia está com 16. Me dou muito bem com elas — Rogério tornou.

— Essas coisas são muito complicadas. Depois que Ângela foi embora, não consegui ter nenhum relacionamento permanente. Acho que vamos ficando mais velhos e nos acostumamos com a solidão. Parece que nenhuma mulher tem o que queremos.

— É, Jairo, mas ainda espero encontrar alguém e recomeçar. Vamos dar uma volta! Quem sabe nosso destino não seja encontrar alguém aqui em Rovena? Afinal, o nome da cidade é um nome de mulher!

— Boa ideia, Rogério! Vamos conhecer a cidade.

CAPÍTULO 11

Armando chegou à casa de Marta e foi recebido por Cândida:

— Bom dia, dona Cândida. Marta já se levantou?

— Bom dia, Armando. Entre! Eu vou chamá-la.

Alguns minutos depois:

— Bom dia, Armando.

— Bom dia! Como você está?

— Estou triste pelo que aconteceu e com raiva porque tudo isso poderia ter sido evitado. Eu deveria saber que o equipamento não estava lá. Deveria ter previsto o que aconteceu. Eu...

— Marta, pare com isso. Você fez o que pôde. É muito provável que o aparelho não ajudasse em nada, porque ela já chegou muito mal ao hospital. Não foi culpa sua. Imagino que seja muito difícil viver uma situação como essa, mas você fez o que qualquer médico competente teria feito. Ela não resistiu. Quantas pessoas você atendeu ao longo desses anos? A quantos pacientes você devolveu a vida, porque estava ao lado deles, escutando-os, amparando-os e buscando solução para seus problemas? No pouco tempo em que estou aqui, já presenciei alguns casos. Você devolveu a esperança à família do senhor Álvaro, salvou a moça grávida, operou a jovem que sofreu um traumatismo craniano. Lembre-se deles e de outros tantos. Se você desistir agora, o que será dessas pessoas? O que será dessa cidade, Marta, sem uma profissional competente como você?

— Desculpe, Armando, você tem razão. Enquanto me lamento, deixo de atender meus pacientes. Culpo meu irmão pela negligência dele, mas estou me comportando da mesma forma.

— Liguei para o hospital antes de vir para cá. Raul está operando Henrique, e a jovem que vocês operaram está passando bem. Eu disse ao Raul que viria buscá-la pela manhã para irmos visitar o terreno. Ele pediu-me para avisá-la de que está tudo calmo lá. Há dois médicos de plantão. Raul disse que você pode tirar o dia de folga.

— Não, Armando. Mais tarde vou dar uma passadinha no hospital, mas agora irei com você até o terreno. Estou ficando curiosa para ver o que você encontrou.

— Venha. Vou levá-la em meu carro e depois a deixarei no hospital.

— Você é um ótimo amigo.

— Amigo? Pensei que eu fosse mais que um amigo. Aquele beijo não significou nada para você?

— Significou, mas não sei se será possível continuarmos. Até quando você ficará aqui?

— Ainda tenho dois meses de licença.

— Depois, você viajará e ficará meses fora. Não posso me dedicar a uma família e ao hospital. Escolhi o hospital, então, não posso pensar em construir uma família.

— Marta, você está enganada. Vamos aproveitar esses dois meses que me restam aqui em Rovena. Depois, resolvemos o que fazer. Estarei ocupado com a obra, e você com o hospital. Nos dois meses em que eu estiver aqui, estaremos juntos sempre que você tiver um tempo livre. Assim, poderemos nos conhecer e então decidiremos se ficaremos juntos ou não. Você é uma mulher muito especial. Não pretendo me afastar de você.

— Você não tem medo?

— Medo de quê?

— De que eu não possa jantar com você, porque estarei operando alguém, ou que eu desmarque um compromisso social qualquer em cima da hora por causa de uma emergência no hospital?

— Não, Marta. Sei que é a profissão que você escolheu, assim como eu escolhi procurar poços de petróleo. Me dê uma chance. Não me julgue pelo comportamento de um ex-namorado seu.

— Está bem, Armando. Você é uma ótima companhia, e aquele beijo significou muito para mim. Quando você está perto de mim, sinto-me protegida, amparada. Eu não me sentia assim até conhecê-lo.

Em resposta, Armando abraçou-a, e eles trocaram um longo beijo. Cândida observava-os de longe feliz, porque a filha encontrara alguém para amar. Um homem sério, seguro, firme em suas atitudes. Ela sabia

101

que o casal teria problemas com Henrique, mas Cândida não permitiria que o filho atrapalhasse a vida da irmã.

Nesse momento, os dois sentiram a presença de Cândida, e Marta perguntou:

— Mamãe, faz tempo que você está aí?

— Tempo suficiente para ver que vocês se entenderam.

Aproximando-se, Cândida disse a Armando:

— Fico muito feliz que estejam juntos. Marta fala muito bem de você, e eu vejo a dedicação e o carinho que você tem por ela. Vão em frente! viver junto não é fácil, mas amar e saber respeitar o outro são coisas fundamentais para que um relacionamento dê certo.

— Obrigada, mamãe. Vou sair com Armando e depois passarei no hospital.

— Mais tarde, irei ao hospital ver seu irmão.

— Pronto, Armando. Vamos?

— Vamos. Até logo, dona Cândida, e obrigado pela confiança que a senhora tem em mim.

— Não tem de quê, meu filho. Vão em paz.

Enquanto se dirigiam para o terreno de Armando, ele perguntou a Marta:

— Seus pais foram felizes no casamento?

— Sim, eles se amavam muito. Mamãe sofreu com a morte de papai, mas não se entregou ao desespero. Assumiu o controle da casa, dos bens que ele deixou e conseguiu manter-se financeiramente.

— É! Ela parece ser uma mulher de fibra. Posso lhe fazer uma pergunta indiscreta?

— Acho que sei o que você vai me perguntar.

— A quem seu irmão puxou?

— Não sei, Armando. Meu pai não era como ele. Papai era um político preocupado com o povo e sempre estava buscando meios de melhorar a vida daqui. Não sei o que houve com Henrique. Essa ambição, esse desinteresse pelos moradores... Sinceramente não sei o que aconteceu com ele. Mas agora vamos falar do projeto do hospital novo. Você o mostrou para Raul?

— Mostrei. Ele conheceu Jairo e Rogério. Seu projeto está aprovado por ele. Não quis mudar nada.

— Ótimo. Ele sabe o que Henrique pretendia fazer?

— Sabe e está preocupado com sua segurança. Aquele médico, Jorge Caldeira, tem feito perguntas a seu respeito.

— Eu sei, ele tentou me prejudicar. Não sei o que ele pretende.

— Ele informa as coisas que você faz para alguém.

— Como se fosse um espião?

— Mais ou menos isso. Eu já o peguei nos seguindo duas vezes.

— Não sei, Armando... Só se ele for empregado de Roberto. Mas a troco de quê eles me vigiariam?

— Talvez queiram saber algo sobre as obras do hospital, prejudicá-la para que não possa trabalhar. Uma coisa é certa: precisamos tomar cuidado até descobrirmos o que ele está tramando.

— Vou ficar atenta.

— Chegamos. Venha. Vou lhe mostrar o que eu achei.

***

— Bom dia.

— Bom dia. Em que posso ajudá-los?

— Queremos um quarto duplo. Viemos de São Paulo e não fizemos reservas.

— Não se preocupem. Nesta época do ano, não temos problemas para acomodar visitantes. Os senhores estão sendo esperados pelo senhor Armando?

— Não, ele não sabe que estamos aqui. Ele está no hotel?

— Não. Mas posso informá-lo pelo celular.

— Não se preocupe. Como é seu nome?

— Ivan.

— Não se preocupe, Ivan. Vamos nos registrar e descansar um pouco. Quando ele chegar, conversamos com ele. Vocês servem refeição aqui?

— Apenas lanches. Os senhores querem pedir alguma coisa para comer? No quarto há um frigobar.

— Quero. O que vocês servem como lanche?

— Os senhores podem escolher as opções em nosso cardápio.

— Obrigado, Ivan. Pode mandar esses lanches simples, dois de cada, e um bule ou uma garrafa térmica com café.

— Mandarei dentro de alguns minutos. Aqui estão as chaves.

— Obrigado, Ivan.

***

No hospital, os médicos concluíam a cirurgia de Henrique.

— Pronto, Wagner, encerramos. Amélia, vamos deixá-lo na recuperação e à tarde o levaremos para o quarto.

— Alguma medicação para quando ele acordar?

— Ele vai sentir dor, então, vou deixar uma indicação marcada no prontuário. Nós o sedamos, e ele vai demorar a acordar. Se houver algum problema, me avise. Ficarei no hospital até o final da tarde.

— Vou instruir a enfermeira que ficará aqui.

— Obrigado, Amélia.

— Raul, você teve alguma notícia da Marta? — Wagner perguntou.

— Sim, Armando a levou para casa ontem à noite e deve estar com ela agora.

— Eles estão juntos?

— Olha, Wagner, não sei lhe responder. Marta é muito discreta, ela não vai me contar nada. Armando, no entanto, está visivelmente apaixonado por ela. Venha, vamos à minha sala tomar um café. Lá, lhe contarei o que conversei com ele ontem.

— Será que vamos perdê-la?

— Não acredito. Ela está empenhada na construção do novo hospital, e ele a está ajudando. Você vai ficar por aqui?

— Sim, vou substituir o doutor Marcos. Ele trabalhou essa noite.

— Então venha. Avisarei a Rita que estamos aqui e eu lhe contarei sobre o projeto do hospital.

***

— Wanda? Está tudo bem?

— Sim, Ângela. Hoje, irei mais tarde para a construtora. Tenho uma consulta médica.

— O que está sentindo?

— Nada. É apenas um exame de rotina. Eu deveria ter feito esse exame antes de iniciar meu trabalho, mas a funcionária não conseguiu agendar,. e acabou ficando para hoje.

— Ainda bem. Por um momento, pensei que você pudesse estar grávida.

— Não, nós sempre tomamos cuidado para que eu não engravidasse.

— Quer que eu a acompanhe?

— Não precisa, fique sossegada. Estou bem.

— Então, vou indo, pois estou atrasada. Até mais tarde.

— Até a noite.

Depois que Ângela saiu, Wanda recordou-se de Henrique e da briga que tiveram antes de ela deixar o apartamento. "Como fui boba em acreditar nele, quanto tempo perdido...". Lembrou-se também das palavras do porteiro do edifício:

Estou orgulhoso de você.

Orgulhoso de mim? Por quê, senhor Arnaldo?, perguntou Wanda.

Porque você resolveu cuidar de sua vida e deixar aquele homem. Ele não a merece. É um aproveitador.

Obrigada, senhor Arnaldo, mas a culpa não é dele apenas. Fiquei aqui por vontade própria, no entanto, agora não dá mais. Vou viver minha vida. Até logo.

Adeus, minha filha. Vá em paz.

***

Henrique acordou e chamou uma enfermeira:

— Por favor, eu quero água.

— Um momento, senhor Henrique. Vou chamar a enfermeira responsável.

— Amélia, o senhor Henrique acordou.

Amélia apresentou-se:

— Senhor Henrique, sou Amélia. Como está se sentindo?

— Um pouco atordoado e com a boca seca. Posso me levantar?

— Ainda não. Vou chamar o enfermeiro que o levará para o quarto. Lá o senhor será medicado e poderá tomar água. Ele vai orientá-lo. Alguém o está acompanhando?

— Não, acho que não. Mas não precisa chamar ninguém, ficarei bem sozinho.

— Como o senhor preferir. Paulo, por favor, me ajude a levar o senhor Henrique para o quarto.

Depois que acomodaram Henrique no quarto e o medicaram, os enfermeiros saíram e comentaram:

— Ele vai ficar sozinho?

— Não sei, Paulo. Vou pedir para ligarem para a doutora Marta. Ele me parece muito sonolento.

— Pode deixar. Eu mesmo farei isso. O doutor Raul está no hospital. Vou falar com ele.

— Se você precisar de alguma coisa, estarei no centro cirúrgico.

Paulo entrou no consultório de Raul e perguntou:

105

— Doutor Raul, nós transferimos o prefeito para o quarto, mas ele me parece mais sonolento que o habitual para essa cirurgia. Não é melhor chamar alguém para ficar com ele?

— Paulo, me dê alguns minutos. Daqui a pouco, irei até o quarto dele. Peça às enfermeiras que fiquem atentas.

— Está bem. Estarei no posto de enfermagem.

Chegando ao posto de enfermagem, Paulo encontrou Sônia:

— Oi, Sônia. Tudo bem?

— Sim, e com você?

— Estou cansado. Essa correria acaba com a gente! Doutor Raul me pediu para avisar às enfermeiras para ficarem de olho no prefeito. Quem ouve pensa que somos muitos.

— Paulo, não ligue para isso. É força de expressão. O prefeito já foi para o quarto?

— Já. Estou achando que ele está muito sonolento.

— Às vezes, isso acontece. Você sabe que tipo de medicamento ele tomou para dor?

— Não sei, foi a Amélia quem cuidou dele. Preciso ver no prontuário. Aqui está. Veja.

— Hum! Ele tomou anestesia geral e remédios para dor. Ele realmente vai dormir muito. Precisamos acompanhá-lo, pois ele não pode se levantar da cama por enquanto.

— Quer que eu fique aqui?

— Se não estiver ocupado. Regina foi almoçar, e Fátima não veio hoje.

— Vou ficar, então. Deixe-me apenas avisar na recepção onde estou.

— Ótimo! Assim, eu poderei dar banho na senhora do 103, e você poderá dar a medicação dos outros pacientes. Obrigada, Paulo.

— Não precisa agradecer, Sônia. Apenas poderei ajudá-la, porque a ortopedia está vazia.

— Muito bem! Então, vamos ao trabalho. É melhor começarmos antes que chegue alguma emergência e você tenha de ir atender.

***

Já passava das 15 horas, quando Armando chegou ao hotel acompanhado de Rogério e Jairo. Ele deixara Marta em casa e encontrara-se com os amigos para almoçar. Marta não quis acompanhá-los porque estava preocupada com os pacientes e sabia que Cândida a acompanharia para ver Henrique.

— Senhor Armando, há duas pessoas aqui esperando pelo senhor.

— Quem são essas pessoas, Ivan? Não estou esperando ninguém.

— Bem, eles disseram que o senhor não sabia que eles viriam.

— E qual é o nome deles?

— Mário de Andrade e Augusto Rodrigues.

— Você os conhece, Rogério?

— Não. Será que eles estão à sua procura?

— Senhor Armando, acho que fiz alguma confusão. Achei estranho o senhor não ter reservado quarto para eles e deduzi que eles queriam falar-lhe. Desculpe-me, foi erro meu.

— Ivan, vou para meu quarto. Se me procurarem, pode me chamar.

— Está bem. E mais uma vez me desculpe pela confusão.

— Não se preocupe, Ivan. Mas esteja certo de que, quando eu estiver esperando alguém, avisarei você e deixarei os nomes por escrito. Está bem?

— Está bem. Assim, eu não faço confusão.

Os três foram para o quarto de Armando:

— Armando, será que alguém veio procurá-lo por causa do terreno?

— Não sei. Pelo que li no dossiê que você me trouxe, aquele Roberto é muito esperto e não aceita ser contrariado.

Jairo perguntou:

— Dossiê?

— É, pedi ao Rogério que levantasse tudo o que fosse possível sobre Roberto de Almeida, o homem que queria tomar posse do meu terreno.

— Esse nome não me é estranho. Se não se importar, eu gostaria de ler o documento. Acho que já ouvi esse nome.

— Aqui está, Jairo. Pode ficar com ele.

— Ótimo. Se precisarem de mim, estarei no meu quarto lendo.

— Fique à vontade. Se você se lembrar de alguma coisa, me avise.

— Fique tranquilo, Armando. Vejo vocês mais tarde — Jairo despediu-se.

Rogério voltou-se para Armando e perguntou:

— Por que parece que tem alguma coisa acontecendo e não sabemos o que é?

— Não sei, Rogério. Eu acho que esse tal Roberto é um bandido. Ele vem enrolando o prefeito e todo mundo nesta cidade. E o pior é que ele pode fazer alguma coisa contra Marta. É estranho. Sinto que há alguma coisa no ar, mas não consigo descobrir o que é.

107

— Quem sabe o Jairo não se lembre de alguma coisa que possa nos ajudar?

— Tomara, Rogério! Tomara!

***

— Mamãe, cheguei.

— Oi, filha. Eu a estava esperando para irmos ao hospital.

— Então, vamos. Está tarde.

— Teve notícias do seu irmão?

— Tive. Ele está bem.

— Liguei para o hospital, e me disseram que ele estava bem. Não me deixaram, no entanto, falar com ele.

— Mamãe, o analgésico que Henrique tomou o fez dormir mais que o esperado. Ele disse que não tinha alergia a medicamentos.

— Ele nunca teve nenhum tipo de alergia nem problemas com medicamentos. Henrique raramente fica doente, não pega nem resfriado.

— Não é bem assim, não. Ele precisa cuidar direito da saúde e principalmente saber o que pode e o que não pode tomar.

— Vou conversar com ele.

— Ótimo, mamãe. Por favor, faça isso. Vou deixá-la na recepção e vou ver meus pacientes. Depois, nos encontramos.

— Está bem, filha. Ficarei no quarto com ele.

***

— Doutor Raul, tudo bem?

— Marta! Eu disse ao Armando que você poderia tirar o dia de folga!

— Doutor Raul, me desculpe pelo que houve ontem. Eu me descontrolei. Acho que foi estresse por tudo o que aconteceu durante essa semana. Não foi a primeira vez que vi um paciente morrer, mas esse caso foi diferente.

— Eu sei, Marta, não precisa se desculpar. Não estávamos preparados para cuidar de todos eles. Além disso, chegou muita gente aqui em busca de notícias dos pacientes acidentados, o que deixou a recepção um caos. Em compensação, a ajuda de sua mãe foi maravilhosa. As funcionárias ficaram encantadas. Dona Cândida tentou acalmar as pessoas e nos auxiliou preenchendo fichas. O trabalho dela é muito bom.

108

— Ela está empenhada em nos ajudar. Mamãe me disse que vai procurar as senhoras com quem ela toma chá de vez em quando e combinar um evento para angariar fundos para o hospital.

— Sua mãe é uma mulher e tanto. É bom ver pessoas como ela, com a idade que têm, dispostas a ajudar a quem precisa. Ela está aqui no hospital? Gostaria de agradecer a ela a ajuda.

— Está. Ela foi ver o Henrique.

— Marta, e o Henrique? Não sabíamos que ele tinha problemas com analgésicos. Ainda bem que ele ficou apenas sonolento.

— Acho que nem ele sabia. Henrique não se preocupa com a própria saúde. Ele está bem?

— Está. A cirurgia correu bem. Conseguimos colocar o osso no lugar. Agora temos que esperar para tirar os pontos e engessar o braço de Henrique. Não ficarão sequelas.

— É muito bom ouvir isso. E a paciente da cirurgia de crânio?

— Está se recuperando bem. Ela estaria melhor em uma UTI, mas conseguimos acomodá-la em um quarto e apenas uma pessoa da família está com ela. Fique sossegada.

Raul fez uma breve pausa e continuou:

— Marta, é possível que tenhamos problemas com o marido da paciente que faleceu ontem. Ele esteve aqui desesperado, muito alterado, querendo nos processar, querendo processar você. Doutor Wagner conversou com ele e conseguiu fazê-lo entender o que aconteceu, porém, nem eu nem doutor Wagner podemos garantir que esse homem não fará nada contra nós.

— Faço ideia do desespero dele. Eles tinham filhos?

— Dois. Eles passaram a noite aqui em observação, mas tiveram alta hoje cedo e foram para casa.

— O senhor acha que eu deveria procurar a família?

— Não, Marta. Eles poderiam agredi-la. Deixe o tempo passar. Vamos ver como as coisas acontecem.

— Está bem, doutor Raul. Ficarei no hospital até as 22 horas, afinal, hoje seria meu plantão.

— Tem certeza de que está bem para encarar essa jornada?

— Tenho, doutor. Meu trabalho me fortalece.

— Está bem. Marta, eu vou embora às 18 horas. Se precisar de mim, estarei na minha sala.

— Obrigada.

Marta entrou no posto de enfermagem e procurou a enfermeira Sônia.

109

— Doutora Marta, Sônia já foi embora. Eu ficarei até as 22 horas. A senhora quer os prontuários?

— Quero, Regina. Você está sozinha?

— Estou. Fátima não veio hoje. Paulo ficou ajudando Sônia, e Amélia está me ajudando agora.

— Mas Amélia é do centro cirúrgico. Não precisarão dela lá?

Amélia, que vinha chegando, respondeu:

— Não, doutora, só se acontecer alguma cirurgia de emergência. Por isso estou ajudando Regina.

— Oi, Amélia. Puxa! Vocês são incansáveis mesmo! O que faríamos sem vocês?

— O que faríamos sem a senhora, doutora?! Se os outros médicos fossem tão dedicados assim, trabalharíamos mais tranquilas.

— Não fale assim, Regina. Temos bons médicos aqui. Se eles souberem que são criticados por vocês, irão embora e aí não teremos como atender o povo dessa cidade.

— Doutora Marta, sei que a senhora tem razão, mas eles não ajudam. A senhora, o doutor Raul, o doutor Marcos e o doutor Wagner estão sempre aqui. O doutor Jorge sempre que pode some do hospital e deixa as pacientes sem atendimento. Ele é o único ginecologista desta cidade. Falo sempre com Sônia sobre isso. Um dia, nós teremos um problema sério neste hospital, e só quero ver o que vai acontecer se não tivermos a senhora aqui.

— Regina, não exagere! Agora, vamos trabalhar.

Enquanto lia os prontuários, Marta pensava que Regina tinha razão sobre alguns pontos. O hospital não podia contar com Jorge; Raul sempre se ausentava por conta de compromissos políticos; e Marcos passava mais tempo na clínica rural do que no hospital. Restavam ela e Wagner, o anestesista. "Não, não vai acontecer nenhuma tragédia. Deus é grande", pensou e continuou seu trabalho de verificar os prontuários dos pacientes.

CAPÍTULO 12

— Construtora Nogueira, boa tarde.

— Quem está falando?

— É Wanda, a recepcionista. Em que posso ajudá-lo, senhor?

— Wanda, você deve ser nova aí. Sou Jairo Nogueira.

— Ah! Senhor Jairo, já me falaram sobre o senhor. Comecei a trabalhar na empresa essa semana.

— Muito bem, seja bem-vinda.

— Obrigada. Em que posso ajudá-lo?

— Preciso falar com Rosângela, minha secretária. Por favor, transfira a ligação.

— Transfiro já.

Wanda discou o ramal da secretária de Jairo:

— Rosângela?

— Sim, Wanda.

— O senhor Jairo na linha três.

— Obrigada, Wanda.

Rosângela atendeu à ligação de Jairo:

— Boa tarde, senhor. Está tudo bem?

— Tudo, Rosângela. Preciso de um favor seu. Sei que já está em seu horário de saída, mas poderia ficar um pouco mais para separar uns documentos para mim?

— Do que o senhor precisa?

— Vou lhe explicar onde estão esses papéis. Mande-os para mim bem embalado para que nada se perca. Peça ao nosso motoboy para me trazer esses documentos amanhã cedo.

— Claro, senhor. Me diga quais são os papéis de que precisa.

***

— Bom dia, tenho uma encomenda para o senhor Jairo Nogueira.

— Bom dia. Quer entregar a encomenda pessoalmente ou quer deixar aqui na recepção?

— Prefiro entregar pessoalmente. Você poderia avisá-lo de que estou aqui? Diga a ele que é o motoboy da construtora. O senhor Jairo está me esperando.

— Só um momento, por favor.

— Alô?

— Bom dia, senhor Jairo. O motoboy de sua construtora está aqui. Ele precisa lhe entregar uns documentos.

— Ivan, por favor, peça a ele para vir até meu quarto.

— Está bem.

Ivan voltou-se para o motoboy e disse:

— O senhor Jairo pediu para você ir até o quarto dele. Subindo a escada, é o número 15. Fica no fim do corredor, à esquerda.

— Obrigado. Posso deixar a moto ali na frente?

— Pode. Aqui dificilmente roubam veículos, mas ficaremos de olho para você.

— Obrigado.

Jairo já aguardava o motoboy na porta do quarto.

— Entre, Felipe. Tudo bem?

— Sim, tudo bem. Rosângela me disse que o senhor tinha urgência em receber esses documentos.

— Tenho, Felipe. Deixe-me ver se está tudo aqui. Pasta, cópias, ótimo. Ela mandou tudo de que preciso. Gostaria de tomar um café antes de retornar ao trabalho?

— Gostaria, senhor, mas só se não for incomodá-lo. A viagem foi mais longa do que eu imaginava.

— Venha. Vamos ao restaurante. Eu ainda não tomei café.

Chegando ao restaurante do hotel, Jairo reparou em dois homens que estavam tomando café. Como não os tinha visto ainda, deduziu que fossem as pessoas de quem Ivan falara na véspera.

— Venha, Felipe. Sirva-se à vontade.

— Obrigado. O senhor faz todas as refeições aqui?

— Não, só o café da manhã e alguns lanches. Como está o trabalho na construtora? Contrataram uma nova telefonista?

112

— É a Wanda, ela é recepcionista. É uma moça muito simpática, que não tem preconceito contra motoboys.

— Felipe, não exagere. Em nossa empresa, não temos preconceito contra ninguém.

— É, mas não é fácil fazer o que eu faço. O senhor me dá valor, mas há muita gente por aí que não dá.

— Felipe, pare de reclamar e tome seu café sossegado. Quero ver se consigo ouvir o que aqueles dois estão conversando. Acho que é sobre um cliente que está hospedado aqui.

— Está bem, senhor Jairo. Desculpe.

Jairo não conseguiu ouvir o que diziam, e, pouco depois, Rogério e Armando juntaram-se a ele no restaurante.

— Bom dia, Jairo. Tudo bem?

— Bom dia, Armando. Este é Felipe. Ele trabalha na construtora e veio trazer uns documentos para mim.

— Bom dia, Felipe. Você deve ter saído muito cedo de São Paulo, não?

— Saí e já estou terminando meu café.

— Calma, Felipe. Não é porque chegamos que precisa sair correndo. Você está trabalhando. Não se preocupe conosco.

Rogério completou:

— Isso mesmo, garoto. Você vai voltar para São Paulo, e é um longo caminho até lá.

— É mesmo. Com a moto é mais rápido, mas eu dirijo com cuidado. Não sou como esses motoqueiros que andam cortando todo mundo.

Jairo interferiu:

— Felipe, depois eu mesmo vou elogiá-lo. Agora, termine seu café.

Alguns minutos depois, Felipe despediu-se e perguntou aos três homens se eles queriam fazer alguma encomenda. Como ninguém precisava dos seus serviços, o rapaz despediu-se mais uma vez, e Jairo acompanhou-o até a saída.

— Felipe, vá com cuidado. Sei que você não faz loucuras, mas a viagem é longa. Tome, leve esse dinheiro com você.

— Ah, senhor Jairo, não precisa. Eu bati cartão. Vou ganhar as horas.

— Não tem problema. Use no que precisar. Agora vá, pois tenho muito a fazer hoje.

— Obrigado. Até mais.

Jairo voltou para o salão e imediatamente começou a explicar a presença de Felipe na cidade:

113

— Ontem, eu li o dossiê que vocês me entregaram e me lembrei de que meu pai fez negócios com o pai do Roberto de Almeida. Pedi à minha secretária que me enviasse os documentos que tínhamos sobre ele. Eu não estava enganado, e você tem razão. Roberto é uma pessoa perigosa. Ele e o pai não medem esforços, quando querem alguma coisa. Depois que vocês terminarem, vou mostrar-lhes alguns documentos que comprovam o que digo.

Nesse momento, o juiz Otávio entrou no salão acompanhado por Ivan, que o levou à mesa onde estavam Mário de Andrade e Augusto Rodrigues. Depois de cumprimentá-los, o juiz pediu licença para falar com Armando.

— Armando, como vai?

— Estou bem, doutor Otávio. E o senhor, como vai?

— Estou bem. Você ficará na cidade por mais alguns dias?

— Sim. Deixe-me apresentá-lo aos meus amigos Jairo, da Construtora Nogueira, e Rogério, meu advogado. Senhores, esse é o doutor Otávio, juiz daqui de Rovena.

— Muito prazer. Fiquem à vontade. Não quero interromper sua refeição. Armando, talvez eu precise falar com você na segunda-feira. Pode ser?

— Estou à sua disposição.

— Ótimo. Quando confirmar o horário, deixarei um recado para você na recepção. Talvez seja interessante que seus amigos o acompanhem.

— Estaremos na cidade, doutor Otávio.

— Obrigado, Armando, até breve. Senhores, bom dia.

Rogério e Jairo responderam ao cumprimento do juiz e olharam intrigados para Armando. Rogério perguntou:

— Está acontecendo alguma coisa que não sabemos?

Armando respondeu:

— Não sei, mas deve ser alguma coisa a ver com aqueles dois com quem ele está conversando. Provavelmente seja algo relacionado ao meu terreno.

— Por que você acha isso?

— Porque o terreno é o único motivo pelo qual estou aqui. Padre Antônio confirmou a vinda dele?

— Sim, ele estará aqui na segunda-feira pela manhã. Calculo que lá pelas 9 horas.

— Ótimo. Quem sabe não consigamos resolver tudo na segunda? Vocês estão aqui há dias, não precisam voltar para casa?

Jairo respondeu:

— Ainda posso ficar uns dias. O trabalho da construtora está seguindo normalmente.

— E você, Rogério?

— Amanhã, almoçarei com as meninas, mas à noite estarei de volta. Segunda-feira será o aniversário da minha filha Débora.

— Não será uma viagem muito cansativa ir e voltar amanhã mesmo? Venha na segunda.

— Não, eu prefiro ir hoje à noite e voltar amanhã no fim da tarde. Assim, se o juiz precisar de alguma coisa, estaremos juntos.

— Está bem, Rogério. É você quem sabe. Jairo, se quiser, podíamos dar uma olhada os documentos sobre os quais você falou.

— Ótimo, vamos até meu quarto.

Enquanto Armando e Rogério subiam para o quarto de Jairo, o juiz Otávio convidava os dois visitantes para saírem e conversarem em outro lugar.

Os três homens foram até o parque, e, durante a caminhada, o juiz perguntou:

— Vocês têm certeza de que essas joias estão aqui em Rovena?

Mário respondeu:

— Temos, doutor Otávio. Nosso pessoal vistoriou todas as áreas próximas daqui, mas não encontrou nada. Tudo leva a crer que elas estão aqui, provavelmente enterradas em algum lugar.

— E por que vocês acham que elas estão no imóvel que pertenceu a Luciano Magalhães?

— Por causa da proximidade com a igreja. Luciano herdou o terreno do sogro, que, por sua vez, havia herdado do avô. É um dos imóveis mais antigos desta região. Nada foi construído ali. Há mata nativa plantada no terreno. Não podemos fazer escavações em todos os terrenos que encontramos, pois isso levantaria suspeitas sobre o que estamos procurando.

— Você tem razão. E se as joias forem encontradas em Rovena, o que acontecerá com a nossa cidade? Haverá publicidade?

— Não, não poderemos divulgar o que for encontrado, mas estamos autorizados a indenizar o proprietário do imóvel por todos os possíveis danos causados.

— Você tem certeza de que não está no terreno da Igreja?

— Não. Temos que procurar em ambos os terrenos.

— E como será feita essa busca?

Foi Augusto quem respondeu:

— Temos um equipamento especial para localizar metais e outros minérios enterrados. Quando o equipamento localiza alguma coisa, ele emite ondas de calor. Assim, pela graduação informada no termômetro, podemos fazer a escavação com segurança. O senhor acha que o proprietário do terreno, Armando Magalhães, permitirá que façamos as escavações no local?

— Não sei. Vamos nos reunir com ele na segunda-feira às 9 horas da manhã em meu gabinete, assim poderemos conversar à vontade e resolver esse assunto. Fiquem tranquilos. Conheço Armando desde que ele era criança e tenho certeza de que ele manterá o sigilo que esse trabalho exige. Vocês permanecerão na cidade?

— Sim, talvez aluguemos uma casa para guardar os equipamentos que chegarão tão logo recebamos a autorização para procurar as joias.

— Vocês pesquisaram em outros imóveis daqui?

Mário respondeu:

— Sim, mas não citamos o que estávamos procurando. Há muitos terrenos à venda neste município.

Otávio respondeu:

— Há sim. São terrenos que pertenciam a moradores antigos, que deixaram essas propriedades de herança para seus filhos. Muitos desses jovens foram para a capital estudar e não retornaram a Rovena. Muitos desses terrenos estão sendo desapropriados pela prefeitura para a construção de condomínios e pequenas indústrias, outros estão completamente abandonados.

— Se me permite lhe perguntar, doutor Otávio, e quanto a esse hospital que querem construir? Ouvimos alguns comentários sobre uma briga entre o prefeito e a irmã dele, que é médica. Isso tem fundamento?

— Tem, Augusto. Rovena precisa de mais um hospital, mas o prefeito alega que não há verba para a construção. A Igreja doou o terreno, mas ele não enviou ainda o projeto de que a Igreja necessita para que a doação se concretize. Armando está interessado em ajudar a irmã do prefeito, que é a médica que vem insistindo nessa construção. Ainda não sei como isso vai acabar, mas acredito que, se realmente as joias estiverem no terreno dele, ele vai ajudar nossa cidade.

— Por que ele faria isso?

— Porque a mãe de Armando viveu aqui e morreu quando ele tinha 10 anos. Eles moravam em São Paulo, e o pai dele fez de tudo para salvá-la, mas não conseguiu. Armando conhece bem a dor de uma perda e tem acompanhado bem de perto o trabalho que a doutora Marta desenvolve em Rovena. Ele tem visto o quanto ela e os médicos da cidade se esforçam para salvar vidas.

116

— Tomara que encontremos as joias. O valor da indenização ajudará muito na construção desse hospital.

— Tomara, senhores. Também estou torcendo por isso.

***

— Bom dia, doutora Marta. A senhora estará de plantão hoje?

— Bom dia, Rita. Não. Hoje é o plantão do doutor Marcos. Ele já chegou?

— Já e perguntou pela senhora.

— Avise a ele que já estou no hospital. Vou visitar meus pacientes e ver meu irmão.

— Está bem, doutora. Vou avisá-lo pelo alto-falante.

— Obrigada, Rita. Passarei aqui antes de ir embora.

Marta encontrou o médico no corredor:

— Bom dia, doutor Marcos. Você queria falar comigo?

— Sim, doutora. Seu irmão não passou bem a noite. Teve alucinações, chamou por alguém de nome Wanda... A enfermeira da noite ficou assustada.

— Por que não me chamaram?

— Ela ligou para o doutor Raul, e ele veio ver o senhor Henrique. Ele deixou um recado, pedindo que eu cuidasse do prefeito hoje. Vim de lá agora. Aparentemente, ele está melhor. Acho que senhor Henrique teve pesadelos. A quantidade de medicamento que ele tomou não era suficiente para lhe causar alucinações.

— Sinceramente, não sei o que dizer. Nem sei quem é Wanda.

— Vou ficar aqui o dia todo. À noite, quem virá será o doutor Wagner.

— E o doutor Jorge Caldeira?

— Ele virá amanhã. A suspensão dele terminou ontem — tornou o médico.

— Ainda não entendi por que ele foi suspenso.

— O doutor Raul não contou para a senhora?

— Não. Você sabe de alguma coisa que eu não esteja sabendo?

— Talvez, doutora Marta, mas não tenho autorização para falar sobre isso. Ia parecer fofoca. É melhor você falar com o doutor Raul ou com o doutor Wagner.

— Qualquer hora eu falo. Agora eu tenho muito a fazer. Uma parte dos pacientes do doutor Jorge está comigo.

— E a outra comigo, então, vamos trabalhar.

— É isso mesmo. Bom plantão para você.

— Obrigado, doutora.

***

Marta foi ao quarto de Henrique, pois estava preocupada com o quadro do irmão. Quando entrou no quarto, viu que ele estava se alimentando e avistou Roberto:

— Bom dia, Henrique. Como você está se sentindo?

— Estou bem.

Roberto perguntou:

— O que houve, doutora Marta? Medicaram o prefeito de forma errada?

Marta olhou-os, tentando não demonstrar a raiva que o comentário provocara:

— Não, ele apenas não podia tomar analgésicos, pois o efeito desses medicamentos no organismo de Henrique é diferente do que normalmente se dá em outros pacientes — e voltando-se para Henrique, ela perguntou: — Está sentindo alguma coisa agora? A enfermeira da noite disse que você teve alucinações. Acredito que não tenha tomado nenhum medicamento que pudesse ter causado esse efeito.

— Não sei o que houve, Marta. Acho que tive um pesadelo. Não lembro. Acordei molhado de suor e tenho certeza de que dei um grito. Acho que isso me assustou. Por que passei mal?

— Porque não sabíamos que você tinha alergia a analgésicos. Falei com mamãe, e ela me disse que você raramente tinha problemas de saúde e também ficou surpresa com o que aconteceu. Como está o braço?

— Ainda dói um pouco. Por que não está engessado?

— Porque foi preciso operá-lo para colocar o osso no lugar. Assim que tirarem os pontos, seu braço será engessado.

— Isso vai demorar quanto tempo?

— Provavelmente, uma semana, mas você receberá alta antes disso. É só nós termos certeza de que você não terá outros problemas. Agora vou ver meus pacientes. Mais tarde, passarei para vê-lo novamente. Até logo.

Marta saiu do quarto, e Roberto comentou:

— Viu como sua irmã me trata?!

— Roberto, você não precisava falar com ela da forma que falou. Você sabe como Marta é com a profissão.

— Agora, você está contra mim! Não é a primeira vez que você discorda de algo que eu digo.

— Roberto, por favor! Não se trata disso. Minha irmã não gosta de você, faz questão de deixar isso claro para todas as pessoas próximas, mas você não perde a oportunidade de fazer um comentário desagradável.

— Henrique, eu vim até aqui porque pensei que pudéssemos conversar, mas parece que essa cirurgia mexeu com sua cabeça. Vou embora. Quando você sair daqui, conversaremos. Adeus.

Roberto saiu e não bateu a porta, porque Marta estava no corredor conversando com uma pessoa e, na posição em que estava, podia vê-lo perfeitamente. Ele resolveu não provocá-la, mas ficara espantado com Henrique. "O que está acontecendo?", pensou. "Henrique nunca defendeu a irmã, sempre ficou ao meu lado... Alguma coisa estranha está acontecendo, e vou descobrir o que é! Ninguém me fará de bobo!".

A LENDA

CAPÍTULO 13

Rogério e Armando conversavam com Jairo sobre os documentos que ele lhes apresentara. Armando perguntou:

— Por que você guardou isso por todo esse tempo?

— Na realidade, não fui eu quem guardou esses documentos, foi meu pai. Na época que o pai do Roberto o procurou, papai estava começando a crescer no mercado da construção. A proposta de trabalhar durante um ano para o governo era muito boa. Meu pai só percebeu que estava sendo usado, quando um fiscal veio conferir o recolhimento de imposto de uma das notas fiscais emitidas por ele. No talão que estava com meu pai constava um valor, mas na nota apresentada pelo fiscal constava outro. E é lógico que esse valor era muito superior ao que ele tinha no talão.

— Você está dizendo que houve uma falsificação? — indagou Rogério.

— Sim, o valor da nota foi alterado. A falsificação foi muito bem-feita, e meu pai não teve como justificar a diferença. Ele acabou assumindo que o erro fora dele e pagou o que era devido ao fisco. Quando ele cobrou o pai de Roberto, este lhe disse que ele deveria prestar atenção ao que fazia, pois aquele erro poderia prejudicar a todos eles. De nada adiantaram os argumentos do meu pai. Ele arcou sozinho com o prejuízo. Dias depois, meu pai procurou um advogado para tratar do cancelamento do contrato assinado com a empresa do pai do Roberto e descobriu que teria de pagar uma multa por quebra de contrato. O valor era de 10 mil reais para cada mês que faltasse para cumprir o contrato. Faltavam sete meses. Meu pai vendeu nossa casa para pagar a dívida.

Rogério perguntou:

— Por que seu pai não processou o pai do Roberto?

— Meu pai estava começando e não tinha experiência com homens como ele. Seria muito difícil provar a falsificação. O pai do Roberto é um homem influente no meio político, e meu pai poderia perder o que lhe restava. Ele preferiu pagar a multa, rescindir o contrato com os Almeida e assim ficar livre da influência deles.

— Seu pai conseguiu se recuperar?

— Sim, o advogado que ele havia procurado para ajudá-lo a defender-se dos Almeida apresentou meu pai a um empresário, que acabou contratando-o para construir um condomínio. Não era uma obra muito grande, mas foi muito importante para meu pai. Ele conseguiu se reerguer e, depois de alguns anos, passei a cuidar da construtora. Há mais ou menos três anos, Roberto me procurou para associar-me a ele em um empreendimento. Quando eu respondi que não me interessava pela oferta, ele retrucou dizendo que eu pensava pequeno como meu pai. E que um dia eu iria procurá-lo, pedindo ajuda financeira para me manter no mercado. Exigi, então, que ele se retirasse do meu escritório, ou eu chamaria a polícia. Ele deu um sorriso irônico e saiu.

— Que história, Jairo! Que gente sem caráter! E esse Roberto ainda posa de bom moço nesta cidade. Candidatou-se a prefeito, sabendo que não ganharia, só para reeleger Henrique e continuar fazendo negociatas aqui.

— Armando, isso não está no dossiê. Como você pode, então, fazer essa afirmação com tanta certeza?

— Tendo como base uma conversa que tive com o doutor Otávio. Ele está tentando pegar Roberto, mas está difícil.

— Henrique sabe dessa história?

— Acho que não. Henrique é imaturo e foi o dinheiro do Roberto que o elegeu. Foi por intermédio dele que muitas indústrias vieram para cá. Ele deve ter algum interesse maior nesta cidade, só não sabemos qual é.

— Mas Henrique é o prefeito da cidade e foi eleito duas vezes. Como pode desconhecer esse fato e outros que tenham a participação de Roberto e do pai?

— Jairo, o pai do Henrique, foi prefeito daqui e era muito querido. O filho candidatou-se e toda a cidade achou que ele seria bom como o pai. Acontece que ele é ambicioso e juntou-se com Roberto para ganhar dinheiro, prestígio e vantagens. Roberto e o pai são de São Paulo, e Henrique, embora tenha estudado fora de Rovena, deve ter se deslumbrado com o mundo que o outro lhe mostrou.

122

— Você tem razão, Armando, mas isso não justifica o comportamento de Henrique.

— De modo algum. Não estou justificando as atitudes dele; estou apenas tentando entender por que ele não consegue ver o que toda a cidade vê. Converse com as pessoas daqui. Ninguém gosta desse Roberto. O prefeito recebe todo o tipo de crítica que pode ser feita a um político. Agora, se falar sobre Marta ou dona Cândida, só ouvirá elogios. Não parece que são a irmã e a mãe do prefeito!

— Soube que houve um incidente no hospital e que a doutora Marta gritou com o motorista da ambulância. Depois que você a tirou de lá, o motorista falou que tudo era culpa do prefeito. Henrique ouviu e tentou se defender, mas o doutor Raul respondeu que, se ele administrasse a cidade direito, talvez nada daquilo tivesse acontecido.

— Quem lhe disse isso, Jairo?

— Ivan. Alguém contou isso a ele. Talvez não tenha sido com essas palavras, mas Henrique realmente ouviu que a culpa era dele. As funcionárias do hospital estavam comentando sobre isso.

— Meus amigos, não sei por que meu pai me deixou essa herança, mas não vou sair daqui enquanto não conseguir ajudar Marta.

— Eu disse a Jairo que você está apaixonado — Rogério comentou.

— Estou. Marta é uma pessoa especial. Nunca conheci alguém como ela.

— É, meu amigo... Como lhe disse numa noite dessas, não a perca, não deixe sua felicidade escapar como deixei que a minha escapasse. A sorte não bate duas vezes na nossa porta.

Todos ficaram em silêncio com seus pensamentos, e Armando foi o primeiro a falar:

— Pessoal, é meio-dia! Que tal se fôssemos comer alguma coisa no restaurante da Lourdes?

— Vá com Jairo. Vou arrumar minhas coisas para pegar a estrada. Vou comer qualquer coisa no caminho.

— Está bem, Rogério. Boa viagem.

— Obrigado, Armando.

— Você não vai almoçar com a doutora Marta?

— Não, Jairo. Ela está no hospital. Vamos nos encontrar à noite.

— Então, vamos. Essa conversa me abriu o apetite. Boa viagem, Rogério.

— Obrigado, Jairo. Amanhã à noite estarei de volta.

Quando Armando e Jairo desceram à recepção do hotel, Ivan entregou um envelope para Armando, que rapidamente reconheceu a caligrafia do doutor Otávio. Jairo perguntou:

— Mais problemas?

— Não, ele apenas está confirmando a reunião com aqueles dois homens que estão no hotel. Será na segunda-feira, às 9 horas. Tomara que Rogério chegue a tempo.

— Ele vai chegar Armando, fique tranquilo. Venha. Hoje o almoço é por minha conta.

***

À noite, Armando encontrou-se com Marta e os dois foram jantar no Labirinto:

— Você me parece preocupado. Aconteceu alguma coisa?

— Aconteceram várias coisas. Segunda-feira, terei uma reunião com o doutor Otávio e com duas pessoas que não conheço e estão aqui desde ontem.

— Só por isso? Lembra-se do que nós combinamos? Você não deve me esconder nada.

— Não esqueci disso, Marta. Só não gostaria de deixá-la preocupada.

— Não se preocupe com isso. Estou preparada para qualquer coisa.

— Mesmo que envolva seu irmão?

Marta suspirou e disse com sinceridade:

— Mesmo que seja sobre ele.

Armando contou a Marta o que haviam descoberto sobre Roberto, e, quando terminou, ela perguntou:

— O que vocês vão fazer?

— Nada, Marta. Não podemos nem temos como fazer nada. Não adianta tentar falar com Henrique, porque ele não vai acreditar em você. Vamos esperar. Não temos nenhum indício ou prova de que Roberto fez algo errado aqui, e suposições não servem para nada. Só lhe peço que tome cuidado, pois ele pode lhe fazer algum mal.

— Acho que não, Armando. Se ele for como você afirma, não vai se arriscar a perder o que conseguiu. Agora vamos jantar e falar sobre coisas mais amenas. O que acha?

— Ótimo. O que faremos depois do jantar?

— Aqui em Rovena não temos muitas opções de lugares para onde ir. Ou ficamos aqui mesmo, ou vamos para minha casa tomar um café. O que prefere?

— Hum! Gostei da ideia de ir tomar café em sua casa.

— É, mas não se anime, pois mamãe está lá.

— Não tem problema. Tenho certeza de que ela não nos fará companhia.

— Veremos!

***

— Marta? É você?

— Sim, mamãe. Trouxe uma visita para tomar café conosco.

— Como vai, Armando?

— Vou bem, dona Cândida. E a senhora, como está?

— Tudo bem, graças a Deus. Já jantaram?

— Sim, mamãe. Jantamos no Labirinto, e eu resolvi convidar Armando para tomar um café aqui em casa.

— Então, faça companhia a ele, enquanto preparo o café na cozinha.

— Sua mãe é muito simpática. Você mostrou-lhe a foto dos meus pais?

— Nossa, Armando, eu esqueci! Espere. Vou pegá-la e mostrarei para mamãe.

Enquanto Marta procurava a fotografia, Cândida entrou na sala trazendo café e bolo de chocolate.

Armando sorriu e disse:

— Dona Cândida, café com bolo de chocolate?

— É o bolo preferido da Marta. Ela não se alimenta bem, então, faço sempre um bolo ou uma torta de que ela gosta. Aí vem ela.

— Aqui está. Mamãe, esses são os pais do Armando. Você se lembra deles?

— Sim, Jandira e Luciano. Nossa! Foi há tanto tempo. Você se parece com seu pai, Armando. Sabe como eles se conheceram?

— Sim, o juiz Otávio me contou a história de meus pais. Eu tinha 10 anos quando mamãe morreu. Meu pai ficou desesperado. Sem saber como me educar, ele me colocou em um colégio na Suíça. Por um tempo, tive raiva dele, pois me senti abandonado. Voltei ao Brasil com 15 anos, ele estava me esperando e conversamos sobre tudo o que houve. Digamos que acabamos fazendo as pazes. Desse dia em diante, sempre me relacionei bem com ele, apesar de viver fora do Brasil.

125

— A família de sua mãe era muito boa. Depois que ela morreu, seus tios tentaram ajudar Luciano, mas não conseguiram. Com o tempo, foram se afastando, e não tivemos mais notícias suas nem de seu pai. Seus tios também foram embora. Se não estou enganada, um deles mora no Rio de Janeiro e outro em Porto Alegre.

— É isso mesmo, dona Cândida. Tio Carlos mora no Rio, e tio Adalberto vive em Porto Alegre.

— Bem, se eu continuar aqui, só falaremos do passado, e tenho certeza de que você e Marta têm muito que conversar. Vou me deitar.

— Não, mamãe, espere. Armando me perguntou sobre o nome de nossa cidade, e eu não soube explicar-lhe direito. Você se importa de nos contar de onde vem o nome Rovena?

— É uma história sem comprovação, praticamente uma lenda. Têm certeza de que vocês querem que eu fale disso?

— Sim, dona Cândida, por favor — pediu Armando.

— Bem, minha avó dizia que Rovena foi uma moça muito bonita que viveu aqui no fim do século 19, lá pelo ano de 1860 ou perto disso. Um funcionário do governo apaixonou-se por ela, mas era casado em Portugal. Para relacionar-se com a moça, ele deu ao pai de Rovena as terras onde trabalhava. A jovem foi praticamente vendida pelo pai, mas não se revoltou com seu destino. Ela queria sair daqui e acreditava que, indo embora com o tenente André, teria uma vida melhor. Eles foram para Minas Gerais, e André levou-a para casa. Lá chegando, informou aos empregados que ela era a nova dona da casa e que deveriam servi--la. De tempos em tempos, André viajava para Portugal e ficava de três a quatro meses por lá. Rovena ficava sozinha na casa e era assediada por um jovem da cidade. As mulheres da Vila da Prata não gostavam da moça, porque sabiam que ela era amante do tenente André.

Cândida fez uma breve pausa e depois continuou:

— Rovena não se importava com as mulheres e não cedia ao jovem que a cortejava. Depois de dois anos vivendo com André, a moça engravidou. Ele, por sua vez, ficou desconfiado da gravidez de Rovena, pois, como permanecera viajando por três meses, acreditava que ela poderia ter se relacionado com outro homem em sua ausência. A moça, contudo, mantinha-se tranquila, pois era fiel a André. Desconfiado, ele foi aconselhar-se com um amigo, que lhe contou que Rovena era frequentemente assediada pelos jovens do vilarejo, mas que nunca tinham visto nada que confirmasse que ela estivera com outro homem. Nesse dia, André chegou em casa furioso, gritando, e perguntou-lhe por que ela não lhe dissera que estava sendo assediada por jovens do vilarejo.

126

Rovena defendeu-se respondendo que "os jovens" de quem falavam era o filho do médico de Vila da Prata. O rapaz falara com ela duas vezes e, como Rovena não correspondera aos seus desejos, ele acabou desistindo dela e começou a namorar uma moça da capital, onde ele estudava Medicina. Depois desse episódio, ninguém mais tentou falar com ela, nem mesmo as senhoras do vilarejo. Ainda desconfiado, André conversou com os empregados, que confirmaram o que a moça lhe dissera.

Cândida sorveu um gole de café e continuou:

— André resolveu levá-la de volta ao lugar onde Rovena vivia e disse que seria melhor a moça ter o filho junto da mãe, uma vez que ele teria de viajar novamente. Ela ficou preocupada, porque, no lugar onde vivia não havia recursos médicos, mas não quis contrariar o marido. André viajou e voltou alguns dias antes de Rovena dar à luz. O parto foi muito difícil. A parteira fez tudo o que estava ao seu alcance para salvar a criança, contudo, não conseguiu. A menina nasceu e morreu logo em seguida. Rovena ficou muito fraca, e todos temeram que ela não sobrevivesse. Passados alguns dias, a cor foi voltando ao rosto da moça. André ia vê--la todos os dias e culpava-se pelo estado em que ela se encontrava. De nada adiantavam as palavras da mãe de Rovena, que afirmava que fora vontade de Deus, que Deus sabia o que fazia. André sabia que, se tivesse deixado a moça no lugar onde viviam, contariam com recursos para evitar o que acontecera. A criança poderia ter morrido, porém, as duas não teriam sofrido o que sofreram naquele lugar. Quando Rovena começou a apresentar sinais de melhora, André resolveu que iria levá-la de volta para Minas Gerais, mas a jovem recusou-se a ir. Ela disse que não sairia mais da casa dos pais, afinal, por causa da incompreensão do marido, sua filha morrera. Rovena ainda afirmou que André poderia fazer o que quisesse com ela, pois de nada adiantaria. Ela não voltaria a viver com ele. O pai, preocupado com a possibilidade de perder as terras que ganhara com a venda da filha, desesperou-se e implorou à moça que fosse embora com o tenente. Rovena, todavia, mantinha-se irredutível e dizia ao pai que não se importava com o que poderia acontecer com deles, pois nunca os perdoaria pelo sofrimento que lhe causaram.

Um breve silêncio se fez, e ela deu prosseguimento à sua narrativa:

— Abatido, André decidiu voltar sozinho para Minas Gerais e disse ao pai de Rovena que não tomaria as terras dele, mas que tudo o que havia nelas pertenceria à moça. Antes de partir, André entregou a Rovena um pequeno baú com as joias que ele comprara para presenteá-la pelo nascimento do filho do casal. A jovem pegou o baú e guardou-o sem olhar o que nele continha. Passaram-se os anos, Rovena internou-se

127

no convento do lugar e lá viveu até sua morte, que, se não me engano, aconteceu em 1920. Ela não se consagrou freira, porém, contou sua história para a madre Tereza, a responsável pelo convento, e pediu-lhe que, quando morresse, fosse enterrada com o baú que recebera de André. O baú era a única lembrança que tinha do homem que amara e da filha que perdera. Quando Rovena morreu, a madre atendeu a seu pedido sem ver o conteúdo do baú. Passados dez anos, um jovem foi ao vilarejo, que se chamava Santa Cruz das Almas, em busca da mulher que fora o grande amor do seu avô. Ele procurou o padre, acreditando que ele soubesse da história. Mário, o padre na época, lembrou-se vagamente de que a madre superiora lhe relatara algo sobre Rovena. O rapaz foi, então, ao convento procurar madre Tereza, que confirmou a história contada pelo padre Mário. Ele quis ver a sepultura e partiu em seguida. Alguns meses depois, o rapaz voltou com uma ordem judicial para abrir o caixão de Rovena, alegando que as joias que ali estavam pertenciam à sua família e não a ela. O caixão foi aberto, e o que viram surpreendeu a todos. O corpo de Rovena estava intacto, não havia se decomposto, e o baú estava no mesmo lugar onde madre Tereza o colocara, porém se encontrava vazio.

Cândida fez mais uma pausa e prosseguiu:

— Houve uma verdadeira comoção no pequeno vilarejo de Santa Cruz das Almas. Algumas pessoas começaram a falar em milagre pelo fato do corpo de Rovena estar intacto, e outras queriam descobrir o que por que o baú estava vazio. Não havia indícios de que o túmulo tivesse sido violado, e as pessoas começaram a acreditar na possibilidade de que o baú estivesse vazio quando foi enterrado. André Luiz, neto de André, acusava a todos de ladrões e queria saber onde viviam os parentes de Rovena, porém, tudo o que conseguiu descobrir foi que os pais dela tinham vendido as terras e partido de Santa Cruz sem dizer para onde iriam. Com o tempo, as terras foram sendo vendidas em lotes. Sobraram, então, o terreno da Igreja e o lote maior, que foi comprado pelo pai de Jandira e que hoje pertence a você.

— Mamãe, por que deram o nome de Rovena ao vilarejo?

— Porque, com o passar dos anos, a história de Rovena se espalhou, e muita gente veio morar aqui na esperança de obter milagres. Nunca se soube de nenhum milagre atribuído a ela, mas, como sua história acabou trazendo progresso para cá, o prefeito da época, apoiado pelo povo, resolveu mudar o nome da cidade de Santa Cruz das Almas para Rovena. Isso aconteceu em meados de 1935. Depois que trocaram o nome da cidade, algumas indústrias vieram instalar-se aqui, trazendo ainda mais progresso ao local. Com o tempo, as pessoas deixaram de rezar para Rovena, e alguns proprietários de terras começaram a escavar o solo da cidade à procura das joias da moça, todavia, nunca encontraram nada.

— É por isso que ainda existiam tantos lotes de terra em volta do terreno da antiga igreja?

— Isso mesmo. Alguns lotes foram arrematados por Roberto e transformados em pontos comerciais ou condomínios. Ele só não tomou posse da propriedade de Armando, do terreno da Igreja e dos lotes que pertencem ao juiz Otávio e ao doutor Raul.

— Dona Cândida, que história! Mas será que essas joias existiram mesmo? E como esse suposto neto de André soube delas?

— Disso não sabemos. Padre Mário e madre Tereza faleceram há muitos anos e não deixaram nada por escrito. É possível que o pai de Rovena tenha ficado com as joias da filha ou que alguém mais soubesse da história e, num momento em que o corpo foi deixado sozinho na capela, tenha roubado as joias que estavam no baú. Nem sei se essa história é verdadeira, pois não há nenhum documento que a comprove.

— Mamãe, só a senhora conhece essa história?

— Não, querida. Todas as senhoras de Rovena a conhecem. Nossas avós faziam questão de contá-la. Quando nos reuníamos, fazíamos uma série de apostas, tentando adivinhar quem encontraria essas joias e quem herdaria o terreno onde elas possam estar enterradas. Se vocês estiverem satisfeitos com tudo o que lhe contei e não quiserem me perguntar mais nada, vou me deitar.

— Fique à vontade, dona Cândida. Já estou de saída.

— Obrigada, Armando, boa noite. Boa noite, Marta.

— Boa noite, mamãe.

Armando voltou-se para Marta e perguntou:

— Você conhecia essa história?

— Mais ou menos. Vovó costumava falar sobre um fantasma que rondava a igreja velha, mas eu nunca dei importância a essas histórias. Acho que nunca falei sobre isso com minha mãe.

— Você não tem medo de assombração?

— Armando, pare com isso. Os mortos não fazem mal a ninguém. São os vivos que fazem mal às pessoas. E, por falar nisso, cuidado em seu retorno ao hotel. É tarde.

— Estou cada vez mais encantado com esta cidade e mais apaixonado por você.

— Por que está me dizendo isso agora?

— Porque adoro histórias de mistério e quero beijá-la agora.

129

Dizendo isso, Armando puxou Marta para junto de si e beijou-a ternamente. Marta correspondeu aos carinhos de Armando e pediu:

— Por favor, não brinque com meus sentimentos. Não sou uma adolescente que passa alguns momentos com alguém e depois vai embora sem sentir nada.

— Marta, não estou brincando. Eu estou apaixonado por você. Nunca senti isso por nenhuma mulher. Se eu pudesse, a levaria comigo para o hotel agora mesmo. Eu quero me casar com você.

— Você não acha que é cedo para falarmos em casamento?

— Não. Não sou um jovenzinho que não sabe o que quer da vida. Agora que eu a encontrei, não quero perdê-la. Casa comigo?

Em resposta ao pedido de Armando, Marta beijou-o ternamente.

— Nunca fui pedida em casamento, estou confusa.

— O que você sente por mim?

— Eu amo você, Armando, mas ainda não me sinto totalmente segura para dar um passo tão importante em minha vida.

— Vou esperá-la pelo tempo de que precisar, mas não se afaste de mim. Preciso muito de você. Quero cuidar de você, estar com você. Acho que enlouqueceria se a perdesse.

— Você não vai me perder, Armando. Só me dê um pouquinho de tempo para me acostumar com a ideia de casamento.

Armando abraçou-a novamente, beijando-a com ardor. Depois, disse com a voz rouca:

— É melhor eu ir para o hotel.

— Não queria me separar de você, mas acho melhor você ir embora. Mamãe não iria gostar de encontrá-lo aqui pela manhã.

— Está bem. Boa noite, amor.

— Até amanhã, Armando.

CAPÍTULO 14

Roberto levantou-se, certificou-se de que Ana Lúcia estava dormindo e pensou: "Pobre garota! Dorme como um anjo! Preciso acabar com isso logo, pois em breve sei que ela começará a me fazer cobranças. Como vou me livrar de você? Preciso pensar em uma maneira de não ter problemas, afinal, nada pode atrapalhar meus planos".

Assim pensando, Roberto saiu da casa de Ana Lúcia e não reparou que estava sendo observado.

Ana Lúcia acordou com o barulho da campainha. Quando abriu a porta, ficou surpresa ao ver seus pais:

— Por que não me avisaram que viriam?

— Queríamos lhe fazer uma surpresa. Você vai nos convidar para entrar ou ficaremos aqui parados?

— Ah, papai, desculpe-me! Acordei com o barulho da campainha, estou meio sonolenta ainda. Entrem.

Ana Lúcia abraçou os pais e levou-os para a cozinha onde ela prepararia um café.

Antero perguntou:

— Minha filha, como está sua vida? O que tem feito?

— Não tenho feito muita coisa, pai. Aqui em Rovena não há muitas opções.

Ana Maria disse:

— Você poderia voltar conosco. Seu irmão montou um escritório de advocacia e está muito bem. Você poderia trabalhar com ele, afinal, formou-se em Direito e trabalha aqui como funcionária da prefeitura.

— Mamãe, a senhora sabe por que estou aqui. Eu só voltaria para Belo Horizonte se terminasse meu namoro com Roberto.

— Ana Lúcia, por favor, você pensa que sou idiota? Você e esse tal Roberto não são namorados. Há quantos anos vive com ele? Por que ainda não se casaram? Por que ele nunca vai à nossa casa? Se ele realmente gostasse de você, sua situação seria outra.

— A senhora veio de Belo Horizonte até aqui para me criticar? Será que é só isso que sabe fazer?

— Parem com isso vocês duas! Viemos até aqui para ver como você está, pois não a vemos desde o Natal. Ninguém veio aqui para criticá-la. Nós queremos o melhor para você e sentimos que esse moço não lhe serve. Há alguma coisa nele que não me agrada. Se importa que fiquemos aqui por alguns dias? Não tenha receio de dizer não. Se não pudermos ficar, vamos para um hotel.

— Não se preocupe, papai. Vocês podem ficar o tempo que quiserem aqui, afinal, essa casa é de vocês.

— Não, querida, essa casa é sua. Você optou por ficar aqui quando nos mudamos e agora tem sua vida, seu trabalho... Não queremos incomodá-la.

— Não se preocupe, mamãe. Podem ficar o tempo que quiserem. Apenas terei de sair para trabalhar, e vocês não precisarão de mim para cuidar de almoço ou compras.

Ana Maria respondeu:

— Não, querida, apenas queremos ficar um pouco em sua companhia. Seu pai não está trabalhando e estamos planejando fazer uma viagem, por isso resolvemos vir passar uns dias aqui com você.

— Papai, o senhor parou de trabalhar?!

— Ah, minha filha! Preciso aproveitar um pouco o tempo que me resta. Seu irmão trabalha bem, não precisa de mim, então, deixei meus clientes com ele e resolvi fazer a vontade de sua mãe. Vamos andar por aí, sem nos preocuparmos com o destino. Vamos apenas viver.

— Puxa, papai, é bom ver vocês dois assim. Olhem! Sirvam-se de café. Aqui tem pão, leite, queijo e bolo. Vou tomar um banho rápido e já volto.

Quando Ana Lúcia se afastou, Ana Maria disse:

— Antero, sinto que ela não está bem. Você viu os olhos de sua filha?

— Vi sim. Ela está com olheiras e muito magra. Ana Lúcia não era assim.

— Só pode ser esse tal Roberto. Acho que fizemos bem em vir. Acha que ela acreditou em nossa história?

— Talvez, com o tempo saberemos. Júnior tinha razão. Não devíamos tê-la deixado tanto tempo sozinha.

— É, mas vamos ver o que encontraremos nesta cidade. Ela vai trabalhar, e nós poderemos rever velhos amigos. Quem sabe alguém nos diz alguma coisa?

— Você tem razão. Agora, vamos comer. Não quero que ela desconfie de nossas intenções.

***

— Bom dia, doutora Marta. Não sabia que a senhora estava de plantão hoje.

— Bom dia, Rita. Não estou de plantão. Doutor Raul me pediu que viesse ver meu irmão. Vocês precisam de mim?

— A manhã está tranquila, mas a senhora sabe como é... De repente, isso aqui pode virar um terremoto. Se acontecer alguma coisa, eu lhe aviso. Hoje estão aqui o doutor Wagner e o doutor Jorge. Acho que eles dão conta.

— Espero que sim, pois estou precisando de uma folga.

Marta entrou no quarto de Henrique, assustando-o:

— Henrique?! O que está acontecendo com você?

— Nada, você me assustou.

— Nós precisamos conversar.

— Não tenho nada para lhe dizer.

— Tem sim. Você delirou e chamou por Wanda, depois teve pesadelos e assustou a enfermeira da noite. Ela me disse que você gritava "não se aproxime, vá embora". O que está acontecendo com você?

— Não me lembro de nada disso, você está mentindo.

— Você não vai se lembrar mesmo, pois na primeira vez estava sob o efeito de analgésicos. Na segunda vez, no entanto, doutor Wagner precisou lhe aplicar um calmante. Converse comigo. Quem sabe eu não possa ajudá-lo?

Henrique ficou calado por alguns instantes e depois perguntou:

— Quando vou sair daqui? Este lugar está me fazendo mal.

— Quem é Wanda? Alguma namorada que não conhecemos?

— Marta, por favor, não tenho nada para lhe dizer. Se veio aqui só para isso, por favor, vá embora. Prefiro ficar sozinho.

133

— Está bem, não vou contrariá-lo. Quando quiser falar comigo, pode me chamar. Eu não estarei no hospital hoje. Até logo.

Henrique não respondeu e continuou olhando para o vazio. Marta foi procurar Wagner para conversar sobre seu irmão e no caminho encontrou-se com Jorge:

— Ah! Doutora Marta, que prazer em vê-la! Não sabia que estava de plantão.

— Bom dia, doutor Jorge. Não estou de plantão, vim ver meu irmão.

— Ah claro! Nosso prefeito!

— Por que a ironia?

— Você sabe melhor que eu, afinal, ele é seu irmão.

Wagner aproximou-se:

— Doutora Marta, você estava me procurando?

— Sim, doutor. Será que podemos conversar?

— Claro, vamos ao meu consultório.

Marta e Wagner seguiram pelo corredor em sentido oposto a Jorge. Wagner perguntou:

— Algum problema com Jorge? Você me parece tensa.

— Ele foi irônico ao falar de Henrique. Tenho a impressão de que está acontecendo alguma coisa, mas não consigo descobrir o que é. No entanto, não é sobre ele que quero lhe falar; é sobre Henrique.

— Pois não, o que quer saber?

— O que está acontecendo com ele? Primeiro foi o delírio, agora os pesadelos. Tentei saber dele o que estava sentindo, se queria conversar, mas Henrique me disse que não estava sentindo nada, que não tinha nada para falar e me mandou embora.

— Marta, eu atribuí o comportamento do Henrique ao anestésico aplicado momentos antes da cirurgia. No dia seguinte, pedi às enfermeiras que lhe ministrassem apenas o antibiótico, mas mesmo assim ele acordou gritando. Tivemos de lhe aplicar um tranquilizante para que ele parasse de gritar. Henrique fica em transe, como se estivesse vendo alguém. A dose de calmante que lhe ministramos é muito pequena, então, duas horas depois, ele acorda pedindo água e volta a dormir como se nada houvesse acontecido.

— Que coisa estranha. Ele me disse que vai melhorar quando sair do hospital. O que você acha?

— Não dei alta ainda por causa da crise da noite passada. Daqui a dois dias, poderemos engessar o braço.

— Henrique tem se alimentado? Me pareceu abatido.

— Ele come pouco. O que me preocupa é esse estado de abandono em que ele permanece durante o período em que está acordado.

— Você sabe quem estará de plantão hoje à noite?

— Raul.

— Vou pedir a ele que troque comigo, pois assim poderei passar a noite aqui e observar Henrique.

— Você é quem sabe. Eu já vi situações assim, mas as pessoas tinham motivos para ter remorsos. Não sei se é o caso do Henrique.

— Também não sei. Você vai cuidar dele ou ele será atendido por Jorge?

— Eu mesmo cuidarei dele. Não se preocupe.

— Obrigada, Wagner. Vou ligar para Raul e estarei aqui por volta das 18 horas. Tenha um bom-dia.

— Bom dia, Marta.

Marta saiu do consultório e ligou para Raul:

— Doutor Raul? Bom dia. É Marta.

— Bom dia, Marta. Algum problema?

— Você trocaria seu plantão da noite de hoje pelo meu de amanhã? Eu gostaria de observar Henrique.

— Aconteceu alguma coisa?

— Ele teve pesadelos novamente, e eu gostaria de observá-lo. Preciso descobrir o que está acontecendo.

— Está bem. Trocarei o plantão com você. Se precisar de ajuda, não deixe de me ligar.

— Obrigada, Raul.

Algum tempo depois, Jorge ligou para Roberto:

— Roberto, não poderei dar o remédio de Henrique esta noite. A irmã dele estará no hospital.

— E o que tem isso?

— Ela vai reconhecer o sintoma. É melhor irmos com calma. Se ele estiver bem, terá alta amanhã e poderemos medicá-lo fora do hospital.

— Está bem, Jorge. Me avise quando ele tiver alta. Quero levá-lo para casa.

— Fique tranquilo, até logo.

Roberto desligou o telefone e praguejou:

— Que inferno! Essa mulher está sempre no meu caminho! Preciso fazer alguma coisa. Marta, Marta, um dia você vai se arrepender de ter atravessado meu caminho!

O toque do telefone tirou-o de seus pensamentos:

— Roberto, sou eu. Meus pais estão aqui em casa, vieram passar uma temporada e querem conhecê-lo. Quer vir almoçar conosco?

— Ana, meu bem, não poderei ir, pois preciso viajar para São Paulo. Marcaram uma reunião no diretório do partido. Peça-lhes desculpas por mim. Eles ficarão na cidade por alguns dias, não é?

— Sim, não sei por quanto tempo.

— Então, não faltarão oportunidades para conhecê-los. Quando eu chegar de São Paulo, lhe telefono.

— Está bem. É uma pena que não possa almoçar conosco. Fica para outro dia, então. Boa viagem. Um beijo.

Roberto desligou o telefone pensando: "Mais essa! O que está acontecendo? Parece que tudo está se voltando contra mim. O que esses velhos vieram fazer aqui? Nunca deram importância para Ana. Ou será que ela pediu a eles que viessem para me forçar a pedi-la em casamento? Se for isso, eles vão esperar sentados, pois nada acontecerá. Ninguém vai me prender em um casamento. Ninguém!".

Assim pensando, Roberto pegou o carro e dirigiu-se para a estrada. Ele mentira sobre a reunião e por isso não poderia ficar na cidade. Pensou no pai. Fazia tempo que não o via. Decidiu, então, que iria fazer-lhe uma visita.

Ana Lúcia desligou o telefone desapontada. Ouvira a mãe comentar com o marido que Roberto inventaria uma desculpa para não ir almoçar com eles. Será que sua mãe tinha razão? Ana Lúcia e Roberto estavam juntos havia três anos, e ele nunca assumira o relacionamento. Quando ela falava em ir a Belo Horizonte, ele sempre tinha uma desculpa para não acompanhá-la. Antero aproximou-se, abraçou a filha e disse:

— Ele não vem, não é? Tem uma reunião e não pode deixar de comparecer.

Ana Lúcia não conteve as lágrimas e soluçando respondeu:

— Ah, papai! Por que isso foi acontecer comigo? Por que fui me apaixonar por esse homem?

— Minha filha, acalme-se. Venha, sente-se aqui comigo. Ninguém manda no coração. A paixão e o amor simplesmente acontecem, porém, não podemos deixar que os sentimentos nos ceguem. Quando sua mãe diz que ele a está fazendo perder tempo, não é para ofendê-la ou para vê-la sofrer. É que, além de sermos seus pais, temos mais experiência de vida. Amamos você mais do que qualquer pessoa e só queremos que seja feliz. Vou contar-lhe algo que você certamente não sabe. Quando seu irmão esteve aqui, você o apresentou para Roberto. Lembra-se disso?

— Sim, ele nos surpreendeu no Labirinto. Foi assim que ele conheceu Roberto.

— Ele não chegou de surpresa, ele sabia que os encontraria lá. Júnior investigou a vida desse moço, e Roberto não é o que diz ser. A família dele tem um passado de falcatruas, corrupção e negócios escusos. Júnior nos pediu para vir vê-la e tentar alertá-la sobre esse homem.

Ana Maria, que ouvia a conversa de longe, aproximou-se e abraçou a filha.

— Ana, faça um teste. Se não acredita em nós, diga a ele que está grávida e observe a reação desse homem. Tenho certeza de que ele lhe pedirá para fazer um aborto.

— Mamãe, não posso falar sobre gravidez, pois Roberto é muito cuidadoso. Sempre que estamos juntos, ele faz questão de usar camisinha. Se eu disser que estou grávida, é capaz de Roberto me bater, de me acusar de tê-lo traído. Não posso fazer isso.

— Então, precisamos descobrir uma forma de lhe provar o que estamos falando. Eu gostaria que você acreditasse no que dizemos e simplesmente o deixasse.

— Mamãe, eu vou pensar. Roberto sempre foge quando falo sobre vivermos juntos, e acho que ele não assume nada comigo por causa de uma médica aqui de Rovena.

Aproveitando que a filha estava mais calma, Antero deu-lhe um beijo na testa e disse:

— Ana, não vamos nos precipitar. Estaremos aqui com você e apoiaremos a decisão que tomar, seja ela qual for. Eu e sua mãe queremos sua felicidade, está bem assim?

— Obrigada, papai. Vou pensar em tudo o que me disseram. Vai ser bom tê-los aqui comigo.

— Mesmo eu fazendo minhas críticas? Seja sincera.

— Mamãe, sei que esse é o seu jeito. Não nego que isso me aborreça, mas a amo e estou muito feliz que esteja aqui.

Mãe e filha abraçaram-se e ficaram conversando sobre a vida e sobre os moradores de Rovena que eles pretendiam visitar enquanto estivessem na cidade.

***

Wanda e Ângela terminaram de almoçar.

— Você está triste. Sente saudades do Henrique? — Ângela perguntou.

— Não vou mentir para você... sinto falta dele. Quando o motoboy me disse que iria levar uns documentos para o senhor Jairo em Rovena, eu me lembrei dele.

— Jairo?

— Sim, Jairo é o dono da construtora onde trabalho. Jairo Nogueira. O que houve? Parece que viu um fantasma.

— Lembra que falei de um rapaz por quem me apaixonei e que eu o havia deixado porque ele queria apenas me usar?

— Não me diga que é o senhor Jairo!

— Só pode ser. Não é possível que existam duas pessoas com o mesmo nome e que sejam donas de construtoras com o mesmo sobrenome.

— Você tem razão, é praticamente impossível. Eu não o conheci ainda. Todos falam muito bem dele. Dizem que ele perdeu um grande amor e por isso não se casou. Vive sozinho, mas é uma pessoa gentil, educada. Todos gostam muito dele.

— Jairo perdeu um grande amor? Duvido! As mulheres nunca significaram nada para ele.

— Você já imaginou que esse "grande amor" pode ser você?

— Wanda, não comece. Você é romântica, sonhadora, mas eu não. Tenho os pés bem plantados no chão.

— Pois é, mas você também não se ligou a nenhum outro homem, não foi?

— Sim, foi. E o que tem isso?

— Nada, Ângela, nada. Como você disse, "eu sou a sonhadora".

— Vamos mudar de assunto. Que tal assistirmos a um filme? Peguei dois ontem na locadora. Enquanto eu lavo os pratos, escolha um.

— Está bem. Não quer ajuda com a louça?

— Não, fique sossegada.

— Está bem, a louça do jantar fica por sua conta.

CAPÍTULO 15

— Bom dia, Raul.

— Bom dia, Marta. Como está Henrique?

— Ele dormiu bem, não teve pesadelos. Estou indo vê-lo.

— Me disseram que o plantão foi calmo.

— Sim, tive apenas alguns atendimentos de rotina.

— Vou com você ver Henrique e talvez lhe dê alta hoje.

— Então vamos.

Quando chegaram ao quarto, Marta percebeu que Henrique não estava com o aspecto do dia anterior.

— Bom dia, Henrique. Como passou a noite?

— Dormi bem essa noite. Acho que não incomodei ninguém como você disse que eu havia feito. Mudaram os medicamentos?

Marta respondeu:

— Não. Você tomou apenas a medicação prescrita.

— Quando poderei ir para casa?

Raul respondeu:

— Talvez hoje mesmo. Vou examiná-lo na hora do curativo e, se estiver tudo bem, lhe darei alta.

— Você vai engessar meu braço?

— Sim, mas primeiro preciso ver como estão os pontos onde o corte foi feito. Seu tratamento é delicado. Você pode ter uma infecção. Tenha um pouco de paciência.

— Está bem, doutor, não lhe darei trabalho. Marta, posso falar com você um instante?

— Já estou de saída. Bom dia para todos — despediu-se Raul.

— Raul, falo com você antes de ir para casa.

— Está bem, estarei em meu consultório.

— Henrique, você queria falar comigo?

— Sim. Você disse que eu delirei e chamei por Wanda. Você sabe o que eu disse?

— Não, pois não fui eu quem ouviu, foram as enfermeiras. E elas apenas me disseram que você chamou por essa moça umas duas vezes. O trabalho no centro cirúrgico e na recuperação é muito corrido, e não temos funcionários suficientes para acompanhar os pacientes.

— Lá vem você me acusando.

— Não o estou acusando de nada; estou apenas lhe contando o que aconteceu. Ontem, tentei falar com você sobre essa moça, e você me disse que eu estava mentindo, que não havia dito nada, mas agora quer saber o que houve. Confesso que não o entendo. Se me disser quem é ela, talvez eu possa ajudá-lo.

Nesse momento, ouviram bater à porta. Marta abriu e ficou surpresa ao ver Roberto no hospital tão cedo.

— Bom dia, doutora Marta. Henrique, meu amigo! Como você está?

— Louco para sair daqui e voltar para a prefeitura. Tenho muito a fazer e ficar preso aqui está me matando.

— Doutora Marta, por que não dá alta ao seu irmão? — perguntou Roberto.

— Porque ele não é meu paciente. E, se me dão licença, eu vou para casa pois trabalhei a noite toda. Até logo.

Marta saiu sem esperar resposta e seguiu para o consultório de Raul:

— Marta? O que houve?

— Aquele insuportável do Roberto! Será que ele não sabe que o hospital tem uma rotina que precisa ser respeitada?

— Ele sabe, mas faz tudo para provocá-la.

— Desculpe, doutor Raul. Ele me tira do sério. Eu estava tentando convencer Henrique a me falar sobre a tal Wanda, quando ele chegou.

— Calma, Marta, vou dar alta para seu irmão hoje, e à noite vocês conversam. Talvez no ambiente doméstico tudo fique mais fácil.

— Tomara. A reação que Henrique apresentou hoje foi muito diferente da que observei ontem. Há alguma coisa que não estou conseguindo enxergar.

— Você trabalhou a noite toda e está preocupada com Henrique. Vá descansar. Tenho certeza de que, depois de algumas horas de sono, você se sentirá melhor.

140

— Acho que você tem razão. Vou para casa. Se precisar de mim, sabe que pode me ligar.

— Vá tranquila, Marta. Se eu precisar, tenha certeza de que ligarei para você. Obrigado pela dedicação.

— Não tem de quê. Você sabe que minha vida é meu trabalho.

Quando Marta saiu, Raul ocupou-se com os pacientes que o aguardavam para se consultarem e só pela hora do almoço lembrou-se de Henrique. Ele chamou o enfermeiro do setor e perguntou:

— Você fez o curativo no braço do prefeito?

— Fiz, doutor Raul. Vim chamá-lo, mas o senhor estava ocupado. O doutor Wagner me acompanhou.

— Você sabe onde ele está?

— Está atendendo no consultório dele.

— E como está o prefeito?

— Está bem. Posso fazer um comentário com o senhor?

— Claro, Paulo, diga.

— Eu acho que o prefeito estava preocupado. Ele recebeu uma visita daquele senhor... o Roberto. Esperei ele ficar sozinho para fazer o curativo, pois achei que ele ficaria mais à vontade. Ele estava estranho, com os olhos parados, como se tivesse tomado alguma droga.

— Alguma droga? Ou você quis dizer um medicamento?

— Não, uma droga. O único medicamento que ele está tomando é o antibiótico, que eu mesmo tenho ministrado.

— Estranho, Paulo. Você comentou isso com alguém?

— Sim, com doutor Wagner. Nós estávamos juntos para fazer o curativo.

— Vou falar com doutor Wagner. Não comente isso com ninguém até termos certeza do que está acontecendo, está bem?

— Sim, doutor Raul. Não vou falar com ninguém sobre isso.

Quando Paulo saiu, Raul lembrou-se das palavras de Marta: "A reação que Henrique apresentou hoje foi muito diferente da que observei ontem. Há alguma coisa que não estou conseguindo enxergar".

Raul levantou-se e foi até o consultório de Wagner:

— Wagner, podemos conversar um minuto?

— Sim, já terminei de atender. Vou almoçar. Quer vir comigo?

— Você vai sair do hospital?

— Não, vou almoçar aqui mesmo.

— Então, o acompanho. Só terei tempo para uma refeição rápida, pois alguns pacientes já estão me esperando.

Enquanto caminhavam até o refeitório, Wagner perguntou:

— Raul, você conversou com o enfermeiro Paulo?

— Conversei e falei também com Marta hoje cedo. O que está acontecendo?

— Não sei, mas acho que deveríamos pedir um exame de sangue do nosso paciente. Tem alguma coisa errada.

— Wagner, isso é muito sério.

— Eu sei, por isso acho que devemos fazer o exame e mandar para o laboratório com outro nome. Um nome que só nos dois saibamos. Nunca soube que ele usasse drogas.

— Você tem razão. Será que ele desconfiará de alguma coisa?

— Não sei, mas precisamos ter certeza. Ele pode ter tido aqueles pesadelos por falta da droga.

— Mas ele passou bem a noite. Marta me disse que o viu várias vezes durante a madrugada, e Paulo me disse que notou a diferença no comportamento de Henrique depois que o visitante saiu. É isso!

— Isso o quê?

— O visitante era Roberto!

— Você acha que Roberto está drogando Henrique? É uma acusação muito séria!

— Wagner, raciocine comigo... Quem estava visitando Henrique nos dois plantões anteriores ao de Marta?

— O doutor Jorge.

— Henrique tem tido pesadelos e pela manhã o encontramos sempre com o olhar perdido no vazio. Nos plantões de Marta, ele passa a noite tranquilo. No dia seguinte pela manhã, antes do horário destinado às visitas, Roberto tem vindo ao hospital para vê-lo. Depois que ele sai, Paulo encontra Henrique com aspecto de drogado. Marta acha que tem alguma coisa errada, mas ela disse não conseguir enxergar o problema. No meu lugar, o que você pensaria?

— Sou obrigado a concordar com você, mas o que faremos? Se Henrique for para casa, Roberto estará por perto. Se o mantivermos aqui, levantaremos suspeitas. Me ajude a pensar.

— Temos que conversar com Marta e tirá-lo daqui. Não sabemos que tipo de droga ele tomou nem em que quantidade. Se o mantivermos com o gesso, ele não poderá dirigir e terá alguma dificuldade com o braço. Precisamos encontrar uma forma de inutilizar a droga que ele está tomando e provar-lhe que Roberto e Jorge estão fazendo algo contra ele.

— Raul, você pode demitir o Jorge?

— O que eu diria para a diretoria? Você sabe que ele foi indicado pela mesa diretora. Preciso provar que Jorge está drogando Henrique para poder tirá-lo daqui.

— E se mantivéssemos Henrique aqui e instalássemos uma câmera no quarto dele? Hoje, existem muitos meios de fazer isso. Poderíamos conseguir a autorização com juiz Otávio. O que acha?

— Wagner, sua ideia é ótima, mas não conheço ninguém que faça isso.

— Conhece! Você se esqueceu do Armando! Tenho certeza de que ele teria boa vontade em nos ajudar.

— Você tem razão. Falarei com ele. Quando Jorge estará de plantão?

— Amanhã à noite. Hoje é o plantão do Mário. Pedirei a ele que fique de olho em Henrique.

— Então está bem. Terminarei meu plantão e irei falar com Armando. Se tivermos sorte, pegaremos Jorge em flagrante. Agora, vamos trabalhar, pois há uma fila de pacientes nos esperando.

— Vamos. Raul, você notou que a comida daqui melhorou? O que foi que aconteceu?

— Quando a mãe da doutora Marta esteve aqui para nos ajudar, ela deu uns palpites na cozinha. Parece que deu certo, e o pessoal está ouvindo a nutricionista com mais atenção.

— Acho que deveríamos contratá-la. O tempero estava muito bom.

— Não deixe a Regina ouvi-lo!

***

Armando e Rogério encontraram-se com Jairo no restaurante da Lourdes para almoçar.

Jairo perguntou:

— Então, como foi a reunião?

Armando respondeu:

— Você não vai acreditar. Lembra-se da história que contei ontem sobre a origem de Rovena?

— Sim, o que tem ela?

— Houve um furto de joias da coroa inglesa. Elas foram trazidas para o Brasil e vendidas para alguns homens do exército. Um desses homens foi o tenente André. Os responsáveis por essas peças demoraram a descobrir que elas haviam desaparecido, pois eram muitas, e foram punidos pelo descuido. Alguns oficiais, então, foram encarregados de cuidar das que restaram e encontrar as que tinham desaparecido.

143

Não se tratavam de joias usadas habitualmente; elas estavam guardadas junto com obras de arte e vasos chineses. Enfim, quando começaram a procurá-las, já haviam se passado vários anos. Essas peças não podem ser comercializadas como uma joia comum, pois fazem parte do acervo de um museu, que deseja recompor a coleção. Assim, aqueles dois homens que estão hospedados no hotel vieram para cá para tentar localizá-las. O proprietário do imóvel onde elas forem encontradas será indenizado pelos danos causados na propriedade com a procura e pela entrega das peças.

— Vou lhe fazer uma pergunta, mas acho que já sei a resposta. Elas podem estar em seu terreno?

— Sim. Mas podem estar também no terreno da Igreja ou em qualquer lugar. Quando a igreja foi transferida para outro local, os corpos que ali estão enterrados não foram removidos. Se o hospital fosse construído naquele terreno, o cemitério ficaria protegido.

— Por isso a Igreja doou o terreno?

Foi a vez de Rogério responder:

— Aparentemente sim. As joias que deveriam estar enterradas com o corpo de Rovena, de certa forma, estavam sob a responsabilidade da Igreja, uma vez que a jovem estava no convento. É por isso que precisamos conversar com o padre Antônio e questioná-lo sobre isso. Por que não mudaram o cemitério ou transferiram quem estava enterrado lá para o cemitério local?

Jairo perguntou:

— Armando, e por quê o seu terreno?

— Porque alguém pode ter tirado as joias do caixão de Rovena, num momento em que ela foi deixada sozinha, e escondido essas peças em meu terreno para depois vir buscá-las.

— Meu Deus, que história! E o que nós faremos?

— Nada, meu amigo. Por enquanto nada.

— Armando, o interesse de Roberto pelo terreno é comercial ou ele sabe das joias?

— Rogério, talvez ele conheça a história das joias, pois, segundo Marta, todas as avós desta cidade contaram essa história para os netos. E nosso amigo namora uma moça daqui.

— Você a conhece?

— Eu a vi de relance um dia desses. Sei que ela trabalha na prefeitura e é um caso antigo de Roberto. Ao que parece, ele não tem um relacionamento estável com ela. Se precisar de mais informações sobre isso, converse com Ivan, pois o garoto sabe de tudo o que acontece nesta cidade.

Jairo concordou:

— Nisso você tem razão. O garoto é uma ótima fonte de informações. Só espero que ele não seja um leva e trás, pois senão estaremos perdidos.

Armando disse:

— Eu também espero. Ah! Nosso almoço. Bom apetite, senhores.

Rogério e Jairo responderam ao mesmo tempo:

— Bom apetite.

***

Quando retornaram ao hotel, Ivan avisou aos três homens que padre Antônio chegara e que havia um recado de Raul para Armando, que preferiu telefonar para o médico antes de conversar com padre Antônio.

— Raul? É Armando. Tudo bem?

— Oi, Armando, tudo bem. E com você?

— Tudo bem. Você queria falar comigo?

— Quero, mas precisa ser pessoalmente. Posso passar por aí no fim da tarde?

— Pode. Quer jantar conosco?

— Não, obrigado. Precisa conversar a sós com você.

— Agora, você me deixou preocupado. Aconteceu alguma coisa com Marta?

— Não, ela trabalhou a noite toda, deve estar em casa descansando. Eu preciso de um favor pessoal, mas o assunto tem de ficar entre nós.

— Está bem. Pode vir aqui a hora que quiser, pois não sairei do hotel.

— Ótimo, passarei por aí no final do meu plantão.

— Estarei esperando.

— Obrigado, Armando. Até mais tarde.

***

Armando, Jairo, Rogério e padre Antônio reuniram-se no salão do hotel. Armando contou-lhe sobre os imóveis, porém omitiu a história das joias.

— Padre Antônio, o senhor sabia sobre o cemitério?

— Não, Armando, fui encarregado de fazer essa doação, porque moro em São Paulo e estou próximo a Rovena. Agora, o que você está

145

me dizendo é muito grave. A igreja não poderia ter se mudado e deixado o cemitério abandonado.

— Por que a igreja se mudou?

— O que me informaram é que era uma igreja pequena, do século passado, e que decidiram construir uma nova. Os moradores até ajudaram nessa construção. Demoliram a igreja velha, e o terreno ficou lá, aguardando que nele fosse construído um prédio qualquer. Não sei o que lhe dizer. Quanto ao cemitério, acho que teremos dificuldade de saber o que houve. De qualquer forma, amanhã vou procurar o pároco daqui e vou me informar sobre o que aconteceu. Vocês não falaram com ele?

Armando respondeu:

— Não, padre Antônio, ficamos sabendo disso hoje. Ainda bem que não foram feitas escavações no terreno da igreja. Já pensou no susto que os operários teriam levado?

— E quanto ao seu terreno?

— O que tem ele?

— A documentação está em ordem. Ninguém tomou posse dele?

— Não. O doutor Otávio, que é o juiz daqui e conhecia meu pai, pagou os impostos do terreno. Ele conhecia a história da minha família e sabia que a propriedade me pertencia. Eu pretendo ajudar a doutora Marta na construção do hospital.

— Meu filho, tentarei ajudá-lo no que for possível. Você me acompanharia à igreja amanhã cedo?

— Claro, padre. Irei com o senhor.

Enquanto conversavam, Raul chegou ao hotel e pediu a Ivan que fosse chamar Armando. Pouco depois, os dois homens se encontraram:

— Doutor Raul, como vai?

— Armando, já lhe disse que não precisamos dessa formalidade de doutor. Eu vou bem. E você?

— Muito bem. Quer ir até o salão?

— Não, minha conversa com você precisa ser reservada. Será que podemos ir ao seu quarto?

— Claro, Raul. Venha.

Os dois homens subiram ao quarto de Armando.

— Pronto, agora me diga o que está acontecendo.

— Eu e doutor Wagner achamos que doutor Jorge está drogando Henrique a mando de Roberto. Marta acha que tem alguma coisa errada, mas não conseguiu descobrir o que é. Vou lhe contar em detalhes, e você me dará sua opinião.

Raul contou a conversa que tivera com Wagner, e Armando disse:

146

— Mas esse Roberto é pior do que eu imaginava! Sei como conseguir o que você precisa.

— Acha que o custo sairá muito alto? Não gostaria de onerar o hospital e nem de contar o que pretendo fazer a eles. Jorge tem amigos na direção.

— Consigo obter por um bom preço. Peça a autorização do doutor Otávio e deixe o equipamento por minha conta. Tenho como mandar instalá-lo, e você terá as imagens que deseja.

— Obrigado, Armando. Você vai comentar com seus amigos? Não gostaria que isso se espalhasse. Marta ainda não sabe.

— Talvez não devêssemos contar a ela agora, mas acho que Marta precisa ser a primeira a saber do resultado. Ela tem muita raiva do Roberto e pode descontrolar-se. Conversarei com ela. Hoje Marta fará plantão?

— Não, pois trabalhou a noite passada. Ela me disse que iria descansar hoje, mas soube que foi ao ambulatório regional.

— Essa Marta não tem jeito mesmo. Fique sossegado, Raul, conseguirei o que você precisa.

— Obrigado, Armando. Sabia que podia contar com você.

— Não precisa me agradecer. Farei o que puder para ajudá-los.

— Obrigado, até amanhã.

— Até amanhã, Raul.

Depois que Raul saiu, Armando ligou para o escritório:

— Ronaldo? É Armando.

— Oi, Armando. Como vão as férias?

— Vão bem.

— Vão bem? Então por que está me ligando? De que precisa?

— Ronaldo, não preciso dizer que é absolutamente confidencial, preciso?

— Não se preocupe com isso, você conhece meu trabalho.

— Preciso de um equipamento de filmagem, que deverá ser instalado em um quarto de hospital aqui na cidade onde estou. Poderia me mandar alguém aqui amanhã para fazer a instalação? Os custos são por minha conta.

— Deve ser algo muito sério. Vou pessoalmente fazer a instalação. Como chego aí?

Depois de explicar para Ronaldo como chegar a Rovena, Armando disse que o esperaria à entrada da cidade, pois assim evitaria que ele se perdesse.

Quando Armando retornou ao salão, os amigos olharam-no com ar preocupado. Rogério perguntou:

147

— Aconteceu alguma coisa?

— Preciso fazer um favor para o doutor Raul amanhã. Poderia acompanhar o padre Antônio em meu lugar?

— Claro, Armando! A que horas o senhor quer ir à igreja, padre?

— Podemos ir às 8 horas, pois assim converso com padre Augusto depois da missa.

Armando disse a Jairo:

— Por favor, vá ao terreno e coordene o trabalho de limpeza. Gostaria que eles terminassem o corte do mato com mais rapidez. Assim que estiver tudo pronto, começaremos o outro processo.

— Fique sossegado. Cuidarei de tudo para você.

CAPÍTULO 16

Na manhã seguinte, Armando encontrou Ronaldo e, os dois foram ao hospital onde Raul já os esperava.

— Venham, vamos ao meu consultório.

— Raul, este é Ronaldo. Ele trabalha conosco na perfuração de poços de petróleo e é especialista em câmeras.

— Muito prazer. Espero que o sistema seja fácil de usar.

— É muito simples. Preciso saber em que ângulo você quer filmar. A câmera grava tudo, durante o período que determinarmos. Depois, é só colocar esse cabo, ligar a um computador e ter as imagens de que precisa.

— Quanto tempo de gravação ela suporta?

— Esta aqui grava até quarenta e oito horas. Depois, é necessário retirá-la e baixar as imagens.

— Quarenta e oito horas serão suficientes. Se meu palpite estiver certo, hoje mesmo teremos as imagens de que precisamos. De quanto tempo você precisa para instalá-la?

— De meia hora.

— Ótimo! Vou pedir que levem o paciente para tirar uma radiografia para que você possa instalar a câmera.

Raul saiu do consultório e pediu a Wagner que levasse Henrique para fazer uma radiografia e o mantivesse lá por cerca de quarenta minutos. Depois, levou Ronaldo para o quarto de Henrique e pediu a Armando que não saísse do consultório para não levantar suspeitas.

No quarto de Henrique, Ronaldo rapidamente instalou a câmera e explicou a Raul como ele deveria desligá-la e retirá-la do local onde fora instalada. Quando voltaram ao consultório, Raul perguntou:

— Armando, alguém entrou aqui?

— Não, Raul, ninguém esteve aqui.

— Ótimo.

Quando saíram do consultório, Armando disse:

— Obrigado por atender meu amigo, Raul.

— Não tem de quê. Se cuide. Seu caso não é grave, mas tome os remédios corretamente.

Nesse momento, Marta, que vinha entrando, se surpreendeu ao ver Armando e um rapaz desconhecido acompanhando-o.

— Bom dia, Armando. Aconteceu alguma coisa?

— Vim trazer Ronaldo para o Raul examinar. Não é nada sério.

— Por que não falou comigo?

— Não quis incomodá-la. Será que podíamos almoçar juntos? Precisamos conversar.

— Posso ligar para você mais tarde? Talvez só possamos nos encontrar à noite.

— Então, jantaremos juntos! Preciso conversar com você.

Aproximando-se de Marta, Armando sussurrou:

— Preciso lhe contar o que está acontecendo.

Marta respondeu:

— Seu amigo poderia aguardar um pouquinho aqui? Assim, podíamos ir até meu consultório.

— Ronaldo, você aguarda só um minuto?

— Fique sossegado, Armando. Não sairei daqui.

Chegando ao consultório, Marta perguntou:

— O que está acontecendo?

— Primeiro me dê um beijo, e depois lhe conto.

— Você não tem jeito. Estou no meu trabalho, não...

Armando não a deixou terminar a frase e, depois de dar um longo beijo em Marta, disse:

— Estou ajudando Raul numa pequena investigação. Não comente isso com ninguém, por favor, pois poderemos perder todo o nosso trabalho. Assim que estivermos juntos, eu lhe explico tudo. Por favor, confie em mim.

— Está bem, Armando, não vou falar com ninguém. Fique tranquilo. Agora, eu preciso que me deixe trabalhar, pois contei seis pacientes lá fora.

— Eu já vou. Até a noite, amor.

— Até. Bom dia para você.

150

***

Rogério e padre Antônio chegaram à paróquia da cidade para conversar com o padre Augusto.

— Bom dia, padre Augusto, como tem passado?

— Muito bem, padre Antônio, com a graça de Deus. E o senhor como vai?

— Vou bem, meu amigo, graças a Deus. Este aqui é o doutor Rogério, amigo e advogado que está nos ajudando na liberação do projeto para construir o hospital.

— Muito prazer, doutor Rogério.

— O prazer é meu, padre Augusto. E não precisa me chamar de doutor.

— Está bem, meu filho. Entrem! Em que posso ajudá-los?

Padre Antônio relatou a história da igreja que fora demolida e indagou ao padre Augusto o porquê de o cemitério não ter sido transferido para outro local.

Padre Augusto disse:

— Cheguei aqui há mais ou menos dez anos. Conversando com o povo daqui, fiquei sabendo da lenda de Rovena e da demolição da igreja velha, porém, ninguém comentou sobre o cemitério. Isso para mim é novidade.

— Padre Augusto, deve haver nos documentos da igreja alguma anotação ou ordem para que a igreja velha fosse demolida e os túmulos transferidos para o cemitério local.

— Vocês sabem quantas pessoas estão enterradas na igreja?

Foi Rogério quem respondeu:

— A informação não é confirmada, mas soubemos que padres e freiras que viviam aqui eram enterrados nesse local. Na época havia um padre e cinco ou seis freiras.

— E por que vocês estão procurando isso agora? A igreja foi demolida em meados de 1960. Por que esse interesse?

— Porque Roma doou o terreno para a construção de um hospital, e o proprietário do terreno ao lado do nosso está empenhado em ajudar nesse projeto. Você conhece o prefeito daqui e sabe que ele está indo em direção contrária à necessidade da cidade.

— É, padre Antônio... esse moço, o Henrique, tem se mostrado um péssimo prefeito.

— Por outro lado, foi bom não terem feito escavações nesse terreno. Já imaginou o que teria acontecido se os operários encontrassem ossos humanos?

— Meu Deus! Nem quero pensar. Eles iriam tomar um grande susto e, se não fossem bem orientados, sairiam dali falando pela cidade toda. Teríamos, enfim, muito a explicar.

— Então, meu bom amigo, é por isso que precisamos de sua ajuda. Estou hospedado na cidade e posso ajudá-lo nessa busca enquanto estiver aqui. Rogério, você se importaria de voltar sozinho para o hotel e vir me buscar no fim da tarde?

— De forma alguma, padre Antônio.

— Então, padre Augusto, podemos trabalhar nisso?

— Claro, padre Antônio, pode contar comigo. Iniciaremos agora mesmo a procura.

— Ótimo, precisamos nos apressar.

Rogério despediu-se e comprometeu-se a voltar às 18 horas para levar padre Antônio de volta ao hotel.

Saindo da igreja, Rogério observou uma cena que o deixou intrigado. Roberto e uma moça discutiam perto do local onde ele estacionara o carro. Querendo saber o que estava acontecendo, Rogério aproximou-se da banca de jornal e ficou olhando revistas. Roberto e a moça falavam em voz alta:

— Eu não quero conhecer seus pais. Já lhe disse que não quero me amarrar a ninguém. Não sei por que insiste nesse assunto.

— Roberto, estamos juntos há três anos! É natural que meus pais queiram conhecê-lo, e nunca cobrei nada de você. Eles estão preocupados comigo. Será que não consegue entender isso? É só um jantar para meus pais ficarem tranquilos. Depois, eles irão embora e pronto! Nossa vida voltará ao normal.

— Que vida, Ana? Não tenho vida nenhuma com você. Nunca tive intenção de me ligar a você e sempre deixei isso bem claro. E quer saber? Já chega! Não quero vê-la mais. Acabou, Ana! Entendeu? Acabou!

— Mas Roberto, eu...

— Chega, Ana! Não faça cena, por favor. Vá para sua casa e fique com seus pais. Eu mesmo mando abonar suas faltas na prefeitura. Agora, por favor, me deixe em paz. Adeus.

Roberto saiu de perto da moça, entrou no carro e arrancou em velocidade. Rogério ficou olhando para ver qual seria a reação de Ana, que não conseguia se mover. Ela apenas olhava para a direção que Roberto seguira. Preocupado, Rogério aproximou-se e perguntou:

— Senhorita, você está bem? Se quiser, posso ajudá-la.

Olhando para Rogério, Ana respondeu:

— Não, não preciso de nada.

— Está de carro? Posso levá-la para casa. Você não me parece em condições de dirigir.

— Você ouviu a conversa?

— Desculpe-me, mas vocês estavam gritando. Todas as pessoas que passavam por aqui ouviram.

Ana tentou mover-se, mas perdeu o equilíbrio e teria caído se Rogério não a tivesse segurado.

— Por favor, venha comigo. Há um café aqui perto. Lá, você pode descansar um pouco e, se preferir, posso chamar alguém para vir buscá-la.

— Não quero nada, já lhe disse. Você não sabe nada sobre mim, eu não o conheço.

— Isso não importa agora. Não vou deixá-la sozinha. Ouvi o que aquele idiota lhe disse e você me parece em estado de choque.

Ao ouvir essas palavras, Ana Lúcia não se conteve e começou a chorar. Rogério amparou-a e conduziu-a a um café próximo à igreja. Ele ajudou a moça a sentar-se e pediu ao garçom que trouxesse água e café. O jovem atendeu-os prontamente e disse que poderiam ficar à vontade, pois naquele horário havia pouco movimento no estabelecimento.

Quando Ana Lúcia se acalmou, a moça olhou para Rogério e disse:

— Você deve me achar uma idiota.

— Não, idiota é o Roberto, aquele sujeitinho cretino.

— Por que está falando assim? Você o conhece?

— Conheço e sei das barbaridades que ele vem fazendo aqui e em outros lugares.

— Desculpe, mas ainda não sei seu nome.

— Eu me chamo Rogério. E você?

— Ana Lúcia. Não deveria lhe dizer isso, mas estou precisando falar com alguém.

— Fique à vontade. Sou advogado, então, o que você me disser ficará apenas entre nós.

— Advogados são como padres?

— Geralmente. Ouvimos nossos clientes e depois decidimos com eles o que deve ou não ser divulgado.

— Me apaixonei por Roberto. Ele era carinhoso, gentil, mas, de uns tempos para cá, se tornou agressivo. Ele briga por qualquer coisa e faz cenas. Meus pais vieram de Belo Horizonte preocupados comigo.

Eu pedi a ele que fosse jantar conosco apenas para que meus pais o conhecessem, mas Roberto fez aquela cena e terminou nosso romance. Agora não sei o que fazer. Como direi aos meus pais que terminamos o relacionamento por causa deles?

— Ana, se me permite opinar, não diga isso a eles. Agora você está nervosa e triste... Diga apenas que tiveram uma briga e que você precisa descansar. Não acredito que eles tenham culpa pelo que aconteceu. Provavelmente, Roberto já estava com a intenção de romper o romance e aproveitou a oportunidade. Apenas isso.

— Não consigo pensar assim dele.

— É porque você não o conhece como eu. Você está melhor?

— Estou me sentindo horrível e devo estar horrível, depois de ter chorado como chorei.

— Você não está horrível. Apenas com os olhos inchados e com um risquinho preto bem aqui.

Rogério passou o dedo delicadamente no rosto de Ana para retirar o borrão na maquiagem que as lágrimas deixaram no rosto da moça.

— Vou levá-la para casa. Descanse e, amanhã, se você quiser, voltamos a nos falar. Eu estou hospedado no Hotel dos Monges e devo ficar em Rovena por mais alguns dias. Seu carro está por aqui?

— Não. Deixei meu carro com meu pai. Ele e mamãe queriam visitar alguns amigos. Vou aceitar sua carona. Muito obrigada por me ajudar. Não tenho muitos amigos nesta cidade.

— Bem, agora você tem pelo menos um amigo: eu. Vamos?

— Vamos. Não sei como lhe agradecer.

— Você não precisa me agradecer. Cuide-se e esqueça aquele idiota. Ele não merece suas lágrimas. No começo pode ser difícil, mas você vai conseguir. E lembre-se de que pode contar comigo.

— Obrigada, Rogério.

— Vamos. Meu carro está aqui perto.

Saindo do café, Rogério segurou no braço de Ana Lúcia e levou-a até seu carro. Depois de deixá-la em casa, ele voltou ao hotel pensando que gostaria muito de vê-la novamente.

Às 18 horas, Rogério retornou à igreja para encontrar-se com padre Antônio. Lá chegando, encontrou os dois padres em meio a uma pilha de livros e a caixas de documentos. Curioso, ele perguntou:

— Padre Antônio, vocês encontraram alguma coisa?

— Rogério! Não o ouvi chegar. Nossa! Já são seis horas! Não senti o tempo passar.

— Vocês ficaram aqui o dia todo?

— Só paramos para fazer um lanche. Encontramos alguns documentos daquela época, e a secretária está limpando-os para que possamos manuseá-los. São documentos antigos. Alguns livros estão com as folhas rasgadas, e o cheiro de mofo é muito forte.

Padre Augusto disse:

— Antônio, vá para o hotel. Hoje, não poderemos fazer mais nada, pois preciso me preparar para a missa das 19 horas. Acredito que amanhã conseguiremos lidar melhor com esses documentos. Pedirei a Rosária que deixe essas caixas abertas. Acredito que amanhã o cheiro estará melhor.

— Está bem, Augusto. Vou para o hotel tomar um banho e volto para participar da missa com você. Rogério, posso abusar e pedir que me traga de volta?

— Não se preocupe com isso, padre Antônio. Eu o trarei com o maior prazer. Vou aproveitar para assistir à missa. Faz tempo que não vou à igreja.

— Obrigado, meu filho. Até logo, Augusto.

— Até logo, Antônio.

Saindo da igreja, padre Antônio comentou:

— Não sabia que você era católico.

— Sou, padre. Quando eu era criança, minha mãe me levava à missa todos os domingos. Com o passar do tempo, fui perdendo esse hábito. Cheguei a acompanhá-la algumas vezes à missa, mas, depois que ela faleceu, nunca mais fui a uma igreja.

— Isso não é bom, meu filho. Precisamos seguir uma religião. Acreditar em Deus.

— Não perdi a fé em Deus, padre; perdi a fé nos homens. Costumo rezar e peço ajuda a Ele, quando estou com algum problema. Não faço mais aquelas orações, como rezar o terço, mas converso com Ele e peço que me guie e oriente para que eu faça o melhor em meu trabalho.

— E como se sente depois dessa conversa com Deus?

— Geralmente, me sinto calmo. Respiro fundo e agradeço todos os dias a Deus por tudo o que Ele tem me dado. E não agradeço apenas pelas coisas materiais, porque essas eu consigo com meu trabalho. Agradeço pela minha saúde, pelas minhas filhas, pelos meus amigos. O senhor acha que Ele me escuta ou é loucura minha?

— Meu filho, Deus escuta a todos nós. Muitas vezes, nós fazemos pedidos e queremos ser atendidos imediatamente, mas, quando isso não acontece, reclamamos e achamos que Deus não existe ou que não olha por nós. O tempo de Deus é diferente do nosso. Somos atendidos quando merecemos. Precisamos confiar. Confiar sempre. O merecimento não é um prêmio, assim como a demora em conseguirmos alguma coisa não é um castigo. São os desígnios de Deus! Quando sabemos compreendê-lo, ouvi-lo e aceitá-lo, percebemos que o mundo à nossa volta fica melhor. Nós nos sentimos fortes e dispostos a enfrentar tudo o que a vida nos apresenta. Quando nos revoltamos, praguejamos, reclamamos de tudo o que está nos acontecendo, é como se fechássemos nossos ouvidos a Ele. Não o escutamos e perdemos a oportunidade de ver tudo de bom que a vida nos oferece.

— Padre, foi muito bom conversar com o senhor. Suas palavras foram uma lição para mim. Obrigado.

— Não tem de quê, meu filho. Sempre que quiser conversar, saiba que estou às suas ordens.

Quando chegaram ao hotel, combinaram de se encontrarem depois, na recepção. Rogério foi procurar Armando e Jairo e encontrou-os tomando café no salão do hotel.

Rogério foi o primeiro a falar:

— Meus amigos, vou à missa com o padre Antônio. Gostariam de nos acompanhar?

Jairo respondeu:

— Eu irei com você. Faz tanto tempo que não entro em uma igreja!

— E você Armando? Virá conosco?

— Não, Rogério. Fiquei de me encontrar com Marta assim que ela deixasse o plantão, o que deverá acontecer, salvo algum imprevisto, em meia hora. Você passou o dia na igreja?

— Não, deixei os dois padres trabalhando e, quando fui pegar meu carro, presenciei uma briga entre Roberto e a namorada, Ana Lúcia.

Armando perguntou:

— Você ficou assistindo aos dois brigarem? E desde quando você é bisbilhoteiro?

— Rapaz, não sei o que houve. Não conseguia sair dali, mas foi bom que isso tivesse acontecido, pois ele a deixou arrasada. Eu, então, a amparei. Nós fomos àquele café perto da igreja e conversamos.

Olhando para Jairo, Armando disse:

— Já vi tudo.

Jairo respondeu:

— Concordo com você. Rogério, você percebe o que fez?

— Não fiz nada de mais. Amparei uma jovem que havia sido dispensada com todas as letras pelo namorado. Ele falava tão alto que todas as pessoas que estavam na rua pararam para ouvir o que estava acontecendo.

156

Jairo disse:

— Meu Deus! Pobre garota. Mas, ao se meter com um cara como ele, ela já devia estar preparada para passar por uma situação dessas.

— Jairo, ela estava ou ainda está apaixonada por ele. O sujeito não teve o menor tato. E tudo porque os pais da moça estão na cidade e queriam conhecê-lo.

Armando virou-se para Rogério e comentou:

— Por tudo o que sabemos sobre esse Roberto, acredito que ele já estivesse cansado da moça e usou esse argumento para terminar o relacionamento. Só não fique muito empolgado em ajudá-la, pois Roberto pode querer voltar com ela se perceber que você está interessado.

— Eu sei, você tem toda razão. Ela é muito bonita. Acredito que valha a pena conhecê-la, mas vou deixar o tempo correr. Quem sabe o que me aguarda o futuro.

Jairo concordou:

— É, quem sabe.

Padre Antônio entrou no salão e, depois de cumprimentar os amigos, disse a Rogério:

— Estou pronto, vamos.

— Vamos! Jairo também irá conosco.

— Ótimo! Não quer vir também, Armando?

— Não, padre. Expliquei a Rogério que estou esperando Marta. Outro dia, eu os acompanho.

— Muito bem, meu filho. Até mais tarde.

— Até logo, amigos.

157

CAPÍTULO 17

Na igreja, antes do início da celebração, padre Augusto apresentou padre Antônio às pessoas presentes explicando por que ele participaria da missa. A leitura do evangelho foi sobre o filho pródigo. Na homilia, padre Augusto explicou:

— Jesus falava aos seus seguidores por meio de parábolas. O filho pródigo, que retorna à casa dos pais, representa todos aqueles que retornam às suas origens. Representa aqueles que passam anos sem vir à casa do Senhor, mas que, no momento em que decidem assistir a uma missa com o coração aberto, prestam atenção nas leituras, procuram entender as mensagens que elas transmitem, comportando-se como o filho pródigo que retorna à casa do pai. A casa do Senhor está sempre de portas abertas para receber seus filhos. Nela, eles sempre encontrarão amparo e proteção.

Padre Augusto fez uma breve pausa e continuou:

— Alguns vêm até aqui em busca de alimento para o corpo ou de dinheiro para voltarem às suas cidades de origem. Outros pedem conselhos ou simplesmente precisam de alguém que os escute. Nós, os representantes da Igreja, estamos sempre aqui e ajudamos as pessoas dentro de nossas possibilidades. Alguns se revoltam porque não podemos dar o dinheiro da passagem, achando que temos a obrigação de fazê-lo. Outros, quando são ajudados, se esquecem de ajudar os mais necessitados. Ajudar o próximo não é apenas lhe dar um trocado. Muitas vezes, a melhor ajuda é mostrar a ele o caminho da verdade, da vida, e ampará-lo espiritualmente para que se encontre e trilhe o caminho do bem. Quando retiramos o véu da ilusão dos olhos do próximo, nós o ajudamos a se reencontrar com a vida, a alegria e a paz, e este é o ensinamento do nosso Senhor Jesus Cristo.

Rogério e Jairo entreolharam-se e sorriram um para o outro. Em seus pensamentos, vieram as imagens do que estavam fazendo ali em Rovena e cada um se lembrou das pessoas próximas a si. Terminada a missa, Jairo disse:

— Rogério, fazia muito tempo que não assistia a uma missa. As palavras do padre Augusto me tocaram profundamente. Sabe... por um momento, vi o rosto de Ângela na minha frente. Será que, se eu for procurá-la, ela me receberá?

— Confesso que também fiquei tocado com as palavras do padre Augusto. Não esperava encontrar aqui um padre que explicasse tão bem e com tanta calma um dos trechos do evangelho. Bem... acho que você deve procurá-la sim. Mesmo que ela se recuse a ouvi-lo, você deve ir até ela. Você se sentirá melhor. Essa dor está guardada há muito tempo dentro de você.

— Eu não sei se é dor, mas tenho certeza de que é uma culpa que me acompanha há muitos anos. Você não sabe como me arrependo de tê-la perdido. Minha vida não tem graça. Me dedico ao trabalho vinte e quatro horas por dia, tento ocupar ao máximo meu cérebro, mas, quando vejo um casal namorando ou uma época especial como o Natal chega, não consigo deixar de pensar nela.

— Então, meu amigo, vá em frente. Nosso trabalho aqui está terminando. Tire uma folga e vá procurá-la. Quem sabe não terá uma boa surpresa? Você sabe onde ela trabalha?

— Sei. Verei se consigo falar com ela por telefone e marcar um encontro. Me sinto meio infantil quando penso nisso... Sabe? Sinto uma ansiedade de adolescente.

— Jairo, não pense assim. Você amadureceu e ela também. Se Ângela não se casou é porque talvez esteja esperando que você volte. Tente, mas acredite em você. Não vá com ar de desânimo, já achando que vai perder tempo e que ela não vai ouvi-lo. Acredite em si mesmo. Lembre-se das palavras do padre Augusto e retire o véu da ilusão do seu rosto. Encare a vida!

— Obrigado, Rogério, vou falar com o Armando hoje mesmo e amanhã irei a São Paulo. Estou fora da empresa há dias e preciso ver como estão as coisas por lá. Depois, vou procurar Ângela.

Padre Antônio aproximou-se e interrompeu a conversa dos amigos:

— Interrompi a conversa de vocês?

— Estávamos falando sobre a homilia do padre Augusto e sobre o que ela representou para nós.

— É, Rogério, padre Augusto falou muito bem. Seria ótimo se todos prestassem atenção nas palavras ditas nas homilias. Talvez o mundo não estivesse da forma que está. Vocês querem ir para algum lugar? Eu posso ir a pé para o hotel, afinal, ele não é tão longe.

Jairo respondeu:

— De maneira alguma, padre Antônio. Se o senhor não estiver muito cansado, nos acompanhe no jantar, e depois seguimos juntos para o hotel.

— Boa ideia, Jairo, estou com fome. O senhor vem conosco, padre Antônio?

— Vou, meus filhos.

Rogério disse:

— Então, vamos comer no Labirinto. Assim, faremos uma boa refeição em vez de comermos lanches.

Quando chegaram ao restaurante, encontraram Armando e Marta, que os convidaram a se juntarem a eles.

Rogério perguntou:

— Vocês não preferem ficar sozinhos?

Armando respondeu:

— Não, Rogério. Nós estávamos conversando e tomando uma taça de vinho. Nós ainda não pedimos nada. Juntem-se a nós.

Depois que todos se acomodaram à mesa, conversaram sobre o que tinham feito durante o dia e os progressos de cada um. Rogério perguntou a Marta se ela conhecia Ana Lúcia.

— Rogério, eu apenas a conheço de vista. Sei que ela trabalha na prefeitura e namora o Roberto, mas nunca tivemos a oportunidade de conversar. Roberto nunca a levou à minha casa, e eu nunca a vi no hospital. Nos víamos raramente.

Jairo perguntou a Marta:

— Você não está tomando vinho?

— Não, Jairo, pois posso ser chamada a qualquer momento no hospital.

Nesse momento, o telefone da médica tocou, e ela foi informada de que havia uma emergência no hospital. O doutor Mário estava fazendo uma cirurgia, e o doutor Jorge, que deveria estar de plantão, ainda não chegara.

— Desculpem-me, mas preciso ir atender a uma emergência.

Armando perguntou:

160

— Você quer que eu a leve ao hospital?

— Não, Armando. Meu carro está aí fora. Mais tarde, eu ligo para você.

Marta beijou Armando, despediu-se dos outros e saiu rapidamente do restaurante.

Armando disse:

— Esse doutor Jorge! É sempre ele. Sempre se atrasa, não vai ao plantão, e Marta é obrigada a sair correndo e atender a uma emergência qualquer.

Rogério falou:

— Ela lhe disse que seria assim, então, você não deve ficar com raiva. É a profissão que ela escolheu.

— Eu sei disso, mas, se esse doutor Jorge colaborasse, ela não se cansaria tanto. Depois, ele ainda chega ao hospital se achando no direito de criticar o trabalho dela.

Jairo perguntou:

— Raul não faz nada para melhorar isso? Não pode mandá-lo embora?

— Por enquanto não. Jorge foi indicado por um membro da direção do hospital que faz oposição à administração do Raul. É política, Jairo. Pura e simplesmente política.

Padre Antônio disse:

— Armando, tenha fé de que tudo isso logo se resolverá. Vamos jantar. Depois, você dá uma passadinha no hospital para vê-la. Mas tente se acalmar. Nervoso desse jeito, vocês vão acabar brigando.

— O senhor tem razão, padre. Seguirei seu conselho.

Após jantarem, Armando pediu a Rogério que o acompanhasse ao hospital, pois, se a médica fosse passar a noite lá, ele teria a carona do amigo para voltar. Do contrário — e era o que ele desejava — voltaria no carro de Marta.

Quando chegaram ao hospital, os dois se dirigiram à recepção:

— Boa noite. Você poderia me informar se a doutora Marta está ocupada?

— O nome do senhor é...?

— Armando.

— Ah, senhor Armando, desculpe-me! Eu não o reconheci. A doutora Marta está atendendo a um paciente que chegou passando mal, mas acredito que ela logo estará por aqui. Se os senhores quiserem, podem aguardá-la na salinha de espera.

— Você me faz companhia, Rogério?

161

— Claro! Assim aproveitamos para conversar. Quero lhe falar sobre um assunto que está me incomodando.

— Rogério? — Ana Lúcia abordou-o.

— Ana Lúcia! Aconteceu alguma coisa?

— Meus pais foram assistir à missa, e papai passou mal na saída da igreja. A doutora Marta está cuidando dele e mamãe está com ela. Vim para cá assim que ela me telefonou. Me pediram que eu aguardasse nesta sala. E você? O que faz aqui?

— Ah, me desculpe! Este é meu amigo Armando. Estou o acompanhando.

— Muito prazer, Ana Lúcia.

— Igualmente, Armando.

— Seu pai tem algum problema de saúde?

— Não que eu saiba. Ele sempre foi muito forte... Mas, como estou longe deles há alguns anos, não sei se ele estava fazendo algum controle de saúde, afinal, papai está com 62 anos.

Armando disse:

— Fique tranquila. Se Marta está cuidando dele, ele está em ótimas mãos.

— Você é o namorado da doutora Marta?

— Sim. E você deve ser a namorada do Roberto.

— Ex-namorada. Seu amigo presenciou nossa discussão.

Rogério perguntou:

— Como está se sentindo?

— Estou melhor. Depois que você me deixou em casa, eu chorei um pouco, mas minha mãe me acalmou. Conversamos bastante. Meus pais querem que eu volte para Belo Horizonte com eles, mas não quero resolver nada agora.

— Você faz bem. Deixe as coisas esfriarem, pense com calma. Agora, vocês precisam cuidar do seu pai. Não se preocupe com o futuro. Tudo tem seu tempo.

— Você é casado?

— Não, sou divorciado e tenho duas filhas adolescentes. Embora não as veja com a frequência que gostaria, sempre as escuto quando me contam sobre suas vidas, seus namorados, amigos etc.

— Você tem um jeito especial de lidar com as pessoas. Pelo menos senti isso. Foi muito bom conversar com você.

Enquanto Rogério e Ana Lúcia conversavam, Armando os observava. Ele conhecia Rogério muito bem e sabia que o amigo estava se

162

envolvendo com a moça. De repente, Marta entrou na sala e interrompeu a conversa:

— Oi! Vocês estão aqui!

Armando respondeu:

— Chegamos há pouco, e Rogério estava conversando com Ana Lúcia. Vocês já foram apresentadas?

— Não, mas você deve ser a filha do senhor Antero?

— Sim, doutora Marta, sou eu. Como está meu pai?

— Agora ele está bem e passará a noite aqui. Sua mãe o acompanhará. Amanhã, faremos alguns exames mais específicos. Quero que seu pai faça um eletrocardiograma, pois ele me disse que sentiu uma forte dor no peito. Nós o medicamos e controlamos a pressão que estava um pouco alta. Como ele não apresentou outros sintomas que normalmente aparecem quando a pessoa infarta, acredito que o caso de seu pai não seja tão grave, mas, por via das dúvidas, vamos deixá-lo internado em observação. É mais fácil cuidar dele aqui internado do que mandá-lo para casa, e depois vocês precisarem voltar correndo para cá. Você pode vê-lo. Ele está no quarto 212.

— Obrigada, doutora. Irei agora mesmo — e, voltando-se para Rogério, ela agradeceu: — Obrigada pela sua atenção. Suas palavras me ajudaram muito. Até logo, Armando. Até logo, doutora.

— Até amanhã, Ana Lúcia. Estarei aqui logo cedo para ver seu pai.

Depois que Ana Lúcia saiu da sala, Marta olhou para Rogério e para Armando e perguntou:

— Houve alguma coisa entre vocês, Rogério? Essa moça é a namorada do Roberto.

Rogério respondeu:

— Eles tiveram uma briga feia hoje pela manhã, e Roberto terminou o namoro com ela. A discussão foi na rua, e ele falava muito alto. Eu presencie a cena e a socorri. A pobrezinha ficou em estado de choque.

Olhando para Marta, Armando disse:

— A pobrezinha ficou em estado de choque!

Depois, dirigindo-se a Rogério:

— Você vai se meter em confusão. Roberto é um bandido, e você sabe disso.

— Sim, eu sei que Roberto não vale nada, mas acredito que ela não seja como ele. Não vou correr atrás de Ana Lúcia, mas, se algo nos aproximar, não vou deixá-la de lado porque ela namorou Roberto.

— Não é isso que me preocupa. Só acho que, se ele souber que você está interessado em Ana Lúcia, é bem capaz de reatar o namoro e prejudicá-la ainda mais.

— Armando, dou-lhe toda razão. Não vou fazer nenhuma bobagem. Confie em mim, afinal, você me conhece melhor do que ninguém.

— Por isso mesmo estou chamando sua atenção. Cuidado para não estragar sua vida por causa de uma moça que você mal conhece. E você, Marta? Vai ficar por aqui?

— Não, Armando, vou para casa. Você me acompanha?

— Claro. Você vem, Rogério?

— Não, Armando, podem ir. Vou esperar mais um pouco, pois assim posso me despedir de Ana e, se for necessário, posso levá-la para casa também.

— Está bem. Cuide-se, hein?! E não se esqueça de nossas suspeitas sobre Jorge. Ele pode chegar e encontrar você e Ana juntos.

— Fique tranquilo. Vou tomar cuidado.

Marta disse:

— Espere por ela aqui. Eu mesma a avisarei. Roberto costuma vir aqui para ver Henrique, e vocês podem acabar se encontrando pelos corredores.

— Obrigado, doutora.

— Até mais, Rogério.

— Até, Armando.

Marta foi até o quarto de Antero para falar com Ana Lúcia.

— Ana, Rogério a está esperando na sala de espera. Ele gostaria de se despedir. Por favor, tomem cuidado com Roberto, pois ele tem vindo aqui para visitar Henrique. Se ele os encontrar juntos, talvez faça um escândalo.

— Não se preocupe, doutora Marta. Daqui a pouco, falarei com Rogério. A senhora já está indo embora?

— Sim. Se precisarem de mim, o pessoal do hospital manda me avisar. Até amanhã.

— Até amanhã, doutora. E mais uma vez obrigada.

Depois que a médica saiu, Ana Maria perguntou à filha quem era Rogério. Ana Lúcia explicou à mãe como o conhecera e que iria falar com ele antes de ir para casa. Ana Maria perguntou:

— Você vai sozinha para casa ou ele vai acompanhá-la?

— Mamãe, sinceramente, não estou com vontade nenhuma de ir para casa. Não quero ficar lá sozinha.

— Quer ficar com seu pai? Posso ir para casa e voltar amanhã bem cedo. Traria roupas limpas para você ir trabalhar.

— Se a senhora não se importar, mamãe, prefiro ficar aqui. A senhora ficará bem em casa?

— Sim, filha, não se preocupe. Vá se despedir do seu amigo. Quando você voltar, eu vou para casa.

Ana Lúcia foi se encontrar com Rogério e contou-lhe que passaria a noite no hospital. Ele ofereceu-se para acompanhar a mãe de Ana, e ela agradeceu o gesto. Alguns minutos depois, Ana Maria e Rogério saíram do hospital e caminharam até o estacionamento. Quando os dois se aproximaram do carro de Rogério, ele percebeu que dois pneus estavam vazios. Eles se entreolharam, e Ana Maria perguntou:

— Rogério, você conhece esse tal de Roberto?

— Conheço, dona Ana Maria. E ele já deve estar sabendo que ajudei Ana hoje pela manhã.

— O que você vai fazer?

— Vou ligar para o hotel e pedir para alguém vir me buscar. Infelizmente, não poderei acompanhá-la.

— Você está no Hotel dos Monges?

— Sim. A senhora o conhece?

— Sim, vivi muito tempo nesta cidade. Venha. Vamos em meu carro, e amanhã você resolve o que fazer com o seu.

— A senhora não tem receio de ir para casa sozinha?

— Não, meu filho. Comigo não vai acontecer nada, mas gostaria de conversar mais com você. Antero e eu visitamos alguns amigos hoje, e eles nos contaram os problemas da doutora Marta com a construção do novo hospital e falaram também sobre três hóspedes do Hotel dos Monges, que estão se envolvendo com os problemas de nossa cidade.

— Eu vou, mas quero que a senhora me ligue assim que chegar em casa.

— Pode deixar. Anote o número do seu telefone aqui. Assim que chegar em casa, ligo para você.

Os dois saíram do estacionamento em direção ao hotel, enquanto, de longe, Jorge os observava. Ele aguardou ainda alguns minutos no estacionamento e depois se dirigiu à recepção do hospital para informar que chegara e para saber quais pacientes haviam sido internados naquele dia.

***

Na casa de Marta, Armando contou à namorada tudo o que acontecera naquele dia e falou também sobre a câmera que estava instalada no quarto de Henrique.

— Armando, Raul precisa dar alta a Henrique. Não temos motivos para segurá-lo no hospital por mais tempo.

— Se as suspeitas do Raul forem confirmadas, ele dará alta para Henrique, mas precisamos ficar atentos. Jorge trabalha para Roberto, que pode ter mandado o outro dar algum medicamento para Henrique ficar no estado em que estava. Agora, a pergunta é: se eles eram tão amigos, por que Roberto está fazendo isso? Será que Henrique resolveu parar de ajudá-lo?

— Isso eu não sei, mas, depois que você colocou as coisas dessa forma, me recordo de dois momentos em que Henrique tentou me falar alguma coisa e Roberto interrompeu. Acredito que ele ia se abrir comigo. Armando, acho que vou desistir do hospital. Essa construção está mexendo com a vida de tanta gente... Roberto é um cara perigoso e capaz de tudo para conseguir o que quer.

— Não, Marta. Exatamente por isso, não podemos desistir. Há muita gente envolvida nesse projeto. Não podemos abandoná-lo. Redobraremos os cuidados, estaremos sempre próximos e seguiremos em frente. Esse cara não vai nos impedir de construir seu hospital.

— Meu hospital?! Hospital de Rovena! Parece que meu sonho fica cada vez mais distante. Veja! Nós só precisávamos de um projeto, mas agora estamos envolvidos com joias roubadas, cemitério desativado, falcatruas do Roberto e do meu irmão e suspeitas de que estamos sendo seguidos, vigiados e...

Armando não deixou que ela concluísse a frase e beijou-a com paixão. Depois disse:

— E apaixonados. Era isso que você ia dizer, não era?

Abraçada a Armando, Marta respondeu:

— Você sabe que não.

— Então, vou beijá-la novamente, pois assim você começa a pensar um pouco mais em mim e deixa de lado essa cidade.

Dizendo isso, Armando não deixou Marta responder e beijou-a apaixonadamente. Ela, por sua vez, correspondeu ao beijo de Armando da mesma maneira. Depois de algum tempo, ela perguntou:

— Será que conseguiremos sair dessa confusão? Quando poderemos ter alguns dias só para nós?

— Vamos conseguir. Confie em mim. Eu penso muito sobre isso. Se não tivesse insistido em ajudá-la, talvez as coisas não tivessem tomado o rumo que tomaram. Por outro lado, Roberto continuaria aqui usando de subterfúgios para conseguir dinheiro e poder. Ele não é um sujeito honesto, Marta, e acredito que, na hora que Roberto perceber que pode obter tudo isso sem a ajuda de Henrique, seu irmão será posto de lado.

— Posto de lado ou até coisa pior. Mas, se você não tivesse vindo em busca do que é seu, provavelmente não teríamos nos conhecido.

— Você disse bem: vim em busca do que é meu. Você é minha?

Marta respirou fundo e disse:

— Armando, não sou uma coisa, portanto, não sou sua. Ser sua significa que deverei obedecê-lo, acompanhá-lo. Se o sentido for esse, não sou mesmo.

— Você está fugindo do assunto. Estou apaixonado por você e quero viver ao seu lado para sempre. Já lhe disse isso, no entanto, você não diz o que quer de mim. Sua intenção é me fazer sofrer, é?

— Não seja bobo. Eu amo você e já lhe disse isso.

— Vamos falar sério, sem joguinhos. Você quer se casar comigo?

Marta olhou nos olhos de Armando e respondeu:

— Quero me casar com você e de repente descobri que quero ter um filho com você. Minha dúvida, no entanto, é: como será nossa vida juntos? Você não vai abrir mão do seu trabalho, e eu não vou abrir mão do meu. Como poderemos viver juntos?

— Você descobriu hoje que quer ter um filho meu?

— Não, eu nunca pensei em ter filhos por causa do meu trabalho e dos relacionamentos que tive, mas você é diferente, Armando. Você me conquistou no dia em que nos conhecemos. Talvez essa confusão toda esteja acontecendo para nos unir, mas como poderemos ficar juntos?

— Marta, nunca lhe disse que não deixaria meu trabalho. Sou especialista em perfuração de poços de petróleo, mas também sou engenheiro ambiental. Posso trabalhar em outra área. Posso trabalhar na construtora do Jairo e fazer pesquisas de melhoria no meio ambiente desta região. Há tanta coisa a ser melhorada. Meu amor, para ficar perto de você, aceito até trabalhar na delegacia com aquele seu conhecido, não me recordo o nome dele.

Rindo, Marta respondeu:

— Não seja bobo! Se você ficar enterrado aqui em Rovena, vai acabar me odiando.

— Acha que isso será possível? Amo você demais para pensar que um dia poderia odiá-la.

— Quero me casar com você, mas antes gostaria de resolver essa situação que acabamos criando aqui em Rovena. Você concorda?

— Concordo, afinal, não podemos deixar a cidade sem o hospital. E é preciso que essa cidade progrida sem a interferência de Roberto e do seu irmão. Como se sente em relação a Henrique?

— Me sinto péssima. Se pudesse provar o que ele tem feito de errado, o entregaria ao juiz Otávio. Sei que ele está investigando a vida de meu irmão e de Roberto, mas ainda não reuniu provas suficientes para pegá-los. Só espero que, quando isso acontecer, o povo desta cidade não se volte contra mim e minha mãe.

— Eles gostam de você, sabem a diferença, Marta.

— Espero que esteja certo.

— Marta, é melhor eu ir embora... ou você quer que eu fique?

— Gostaria muito que ficasse aqui comigo, mas o que direi amanhã cedo para minha mãe?

— Diga que desmaiei, e você estava cuidando de mim. Não ria de mim!

— Como não rir dessa sua cara? Como vou dizer para mamãe que você desmaiou, Armando? Ela não vai acreditar.

— Então, venha comigo para o hotel.

— Não, pois vamos dar muita munição para essa cidade.

— Então, me prometa que, assim que puder tirar uma folga, passaremos alguns dias juntos.

— Prometo. Vou pedir alguns dias para Raul. Está bem assim?

Armando não respondeu, beijou-a longamente e despediu-se.

— Armando, leve meu carro. Se eu precisar dele, ligo para você.

— Está bem. Tem certeza de que não vou lhe criar problemas?

— Tenho. Mário está no hospital. Se acontecer alguma coisa, falo com ele e espero você chegar.

— Então, está bem. Boa noite, amor.

— Boa noite, Armando. Durma bem.

Armando entrou no carro e, quando acendeu os faróis, notou que havia um automóvel parado próximo à casa de Marta. Ele, então, desceu do veículo e correu para o portão para tentar ver quem era. O motorista, todavia, arrancou em velocidade, e tudo o que Armando pôde ver foi que o carro era um Audi prata com vidros escuros.

Armando saiu da garagem e, antes de seguir para o hotel, certificou-se de que os portões estavam bem fechados e de que não havia ninguém nas redondezas.

Quando chegou ao hotel, Armando foi informado de que Rogério estava esperando para falar com ele. O recepcionista ligou para o quarto de Rogério, que atendeu no primeiro toque.

Aflito, Armando perguntou:

— O que houve? Você me parece apreensivo.

— Fiquei esperando Ana para me despedir. Ela veio falar comigo e disse que dormiria no hospital. Me ofereci, então, para acompanhar a mãe dela até em casa, seguindo-a em meu carro. Quando chegamos ao estacionamento, dois pneus do meu veículo estavam arriados. Ela me trouxe ao hotel, e eu pedi que me ligasse quando chegasse em casa. Ela o fez e disse que estava tudo em ordem lá. O que me preocupou foi ver o tal do doutor Jorge fumando no estacionamento do hospital, enquanto ela manobrava o carro.

— É, Rogério, as coisas estão se complicando. Voltei para o hotel com o carro da Marta e, quando acendi os faróis para sair da garagem, notei que havia um automóvel parado em frente à casa. Saltei do carro e corri para ver se o pegava, mas só consegui distinguir um Audi prata com vidros escuros. Não consegui enxergar quem era o motorista.

— Armando, isso está ficando perigoso. Será que não estamos colocando a vida de Marta e da Ana Lúcia em perigo, além de nossas próprias vidas também?

— Eu estava conversando sobre isso com Marta. Não podemos voltar atrás e deixar esse bandido tomar conta da cidade. Amanhã, vou falar com o doutor Otávio e contar tudo isso a ele. Talvez ele consiga nos ajudar. Agora, vá descansar. Amanhã teremos um dia cheio. Boa noite.

— Você tem razão, vamos dormir. Até amanhã.

CAPÍTULO 18

Armando levantou-se cedo e levou padre Antônio até a paróquia onde padre Augusto já o esperava. Armando disse:

— Posso vir buscá-lo às 17 horas?

— Não se preocupe comigo, Armando. Pretendo terminar o que vim fazer aqui hoje, mesmo que para isso tenha de ficar até tarde na paróquia.

— De qualquer forma, padre, espero uma ligação sua para vir buscá-lo.

— Está bem, meu filho, eu ligo para você. Vá com Deus.

— Obrigado, padre. Até mais tarde.

Antes de ir para o fórum procurar o juiz Otávio, Armando foi até o hospital procurar Raul. Encontrou-o na recepção.

— Bom dia, doutor Raul.

— Bom dia, Armando. Como vai?

— Bem! E você, como está?

— Tudo bem — e, voltando-se para Rita, avisou: — Vou atender Armando agora. Depois, me encaminhe as fichas dos pacientes. Nossa conversa será rápida.

— Também não posso me demorar, doutor, pois preciso levar o carro para Marta.

— Armando, Henrique passou mal novamente e teve pesadelos durante a noite. O médico que o atendeu foi Wagner. Vou dar alta ao prefeito hoje e pedirei a Wagner que o acompanhe até sua casa.

— Isso não vai gerar suspeitas?

— Não. Direi a ele que se trata de uma deferência pelo fato de ser nosso prefeito. Já conversei com Wagner, que concordou. Pedirei a Marta que observe como o irmão se comporta em casa e, assim que ele for embora, mandarei avisá-lo para que possamos retirar a câmera.

— Está bem, Raul. Aguardo um telefonema seu. Agora, vou buscar Marta. Até mais tarde.

— Até logo, Armando.

Quando Armando chegou à casa de Marta, ela já o esperava ao portão.

— Bom dia. Atrasei você?

— Bom dia, amor, não atrasou não. Estou no meu horário, e você? Onde esteve tão cedo?

— Fui levar padre Antônio à paróquia e passei no hospital para falar com Raul. Ele vai dar alta para Henrique. Seu irmão passou mal novamente.

— Por que não me chamaram?

— Raul encarregou Wagner de cuidar do Henrique. Agora, está tudo sob controle. No hospital, ele explicará tudo a você. Você me deixa no hotel?

— Claro!

Enquanto se dirigiam ao hotel, Armando contou a Marta sobre o carro que ele vira parado em frente à casa da médica e pediu-lhe que ficasse atenta, caso alguém a seguisse. Marta respondeu:

— Fique tranquilo, Armando. Durante o dia, há muita gente na cidade. Não temos o que temer. À noite, precisamos ter mais cuidado.

— Está bem, meu amor. Se acontecer qualquer problema, ligue para mim, ok?

— Ligo. Tenha um bom dia.

— Você também. Até mais tarde.

Já no hotel, Armando encontrou Jairo e Rogério no restaurante.

— Posso me ausentar por alguns dias? Preciso ir à construtora e resolver assuntos particulares — Jairo perguntou.

— Jairo, não precisa me pedir autorização. Estou retendo você e Rogério aqui. Por favor, fiquem à vontade para cuidar de seus compromissos.

— Deixarei o projeto do hospital com você. Quer ficar com o dossiê do Roberto?

— Acho melhor fazermos uma cópia do projeto e que você leve o original. Rogério, você está com um ar estranho. O que o está preocupando?

— Aquela moça, a Ana Lúcia. Tem alguma coisa errada naquela cena que eu vi. Ontem, os pneus do meu carro foram furados, e notei a insistência dessa moça em ficar no hospital com o pai. Depois disso,

171

comecei a pensar em tudo o que houve. Acho que há alguma coisa fora do lugar.

— Rogério, não se precipite. Daqui a pouco, devo voltar ao hospital para ver o que a câmera instalada no quarto de Henrique gravou. Podemos ir juntos para lá, pois assim resolvemos o problema do seu carro e descobrimos quem está dando medicamentos ao Henrique.

— Está bem, Armando. Faremos como você sugere. Jairo, você vai para São Paulo hoje pela manhã?

— Vou, Rogério, mas antes tentarei escanear aqueles documentos e os enviarei para você e para Armando. Podem ir resolver seus problemas. Vou pedir a Ivan que feche minha conta. Falo com vocês à noite.

Armando tornou:

— Jairo, não se preocupe conosco. Precisaremos de você quando formos iniciar a construção do hospital, e isso pelo jeito não acontecerá nos próximos dias.

Rogério falou:

— Jairo, pense no que conversamos ontem. Não deixe de ir atrás da mulher que você ama.

— Obrigado, amigos. Manterei contato com vocês diariamente e não hesitem em me chamar. Estou à disposição de vocês.

Rogério e Armando abraçaram Jairo e desejaram-lhe uma boa viagem. Depois, os dois amigos seguiram para o hospital. Armando perguntou:

— Que conversa era aquela entre você e Jairo?

— Rapaz, esta cidade está mexendo com a gente. Estamos ficando sentimentais, melancólicos, saudosos de nossos amores antigos.

— Amores antigos? Melancólicos? Que conversa é essa?

— Eu e Jairo conversamos sobre nosso passado. Você sabia que nosso amigo é apaixonado por uma moça dos tempos de faculdade e está em dúvida se deve procurá-la ou não?

— Por que em dúvida? Ela se casou?

— Não. Quando namoravam, ele ofereceu um apartamento à moça, e ela o deixou. Ela queria um relacionamento sério, e Jairo só percebeu isso quando a moça terminou o namoro com ele. Ele era um garotão, sem responsabilidade, que achava que conquistaria todas as garotas. Ele, no entanto, acabou se dando mal com ela.

— Jairo sabe onde encontrá-la?

— Sim! Ele acompanha a vida dela de longe.

— Que coisa maluca, Rogério! Se vocês não tivessem vindo para cá e tido essa conversa, ele continuaria sozinho.

172

— Para você ver. E dizemos que não temos medo de nada! É só nos apaixonarmos e pronto! Viramos uns tolos.

— Não seja bobo. É muito bom quando encontramos a mulher certa. É muito bom estar apaixonado.

— Você tem razão, mas nem sempre olhamos para a mulher que nos fará feliz.

— Não está falando isso por causa da Ana Lúcia, está?

— Não. Ontem, quando vi a cena entre os dois, lhe confesso que fiquei tocado, pois imaginei minhas filhas passando por aquilo. Depois, quando fiquei sozinho, comecei a pensar em tudo o que aconteceu e não estou convencido de que aquela cena tenha sido verdadeira.

— Vindo daquele sujeito, nada me espanta. Só não imaginava que essa moça também não tivesse caráter. Chegamos. Onde está seu carro?

— Ali atrás. Dá para estacionar ao lado dele.

Nesse momento, Armando e Rogério viram Jorge saindo do hospital. Ele cumprimentou-os com a cabeça, e Armando ficou olhando para ver em que carro ele entraria.

Jorge percebeu que Armando o seguia com os olhos, mas não se importou. O médico entrou em seu carro, um Ford Escort prata, que estava estacionado próximo ao carro de Rogério.

Quando ele saiu, Armando comentou com Rogério:

— Eu tinha certeza de que ele tinha um Audi prata.

— Será que ele não tem dois carros?

— Não sei, Rogério. Vou perguntar a Raul. Não creio que ele tenha um salário que lhe permita ter dois veículos.

— Não se esqueça de nossas suspeitas de que ele trabalha para Roberto.

— É, você tem razão. Venha. Vamos ver o que podemos fazer para arrumar seu carro.

Pouco depois, Rogério e Armando foram procurar Raul no hospital:

— Bom dia, Raul!

— Bom dia, Rogério. Como vai, Armando?

— Como vai, doutor Raul?

— Bem, Rogério, obrigado.

Armando perguntou:

— Henrique ainda está no quarto?

— Não, ele já foi transferido para a ambulância. Acredito que em alguns minutos ele deixará o hospital.

— Como ele está?

— Ele não me pareceu bem, Armando. Fisicamente está bem, mas apresenta um ar abobalhado. O corte cicatrizou, e nós pudemos engessá-lo. Acredito que em casa ele vá se recuperar mais rapidamente.

— Quem vai cuidar dele?

— A dona Cândida.

— Ela sabe de nossas suspeitas?

— Não sei, não pude conversar com a Marta. Mas acredito que ela deva ser alertada. Ninguém estranho pode ter acesso a ele.

— E se nosso suspeito não for um estranho? Se ele for alguém bem conhecido?

Raul suspirou e disse:

— Armando, quero estar errado. Por Deus, como eu quero. Vamos ao meu consultório. Já tirei a câmera do quarto. Rogério, você vem conosco?

— Vou. Também quero ver essas imagens.

Raul mandou chamar Marta e, enquanto a aguardava, posicionou a câmera de forma que pudessem ver as imagens no computador.

Marta entrou na sala, cumprimentou-os e perguntou:

— Quando vocês chegaram, viram Roberto pelos corredores?

Raul devolveu a pergunta:

— Ele esteve aqui?

— Sim, veio ver Henrique e aproveitou para ver o pai de Ana Lúcia.

Armando e Rogério entreolharam-se, atitude que não passou despercebida a Marta:

— Algum problema, Armando?

— Não, Marta. Vamos assistir às imagens e depois conversaremos sobre Roberto.

Raul ligou o equipamento, e a imagem que viram surpreendeu a todos. A imagem mostrava nitidamente Ana Lúcia entrando no quarto de Henrique e colocando uma droga solúvel na jarra de água que estava próxima à cama. Logo depois que ela saiu, uma enfermeira entrou trazendo a medicação que Henrique deveria tomar. Ela acordou-o, entregou-lhe um comprimido e encheu um copo com a água da jarra.

Algum tempo depois, Henrique apareceu no vídeo debatendo-se como se estivesse tendo um pesadelo. Na imagem, a enfermeira entrou no quarto, tentou acalmá-lo, mas não conseguiu. Ela saiu do quarto e, alguns minutos depois, retornou acompanhada do doutor Wagner. Ele, então, aplicou uma injeção em Henrique, que desfaleceu. Os dois acomodaram Henrique sob as cobertas e permaneceram ao lado do prefeito por algum tempo. Quando notaram que ele dormia tranquilamente, saíram do quarto. Durante o resto da filmagem e pelo horário indicado na câmera, perceberam que a enfermeira voltava ao quarto a cada meia hora para ver o paciente.

Nas gravações da manhã, constataram que a enfermeira que acompanhara Henrique durante a noite permanecera no quarto até o doutor Wagner vir buscá-lo para levá-lo para casa. Não havia, contudo, imagem que comprovasse que Roberto estivera no quarto.

Rogério perguntou:

— Aquela jarra ainda está no quarto?

— Está. Mandei trancar o quarto e mantive as chaves comigo.

— Tem como mandar analisar a água? Precisamos saber o que colocaram nela.

— Vamos até o quarto, pois assim vocês mesmos podem pegar uma amostra do conteúdo da jarra. E seria bom olhar no cesto de lixo para ver se o envelope vazio não ficou por lá.

Armando concordou:

— Vamos, não podemos perder tempo. Raul, como Wagner sabia que injeção deveria dar a Henrique para que a crise parasse?

— Nós já havíamos aplicado esse medicamento em Henrique anteriormente. Só Wagner sabia disso, e por esse motivo pedi que ele estivesse aqui ontem à noite. É um calmante. Sua função é apenas fazer a pessoa dormir. Para nossa sorte, esse calmante não reage com a droga que estão ministrando a ele, senão Henrique poderia ter uma parada cardíaca.

— Mas vocês não sabiam como ele estava sendo drogado?

— Tínhamos uma ideia do tipo de medicamento que ele estava tomando, mas imaginamos que estavam apenas trocando um dos comprimidos. Não achamos que a substância estava sendo colocada na água.

Marta falou:

— Então era por isso que Roberto vinha logo cedo para cá. Para jogar a água da jarra fora.

Armando perguntou:

— Por que diz isso?

— Porque nas duas vezes em que encontrei Roberto no quarto do Henrique, notei que a jarra estava vazia. Na hora não me ocorreu nada, porque minhas conversas com Roberto são sempre desagradáveis. Talvez por isso eu não tenha dado importância ao fato.

O grupo entrou no quarto de Henrique e encontrou a jarra com água. Procurou também o envelope do produto utilizado, mas não o encontrou.

Marta deixou-os examinando o quarto que Henrique utilizara e foi ao quarto de Antero. Lá chegando, encontrou-o com aspecto melhor. Ana Lúcia não estava no quarto.

— Como o senhor está se sentindo? — perguntou Marta.

— Ainda estou um pouco tonto, mas me sinto melhor. O que houve comigo?

— O senhor teve um princípio de infarto. Fizemos alguns exames ontem e controlamos sua pressão. Hoje, vou encaminhá-lo para novos exames e, se tudo estiver bem, amanhã o senhor terá alta e poderá ir para casa, mas, terá de fazer repouso, senhor Antero. Com o coração não se brinca.

— Obrigado, doutora. Como é seu nome?

— Marta. O senhor está sozinho?

— Minha filha passou a noite aqui, e o namorado veio buscá-la. Minha mulher deve chegar logo.

— Ótimo, daqui a pouco, um enfermeiro virá ajudá-lo na higiene pessoal e vai acompanhá-lo nos exames que prescreverei.

Marta fingiu tropeçar e derrubou o cesto de lixo. Ela, então, abaixou-se para recolocá-lo no lugar, reclamando que o objeto não deveria estar tão próximo à cama. Nesse momento, o enfermeiro entrou para auxiliar o paciente a tomar banho. Marta esperou que eles entrassem no banheiro e verificou o conteúdo do cesto. Como havia papel picado no fundo, achou melhor levar todo o conteúdo e entregar para Armando.

Quando ela chegou ao quarto de Henrique com o cesto de lixo, Armando perguntou:

— O que você está fazendo? Brincando de detetive?

— Engraçadinho! Tem papel picado aqui, e eu não podia revirar esse lixo na frente do paciente. Ah! Sabe quem esteve aqui para levar Ana Lúcia para casa? O namorado dela, ou seja, Roberto.

Rogério, que ouvira a conversa, disse:

— Acho que tentaram me fazer de bobo.

Armando respondeu:

— Não, Rogério, me ocorreu que eles tentaram usá-lo. Armaram aquela cena toda com intenção de comovê-lo e tentar descobrir o que sabemos sobre ele. Você se lembra da conversa que tiveram?

— Lembro. Eu disse a Ana que ele era um idiota e que o conhecia muito bem. Apenas isso.

— É, Rogério, esse cara é mais perigoso do que nós imaginamos. Será que ele obrigou a garota a ajudá-lo, ou será que ela é como ele?

176

— Não sei, Armando. Tem algo nessa história que não se encaixa. A decepção dela me pareceu verdadeira, mas, quando nos encontramos novamente aqui no hospital, algo havia mudado.

— Achei!

— O que foi, Marta?

— Vejam aqui! Esses pedaços formam o envelope da droga que jogaram na água.

Rogério comentou:

— Ela me disse que eles brigaram, porque Roberto não queria conhecer os pais dela. E hoje ele vem buscá-la e conhece o pai.

Marta perguntou:

— O que faremos? Alguém sabia da câmera?

Raul respondeu:

— Não, nós tomamos todo o cuidado. Não havia ninguém aqui além de mim, do Armando e do técnico.

Rogério perguntou:

— Será que não tem uma escuta aqui? Os delírios do Henrique poderiam ser prejudiciais a Roberto.

Armando e Marta acharam a ideia de Rogério absurda, mas revistaram o quarto procurando algo que pudesse ser um equipamento de escuta. Como não encontraram nada, e ninguém sabia mais o que procurar, Raul abriu o quarto para limpeza. Não podiam demorar-se, porque havia um paciente aguardando internação e não havia outro quarto vago.

Armando deixou o hospital levando consigo uma garrafa com a água da jarra e os papéis encontrados na lixeira. Ele e Rogério decidiram ir conversar com Otávio.

Quando chegaram ao fórum, Rogério falou:

— Aquele carro não é um Audi prata com vidros escuros?

— Só pode ser ele! Vou anotar a placa e falar com o doutor Otávio.

Os dois homens entraram no fórum e pediram à secretária que verificasse se Otávio poderia atendê-los, pois tinham urgência em falar-lhe. Ela voltou e pediu que a acompanhassem.

Otávio cumprimentou os dois homens:

— Armando, Rogério, como estão?

— Com muitos problemas, doutor Otávio. O senhor está ocupado? Podemos esperar lá fora.

— Não, Armando. Quero que conheçam o detetive Horácio Galvão. Armando, ele é o homem do Audi Prata que tem seguido você e a doutora Marta.

Armando e Rogério olharam para o juiz com ar de espanto.

— O que significa isso? Por que ele está nos seguindo? Estive com o senhor na segunda-feira e nada foi dito sobre esse detetive — perguntou Armando.

— Acalme-se, Armando. Sentem-se. Vou lhes explicar o que está acontecendo.

Otávio sentou-se e continuou:

— O detetive Horácio me procurou alguns dias antes de você chegar a Rovena. Ele estava investigando uma denúncia feita por alguns proprietários de imóveis ao Ministério Público de São Paulo. São pessoas que possuíam imóveis, mas que não moravam aqui, como era o caso de seu pai. Essas pessoas perderam seus imóveis em ações de usucapião e só tomaram conhecimento do fato quando foram comunicadas sobre a perda do imóvel. Essas ações foram ajuizadas aqui, mas os proprietários nunca foram localizados.

Armando perguntou:

— Mas o senhor não verificou essas questões antes de autorizar a usucapião?

— Esses processos não caíram em minhas mãos. Estavam com o juiz Moacir Camargo. Ele faleceu no ano passado. Só quando Horácio veio falar comigo, acabei sabendo o que estava acontecendo aqui. Você teve muita sorte de o processo de seu pai cair em minhas mãos, pois poderia ter perdido seu imóvel.

— E esse juiz que morreu?

— Não podemos dizer nada sobre ele. Moacir trabalhava aqui há muito tempo, e, quando faleceu, o judiciário não tinha ninguém para colocar aqui. Mandaram um juiz substituto, que permaneceu aqui por um período de seis meses. Ele achou estranhas algumas decisões do Moacir e pediu minha opinião. E foi assim que começamos a investigar o que estava acontecendo aqui no fórum. Lembra-se do que lhe disse quando conversamos a primeira vez? Que eu estava atrás do prefeito e do tal Roberto de Almeida? Nós estamos tentando provar o envolvimento dos dois nesses processos de usucapião.

Horácio explicou:

— Sei que assustei você algumas vezes, mas meu objetivo era proteger a doutora Marta. Acredito que essas pessoas podem fazer alguma coisa contra ela. Quando vocês começaram a sair juntos, avisei o doutor Otávio que passaria a segui-lo. A intenção era protegê-lo e não levantar suspeitas que alertassem Roberto. Ele é muito perigoso. Tememos que ele perceba nossa movimentação e acabe matando alguém.

— Ele é procurado por assassinato?

— Sim. Ele matou um empregado do pai, que ameaçou denunciá--lo à polícia.

Rogério perguntou:

— E por que esse homem está solto?

— Porque não conseguimos provar que foi ele quem cometeu o crime. Houve um assalto na casa de Roberto, e esse empregado acabou levando um tiro. Fizemos um levantamento e descobrimos que nada foi levado. Aparentemente, ele reagiu ao assalto e atirou por engano no empregado, que, segundo Roberto, deve ter ouvido o barulho dos assaltantes e apareceu de repente. O tiro que matou o empregado saiu de uma arma que estava jogada no jardim e sem impressões digitais. A esposa da vítima contou à polícia que o marido andava estranho, arredio, como se estivesse com medo de que lhe acontecesse alguma coisa. Ela sabia que tinha algo a ver com o patrão, mas não sabia o que era. Depois dessa conversa, soubemos que ela foi embora para o interior e que havia recebido uma indenização do Roberto. Essa mulher, no entanto, não deixou endereço, telefone, nada. Procuramos saber de seu paradeiro com os outros empregados, mas todos afirmaram a mesma coisa: não sabiam para onde ela tinha ido.

"Eu sabia que você ia perceber a presença do Horácio. Pedi a ele que tentasse ser o mais discreto possível, mas mesmo assim você o viu. Ele vai continuar na cidade, e você tornará a vê-lo muitas vezes. Precisamos apenas ter cuidado, pois Roberto é muito esperto. Temo por sua vida e pela vida da Marta. Soubemos que ele queria se casar com ela, mas que ela o recusou."

Armando respondeu:

— Ele engravidou uma amiga da Marta e forçou a moça a fazer um aborto. Se ela não tivesse chegado a tempo, a moça teria morrido. Bem, doutor Otávio, vou passar ao senhor a investigação que fizemos junto com doutor Raul. Nós acreditamos que Roberto está envenenando Henrique. Posso usar seu computador?

— Sim, claro.

Armando mostrou o filme que fizeram no hospital, a garrafa com a amostra da água e o envelope que encontraram no quarto do pai de Ana Lúcia. Rogério falou sobre a briga que Roberto tivera com a namorada e como ele acabara sendo envolvido nessa história.

Horácio disse:

— Podem deixar esse material comigo. Mandarei analisá-lo no laboratório da polícia. Quanto à moça, não tenho nenhuma informação sobre ela. Você sabe o nome completo dessa moça?

— Não, mas é fácil conseguir. Doutor Otávio, posso usar seu telefone?

— Claro, Armando, fique à vontade.

Armando ligou para Marta e pediu-lhe que verificasse o sobrenome de Antero, afirmando que depois explicaria o que estava acontecendo.

Alguns minutos depois, Marta ligou informando o nome dos pais de Ana Lúcia: Ana Maria de Souza Martins e Antero Martins. Não constava no hospital o nome da filha.

Rogério perguntou:

— Acredita que ela esteja envolvida?

Horácio respondeu:

— Preciso investigar. Ela pode ser cúmplice ou uma inocente útil. De qualquer forma, essa moça está sendo envolvida nessa história. Quando nos envolvemos com alguém, precisamos saber quem é esse alguém. Concorda?

— Concordo. Você tem toda razão.

Otávio acrescentou:

— Armando, o equipamento dos funcionários da seguradora chegou. Eles querem começar a procurar as joias amanhã cedo. Você pode acompanhá-los?

— Posso. Eles disseram a que horas querem começar?

— Não, ficaram de falar com você no hotel.

Rogério perguntou:

— Horácio, onde você está hospedado?

— Na casa de uma tia. Ela veio para Rovena depois de se casar. Hoje ela é viúva, mas continua vivendo aqui. Não quer ir para a casa da filha em São Paulo.

— É por isso que não o vemos nos restaurantes daqui?

— Exatamente. Tento aparecer o mínimo possível, para não comprometer minha tia também. Ela não tem medo, diz que Deus a protege, mas tem 70 anos, e não quero que nada lhe aconteça. Se eu estivesse hospedado no hotel, vocês já teriam me visto e meu trabalho teria sido comprometido. Vocês querem saber mais alguma coisa? Caso não queiram, vou levar esse material para o laboratório. Assim que tiver o resultado, entregarei ao doutor Otávio, que entrará em contato com vocês.

Armando perguntou:

— Você vai para São Paulo hoje?

— Exato, voltarei amanhã cedo. Vou trocar de carro para poder acompanhá-lo no trabalho de busca das joias. Se eu ficar com o Audi, serei reconhecido — Horácio tornou.

— Está certo. Sabendo onde você estará, saberei como proceder se alguém estiver me seguindo.

— Você desconfia de mais alguém além do Roberto? — questionou Horácio.

— Desconfio. Há um médico na cidade chamado Jorge Caldeira que tem vigiado Marta. Achei que era ele quem estava nos seguindo.

— Esse doutor Jorge é um informante de Roberto. Nós estamos de olho nele também.

— Nós?

— Sim, nós. Estamos trabalhando para o Ministério Público. Eu estou trabalhando aqui, e detetive Carlos está investigando o passado desse médico. Há duas denúncias contra ele no Conselho Regional de Medicina.

Armando suspirou e disse:

— Meu Deus, quantos problemas! Marta está achando que a insistência dela na construção do hospital foi o que desencadeou tudo isso. Estou começando a achar que ela está com a razão.

Otávio respondeu:

— Armando, de certa forma, foi isso mesmo, mas existem questões que precisam ser esclarecidas. O que aconteceu foi, digamos, uma coincidência. Quando você estiver com Marta, tente acalmá-la. Ela vai precisar ser forte para lidar com o irmão.

— Pode deixar, doutor Otávio, eu cuidarei dela. Bem, vamos, Rogério.

— Vamos.

Armando notou a apatia de Rogério, depois de se despedirem do juiz e do detetive, e perguntou:

— O que houve? Você fez apenas algumas perguntas ao detetive.

— Armando, nós nos conhecemos há muito tempo, e você sabe que, depois do fracasso do meu casamento, nunca me liguei a ninguém. Estou me sentindo um idiota.

— Rogério, o que é isso? Você foi enganado por alguém que sabia o que estava fazendo, e, além disso, não houve nada entre vocês. Apenas uma conversa num café e depois no hospital.

— Eu sei, mas ela me encantou. Fiquei tocado com aquela jovem chorando e sendo maltratada daquele jeito. Não consigo acreditar que ela seja como Roberto.

— Rogério, agora você está exagerando! Ninguém disse que ela é igual a ele. Vamos esperar o resultado do laboratório. Essa moça pode estar sendo usada pelo Roberto. Agora, tente não se envolver e deixe o tempo passar. Se você quiser voltar para São Paulo para relaxar um pouco, fique à vontade. Agora, vão começar a escavar o terreno, e não teremos muita coisa para fazer aqui. Vou ficar por causa da Marta.

— Acho que você está certo. Amanhã, quando terminarem as escavações, irei para o escritório e aproveitarei para ver as meninas.

— Isso mesmo! Ânimo, meu amigo. Vamos almoçar. Essa conversa toda me abriu o apetite.

***

Jairo chegou à construtora à hora do almoço, dirigiu-se à recepção e notou que havia uma nova funcionária:

— Wanda?

— Sim. Em que posso ajudá-lo, senhor?

— Jairo Nogueira, muito prazer.

— Ah! Senhor Jairo, sou a nova recepcionista. O pessoal foi almoçar, e não tem ninguém no escritório.

— Se todo mundo foi almoçar, o que está fazendo aqui?

— Estou esperando uma amiga. Ela me ligou dizendo que iria se atrasar, então resolvi esperá-la aqui dentro.

— Você fez muito bem. Vou deixar essas pastas na minha sala, dar alguns telefonemas e esperar minha secretária. Depois, faço um lanche.

Wanda viu pela janela que Ângela chegara:

— Senhor Jairo, minha amiga chegou. O senhor quer que eu lhe traga alguma coisa?

— Não, Wanda, não precisa se preocupar. Avise ao porteiro que ficarei no escritório.

— Pode deixar. Falarei com ele. Até logo, senhor Jairo.

— Até logo.

Jairo ficou olhando Wanda dirigir-se ao carro da amiga e surpreendeu-se ao perceber que era Ângela quem a estava esperando. Ele resolveu que, quando Wanda retornasse do almoço, a chamaria para uma conversa.

Ângela comentou com Wanda:

— Você demorou para sair. Teve algum problema?

— Não, o senhor Jairo chegou agora e me pediu para dar um recado ao porteiro, por isso demorei. Atrasei você?

— Não, estou com a tarde livre. Tinha algumas horas extras pendentes e vou aproveitar para fazer algumas compras.

Wanda percebeu o rubor da amiga, quando ela falou no nome de Jairo:

— Ângela, você ainda sente alguma coisa por ele?

— Não sei, Wanda. Depois daquela nossa conversa, tenho pensado muito nele, e isso não acontecia há muito tempo. Agora ele vem sempre ao meu pensamento. Por favor, vamos mudar de assunto.

— Está bem. O que pretende comprar?

Uma hora depois, quando Wanda chegou do almoço, havia um recado em sua mesa pedindo que ela comparecesse à sala de Jairo.

— Oi, Rosângela. O senhor Jairo quer falar comigo?

— Oi, Wanda, só um minutinho.

— Senhor Jairo, a Wanda está aqui.

— Pode mandá-la entrar.

Wanda entrou na sala do diretor e discretamente ficou observando o ambiente decorado com simplicidade e bom gosto.

— Sente-se, Wanda, preciso conversar com você sobre um assunto delicado e espero ter total sigilo de sua parte. Se o que conversarmos aqui for divulgado, serei obrigado a demiti-la.

Wanda olhou-o assustada:

— Não se preocupe, senhor Jairo, não costumo fazer comentários com colegas de trabalho.

— Assim espero. Soube que todos estão muito satisfeitos com seu trabalho aqui na construtora e não gostaria de decepcioná-los.

— Fique tranquilo. O que conversarmos aqui ficará aqui.

— Ótimo. Wanda, aquela moça com quem você foi almoçar se chama Ângela Cavalcanti?

— Sim.

— Você pode me contar como se conheceram?

Wanda contou a Jairo sobre seu encontro com Ângela, omitindo a parte referente a Henrique. Depois, perguntou:

— Por que o senhor está me perguntando isso?

— Ela é casada?

— Não. Ela gostou de um rapaz no passado, mas o romance não deu certo. A partir daí, ela preferiu investir na carreira e não se ligou a mais ninguém.

Jairo decidiu, então, contar a Wanda como conhecera Ângela e o que houve entre eles. Disse que sempre buscava informações sobre a ex-namorada, contudo, acreditava que ela tivesse alguém.

183

— Senhor Jairo, vou fazer um comentário, mas, por favor, não tome como certas as minhas palavras. São apenas suposições.

— Diga, Wanda.

— Acho que ela ainda sente alguma coisa pelo senhor, mas não quero lhe dar falsas esperanças. Sempre que toco em seu nome, ela desconversa e pede que eu mude de assunto. Quem sabe se o senhor se encontrar com ela...?

— Você sabe onde ela está?

— Ela está no Shopping Anália Franco, aqui perto. Ela está com a tarde livre. Se o senhor quiser tentar um encontro casual...

— Obrigado, Wanda, não almocei mesmo. Você sabe em qual loja ela está?

— Não, quando ela vai ao *shopping* olha vitrines, para nas livrarias e procura artigos de decoração. O senhor terá de procurá-la, e não posso garantir o sucesso dessa busca.

— Está bem, Wanda. Vou dar uma volta no *shopping*, afinal de contas, preciso almoçar. Obrigado.

— Não tem de quê, senhor Jairo.

Jairo dirigiu-se ao *shopping* e, chegando lá, começou a tentar localizar Ângela. Enquanto caminhava, ia tão preocupado que não percebeu que havia uma rampa para cadeirantes. Ele, então, desequilibrou-se e, ao tentar se apoiar em algo, esbarrou em uma mulher que vinha em sentido contrário.

Percebendo que ia derrubar a moça, Jairo tentou equilibrar-se e abraçou-a para que ela não caísse. Passado o primeiro momento, quando um olhou para o outro, ambos ficaram sem saber o que dizer. Foi Jairo quem primeiro falou:

— Me perdoe! Não vi a rampa, tropecei e, quando tentei me segurar, quase a derrubei.

E olhando fixamente para a moça, ele disse:

— Meu Deus, é você mesma? Ângela?

— Não pode ser! Jairo?

— Sim, sou eu! Meu Deus! Há quanto tempo não nos vemos?! Você está linda!

— Jairo, por favor, você poderia me soltar? Está me machucando.

— Desculpe, deixe-me ajudá-la.

Jairo pegou a bolsa e a sacola que Ângela carregava e perguntou:

— Caiu mais alguma coisa? Ouvi um barulho. Alguma coisa deve ter se quebrado.

Ângela olhou a sacola da loja e tornou:

— Quebrou. Meu vaso está em cacos.

— Venha, Ângela, eu lhe comprarei outro, afinal, foi culpa minha.

— Não se preocupe, era um vaso barato.

Jairo perguntou:

— Quer tomar um café ou um suco? Vim fazer um lanche. Cheguei de viagem na hora do almoço.

— Acho melhor não.

— Ângela, por favor, procurei tanto por você... Se soubesse o quanto sofri com sua partida, com as bobagens que fiz... Por favor, não vá embora agora. Vamos conversar um pouco. Preciso lhe explicar umas coisas, e depois, se você quiser ir embora, não a deterei.

Ângela viu nos olhos de Jairo algo que ela não conhecia.

— Está bem. Vamos procurar um lugar onde possamos conversar. Aqui está muito barulhento.

Eles se sentaram em um café, que, àquela hora, estava praticamente vazio. Depois de certificar-se de que Ângela não se machucara com o esbarrão, começou a contar-lhe tudo pelo que passara nos últimos anos. Falou que a procurara, mas que tinha receio de aproximar-se. Contou-lhe também sobre o trabalho que estava realizando em Rovena e da conversa que tivera com Rogério.

— Sabe, Ângela, depois que você foi embora, percebi o quanto você era importante para mim. Durante todos esses anos, não consegui me ligar a ninguém, porque você não sai do meu pensamento.

— Não se casou?

— Não. Entreguei-me ao trabalho na construtora. Tenho viajado, mas tudo a trabalho. E você? O que tem feito?

— Me formei, consegui um bom emprego e estabilizei minha vida financeira. Não quis me casar. Eu estava apaixonada, e a decepção que você me causou foi muito grande.

— Você acha que podemos recomeçar?

— Não sei, Jairo. Não esperava vê-lo e acabo de descobrir que uma amiga minha está trabalhando em sua construtora.

— Eu sei. É a Wanda. Vi vocês duas saindo na hora do almoço.

— Ela passou por momentos muito difíceis por causa de um homem a quem ela se dedicou e que não a amava. Por que vocês fazem isso? Por que nos dão esperanças e se vão, nos deixando sem explicações ou nos maltratando?

— Ângela, nós não somos como vocês, mulheres, que sobrevivem a todas as tempestades. Nós precisamos nos sentir no comando, mas não temos tanta força. Saber que vocês são mais fortes nos oprime.

Precisamos sempre buscar alguém em quem possamos mandar, alguém que possamos controlar, e, quando isso não acontece, não sabemos o que fazer. Hoje, sei que não preciso controlar, mandar, oprimir, mostrar que sou forte, mas, naquela época, eu era imaturo e queria me mostrar ao mundo. Só me dei conta de minha fragilidade, quando você se foi. Você era minha força. Sem você, sou apenas um homem. Um ser humano como qualquer outro, ou pior até, porque estou sozinho. Não sozinho por viver só, mas sozinho porque minha vida é vazia. Me falta calor, alegria. Me falta por quem viver. E quero viver para você, para fazê-la feliz, e tentar recuperar o tempo que perdemos devido à minha infantilidade. Por favor, me dê uma chance de provar que a amo.

Olhando nos olhos de Jairo, Ângela disse:

— Jairo, só amei um homem durante toda a minha vida. Suas palavras são lindas. São palavras que sempre quis ouvir de você, mas confesso que estou com medo de me envolver e sofrer novamente. Se eu acreditar em tudo isso e você for embora novamente, não sei do que serei capaz. Não sei se possuo toda essa força a que você se refere. Não é fácil cair e levantar sozinha como fiz. Não podia voltar para casa. A vergonha ou talvez o orgulho me impediram de pedir ajuda aos meus pais. Consegui sobreviver, me sustentar, e agora estou aqui diante de você sem saber o que lhe dizer.

— Não tenha pressa. Permita que eu seja um amigo. Estamos separados há muito tempo. Podemos recomeçar sem pressa. Quem sabe eu não consiga reparar tudo o que a fiz sofrer? Me dê uma chance.

— Está bem, mas como amigos por enquanto. Vamos deixar o tempo nos mostrar o que devemos fazer ou que caminho devemos seguir. Está bem assim?

— Faço o que você quiser para vê-la feliz. Obrigado por me entender.

— Não precisa me agradecer. Agora, precisa me ensinar a confiar novamente em você.

— Não se preocupe. Não quero fazer nada que a magoe. Tentarei ser o mais verdadeiro possível, para que volte a confiar em mim e me permita amá-la para sempre.

Jairo segurou as mãos de Ângela, e os dois continuaram a conversar sem sentir o tempo passar.

CAPÍTULO 19

— Doutor Otávio, o vice-prefeito está aqui. Ele tem urgência em falar com o senhor.

— Agora? Mande-o entrar.

— Doutor Otávio, boa tarde. Desculpe-me o adiantado da hora, mas tenho urgência em lhe falar.

— Acalme-se, André. Você parece aflito.

— E estou, pois o que tenho para lhe contar é muito grave.

— Estamos no fim do expediente. Você se importa de irmos até minha casa? Assim, poderemos conversar mais abertamente.

— Não, doutor Otávio, de forma alguma. Conversaremos onde o senhor achar melhor.

— Ótimo!

André Gouveia era o vice-prefeito de Rovena e estava sempre à margem dos negócios da prefeitura. Henrique tomava decisões sem consultá-lo, e ele, acreditando que o prefeito estava trabalhando pelo bem da cidade, não questionava suas atitudes. Enquanto aguardava o juiz, André pensava: "Meu Deus, como pude me deixar levar pelo Henrique? E agora? Espero que Otávio possa me ajudar. Não sei a quem recorrer". A voz do juiz assustou-o:

— Vamos, André? Você está com seu carro?

— Ah! Desculpe-me, estava distraído. Estou de carro sim.

— Então, vamos! Vou pegar o meu no estacionamento e o encontro na saída do fórum.

Chegando à sua casa, Otávio levou André para o escritório e perguntou:

— Gostaria de tomar um café, André?

— Não, doutor. Obrigado.

— Então, me conte o que houve.

— Doutor Otávio, o senhor sabe que me candidatei à vice do Henrique em consideração à amizade que tinha pelo pai dele.

— Sim, todos em Rovena sabem disso.

— Deixei Henrique trabalhar sem supervisionar o que ele fazia, acreditando que ele fosse honesto como o pai. Nesse período em que Henrique ficou afastado da prefeitura, ocupei o lugar dele e pude verificar alguns documentos que estavam parados em sua mesa. Há pedidos de desapropriação de imóveis por valores inferiores ao que valem em favor de Roberto de Almeida, há despesas com viagens sem autorização da Câmara, há pedido de abertura de concorrência para obras que, com certeza, não serão realizadas. Chamei o responsável pelas contas da prefeitura, e ele me disse que era normal Henrique apresentar essas despesas. Resolvi fazer uma reunião com os responsáveis pelos setores de compras, financeiro, contratos e recursos humanos e estou estarrecido com o que ouvi. Fiz um relatório com documentos que comprovam o mau uso do dinheiro público pelo nosso prefeito e preciso que o senhor dê uma olhada nessa papelada e me ajude a tomar uma decisão sobre isso.

— É, meu amigo, o que você está me contando não é novidade. Eu tinha certeza de que Henrique estava usando o dinheiro público para favorecer a si e a Roberto de Almeida; só não tinha provas.

— O que faremos?

— Temos duas alternativas: a primeira é falar com ele e pedir que deixe o cargo por livre e espontânea vontade, devolvendo aos cofres públicos o que tirou, e a segunda é entregar esses documentos aos vereadores e ao promotor para que ele seja cobrado por tudo o que está nesse relatório e por outras falcatruas que venham a ser descobertas, afinal, ele está no segundo mandato.

— Soube que Henrique não está bem de saúde. Tem tido visões, delírios. Sabe como ele está?

— Agora, ele está bem. Foi para casa essa manhã, e em breve poderemos falar com ele.

— A mãe e a irmã sabem algo sobre o que ele tem feito?

— Não. Elas suspeitam, mas não têm provas. Você pode deixar esses documentos comigo para que eu possa analisá-los? — pediu Otávio.

— Claro, pode ficar com eles. Tenho uma cópia em meu escritório.

— Muita gente sabe que você tem esse relatório e veio me trazer uma cópia?

— Apenas as pessoas que me entregaram os documentos. Elas, no entanto, não sabem que fiz esse relatório nem que o traria para o senhor.

— Ótimo. Se alguém perguntar sobre eles, diga apenas que você os está analisando. Continue seu trabalho na prefeitura, mas impeça novas licitações. Segure as obras que entender que devem ser barradas e tome muito cuidado. Roberto de Almeida é um homem perigoso. Estamos tentando pegá-lo, mas não sabemos do que ele é capaz.

— Você acredita que Henrique tenha sido usado por ele?

— André, ninguém é "usado". Se Henrique fez tudo o que você apurou por influência do Roberto, ainda assim terá de arcar com as consequências de seus atos. Quem se deixa usar para obter vantagens é tão errado quanto quem é mandante. Não existem inocentes nessa história.

— Se ele não abrir mão do cargo, essa sujeira toda vai envolver a mim e a família dele.

— É bem possível. Você, com toda certeza, pois é o vice-prefeito. Quanto à família dele, tudo vai depender do que ela sabe e da posição que vai tomar em relação a Henrique. Marta é contra o irmão, mas não sei o que Cândida fará. Não acredito que ela fique do lado do filho, pois é uma pessoa muito correta.

— Bem, vamos ver o que acontecerá. Aguardo notícias suas.

— Falo com você ainda esta semana. Tente não demonstrar tanta aflição para que os funcionários da prefeitura não desconfiem de nada. Roberto pode ter colocado pessoas da confiança dele trabalhando lá.

— O senhor tem razão. Vou conversar com Ricardo do RH, pois confio nele. Vou levantar informações sobre as pessoas que estão trabalhando no município e que foram indicadas por Roberto ou por Henrique. Há muitos cargos comissionados.

— Faça o que achar melhor, mas tenha cuidado.

— Não se preocupe, doutor Otávio. Depois de suas explicações e sabendo que posso contar com sua ajuda, fico mais tranquilo. Manterei o senhor a par do que está acontecendo na prefeitura. Até logo.

— Até logo, André. Vou acompanhá-lo até a porta.

Depois que André saiu, o juiz ligou para o detetive Horácio e pediu-lhe que fosse à sua casa. Precisavam conversar com urgência.

***

Na casa do prefeito, Roberto tentava visitar o amigo:

— Dona Cândida, não estou entendendo. Por que não posso ver Henrique?

— Você pode vê-lo, Roberto, mas não agora. Ele tomou uma medicação forte e está dormindo. Por favor, não insista. Amanhã, ele estará melhor, e você poderá vê-lo.

— Está bem, dona Cândida. Me desculpe se fui inconveniente. Telefono amanhã para saber como ele está e se posso visitá-lo.

— Obrigada, Roberto. Espero que amanhã ele esteja melhor, pois é horrível vê-lo delirando. Até logo.

— Até logo, dona Cândida. Lembranças a Marta.

— Serão dadas, obrigada.

Roberto saiu satisfeito da casa de Henrique. Não desejava descobrir como estava a saúde do amigo, mas verificar se ele estava sedado. Precisava mantê-lo sob sedação para que tudo permanecesse sob seu controle. Henrique estava ficando fraco e desejava contar a verdade para Marta, e isso seria o fim para os dois. Contando com o fato de que o parceiro nos negócios estava fora da prefeitura, Roberto imaginava poder influenciar André, o vice-prefeito. Recebera informações de que ele estava fazendo perguntas sobre os atos do prefeito e precisava acalmá-lo para que seus interesses não fossem prejudicados. Sabia que André não estava bem financeiramente. Ele havia feito aplicações na bolsa de valores, perdido um bom dinheiro, e sua esposa não estava bem de saúde. Roberto pretendia usar esse argumento para controlar André. Iria oferecer-lhe o melhor tratamento para ela e tinha certeza de que o vice-prefeito aceitaria.

Envolvido nesses pensamentos, Roberto dirigiu-se para a casa de Ana Lúcia.

— Sentiu minha falta?

— Estou preocupada, Roberto.

— Com o quê?

— Com o que fizemos com Henrique. Você me disse que aquele remédio não lhe faria mal, mas não foi o que aconteceu. Ele começou a gritar, e houve muita correria no hospital por causa dele. Tem certeza de que ninguém me acusará de nada?

— Tenho. Não confia em mim? Não falei que, se fizéssemos um escândalo perto daquele advogado, ele iria cuidar de você? Então, o que me diz?

— Você está certo. Ele acreditou naquela briga, mas meus pais estão desconfiados. Primeiro, você se recusou a vir aqui. Depois, nós brigamos, e você foi me buscar no hospital. Minha mãe é muito esperta.

— Quem precisa cuidar dela é você. Já lhe disse que não quero me envolver com sua família. Se insistir, termino de verdade nosso relacionamento.

— Está bem, Roberto, não vou mais tocar nesse assunto. Você vai ficar comigo esta noite?

— Seus pais não estão com você?

— Não. Aquela médica não liberou o papai, pois está esperando o resultado dos exames. Mamãe vai passar a noite com ele.

— Hum! Então vou ficar com você, mas não vou passar a noite.

— Ah, meu amor, fique comigo. Não quero passar a noite sozinha.

— Ana, não insista. Você sabe que gosto de dormir sozinho.

Roberto beijou Ana com paixão e a conduziu para o quarto, pensando em como era fácil manejá-la. Conseguia dela o que queria. Por que não era assim com Marta?

— Marta?!

— O que você disse?

— Você me chamou de Marta?!

— Enlouqueceu, Ana! Por que eu a chamaria de Marta?

— Roberto, não brinque comigo! Você não sabe do que sou capaz.

Roberto começou a acariciar Ana Lúcia e atender a seus desejos para fazê-la esquecer-se de que ele trocara seu nome.

Quando percebeu que Ana Lúcia dormia tranquilamente, levantou-se bem devagar, vestiu-se e foi embora.

Distraído, pensando na falha que cometera chamando-a de Marta, Roberto entrou em seu carro sem perceber um Audi prata parado próximo à casa de Ana Lúcia.

***

Marta chegou em casa tarde. Beijou a mãe, e juntas foram ver Henrique:

— Mamãe, como ele passou o dia?

— Dormiu praticamente o dia todo. Eu o acordei para que ele fizesse as refeições, mas ele comeu pouco. Que medicação deram a ele?

— Não sabemos ainda. A medicação foi colocada na água que ele estava bebendo. A polícia está investigando o caso. A única certeza que temos no momento é de que a medicação ministrada no hospital vai fazê-lo dormir muito.

— A vida dele corre perigo?

— Não, mamãe, fique sossegada. Ele delirou ou disse alguma coisa?

— Não. Passou o dia assim como você está vendo.

— Ótimo, é bom que ele descanse. A cirurgia do braço foi bem-feita, e ele não terá problemas. Agora, precisamos esperá-lo acordar e conversaremos sobre o que houve. Venha! Vamos deixá-lo dormir.

Quando foram para a sala, Cândida disse:

— Marta, Roberto esteve aqui e queria ver Henrique de qualquer jeito. Eu não o deixei subir. Disse que Henrique estava dormindo e que não teria como conversarem.

— Mamãe, por favor, mantenha isso. Roberto não pode ter contato com Henrique, pois pode envenená-lo. Esse homem é muito perigoso.

— Não vou deixar. Quando penso no que ele poderia ter feito ao meu filho. Henrique não sabe de nada?

— Não, mamãe. Ele tentou falar comigo duas vezes, mas Roberto o impediu. Precisamos ter muito cuidado. Se precisar, manterei Henrique sedado para que ele não saia de casa e não se encontre com Roberto. Quer que eu contrate alguém para ajudá-la?

— Não, filha. Não precisa. Maria José vem todo dia, por isso não preciso me preocupar com a casa. Além disso, ela é uma pessoa de extrema confiança.

— Mesmo assim, mamãe. Se precisar sair, me avise. Não podemos deixar Henrique sozinho.

— Fique tranquila. Cuidarei bem do seu irmão. E você? Quer jantar?

— Quero, mamãe. Poderia, por favor, preparar alguma coisa para eu comer? Vou tomar um banho e já desço para jantar.

Depois do jantar, Marta telefonou para Armando:

— Boa noite, amor.

— Boa noite! Como foi seu dia?

— A correria de sempre! Pacientes demais, leitos de menos, falta de medicamentos e a preocupação com você e Henrique. E como foi seu dia?

— Foi cansativo. Preciso conversar com você, mas não quero fazê-lo por telefone. Tem um tempo para mim amanhã?

— Tenho. Amanhã, meu plantão será à noite.

— Ótimo. Amanhã, os pesquisadores iniciarão o trabalho no terreno da igreja. Você vai comigo?

— Vou. Me pega aqui em casa?

— Claro! Estarei aí às oito horas. Tudo bem assim?

— Tudo. Estou curiosa para ver o que irão encontrar. Meu amor, vou desligar, pois preciso dormir, senão não estarei em pé quando você chegar.

— Hum! Está me dispensando assim, com essa pressa toda?

— Não o estou dispensando! Não seja bobo. Estou em pé desde as seis horas da manhã. Faltam quinze minutos para a meia-noite, e não tenho força para manter meus olhos abertos.

— Está bem, vou desculpá-la. Boa noite amor, um beijo.

— Um beijo, Armando. Até amanhã.

Armando desligou o telefone e ficou pensando em Marta e em como ela mudara sua vida. Ele, que sempre tentava não se ligar a mulher nenhuma para poder trabalhar nos poços de petróleo, estava abrindo mão de tudo para ficar com Marta. E ela não podia abrir mão de nada para ficar com ele. Assim, pensava: "Meu Deus, isso deve ser castigo! Quando encontro a mulher da minha vida, não posso ficar com ela por causa de trabalho. Tinha de me apaixonar por uma médica dedicada como ela?". Com esse pensamento, Armando acabou adormecendo e sonhou com uma jovem que lhe dizia: "Lucan, me ajude! Preciso de você! Pegue minha joia. Não a deixe longe de mim. Não me separe dela novamente. Lucan, só você pode me ajudar!".

Armando acordou assustado com o sonho. Alguém gritava seu nome, e ele já tivera aquele sonho. Esforçando-se, lembrou que existia uma jovem, cuja aparência era difícil de visualizar. Ela estava envolta em uma nuvem que se dissipava e a fazia se distanciar dele. Lembrou-se da história de Rovena e da escavação que seria feita no dia seguinte e pensou nas descobertas que padre Antônio fizera.

Ele levantou-se para beber água, sentou-se na poltrona que havia no quarto e acabou por adormecer. Acordou com a claridade da manhã. Consultou a hora e viu que poderia dormir mais um pouco, deitou-se sabendo que em breve o telefone tocaria para acordá-lo.

Armando chegou à casa de Marta antes do horário combinado, foi Cândida quem lhe abriu a porta:

— Bom dia, Armando. Entre.

— Bom dia, dona Cândida. Como vai?

— Vou bem, obrigada. Venha tomar café conosco.

— Obrigado. Bom dia, Marta.

— Bom dia. Você está bem?

— Estou, mas tive uma noite péssima e um sonho estranho.

— Conte-nos, quem sabe você vai se sentir melhor.

Armando contou-lhes o sonho, e Cândida disse:

— Vocês vão escavar o terreno da igreja. Já sabem se existem corpos enterrados lá?

— Existem, dona Cândida. Quando a igreja foi demolida, foram encontrados os restos mortais de dez pessoas enterradas no cemitério. Fizeram uma transferência simbólica. Ninguém quis desenterrar os mortos. Segundo o padre Antônio, as pessoas tinham medo de remover dali os caixões, então puseram os nomes na parede do ossuário e deixaram os ossos no cemitério da igreja.

Marta perguntou:

— Medo?

— É filha, medo. Tem muita gente supersticiosa, que acredita que não se deve mexer nos ossos daqueles que se foram. Se esse comportamento existe hoje, imagine uns sessenta ou setenta anos atrás?

— Sua mãe tem razão. Os pesquisadores usarão equipamentos ultramodernos para procurar o lugar onde estão os caixões. Não serão feitos

193

buracos desnecessários no terreno. Padre Antônio conversou com uma pessoa da funerária e pediu que ele levasse as caixas que se usam para guardar os ossos. Depois, ele e padre Augusto rezarão uma missa, e todos serão enterrados no local que foi destinado pela administração do cemitério e por padre Augusto. Quem vai trabalhar já foi orientado que tudo tem de ser feito com muito cuidado e sem brincadeira. É preciso respeitar o trabalho que será realizado.

— Acho isso estranho. Nunca pensei nesse ritual.

— Marta, existe energia em tudo. Não sou estudioso desse assunto nem acredito que existam fantasmas, mas não devemos brincar com quem morreu. Acredito que exista vida após a morte. No cemitério, só há os ossos de quem se foi, todavia, não é um local onde se deva contar piadas.

— Você tem razão quando fala que existe energia em tudo. Não me lembrava disso. Estou tão habituada ao meu trabalho que não consigo enxergar nada além do real, do visível, do que pode ser tocado. Precisamos falar mais sobre isso e talvez estudar um pouco as energias que existem na natureza. Quando nos esquecemos delas, ficamos endurecidos, e os sentimentos ficam esquecidos.

Cândida, que apenas ouvia, disse:

— Os antigos, as pessoas do tempo da minha avó, diziam que não se deve mexer com os mortos. O que é deles lhes pertence. Essas joias foram dadas a Rovena, e talvez seja por isso que ela esteja lhe pedindo ajuda. Talvez ela não queira se separar das joias.

— Mamãe, acho que a senhora está enganada. Me ocorreu um pensamento... Armando, você sabe se os corpos que serão desenterrados são todos de adultos?

— Sim, são de freiras e padres. Por quê?

— Onde está enterrado o filho dela? Alguém procurou saber? Talvez ela queira ficar junto dele. Pela história de Rovena, não acredito que ela quisesse tanto essas joias.

Armando respondeu:

— Acho que você tem razão. Vamos buscar o padre Antônio e no caminho conversaremos com ele. Tenho certeza de que não havia nenhum documento sobre uma criança nos papéis que ele me mostrou.

— Mamãe, vou acompanhar Armando. Não se descuide do Henrique.

— Vá tranquila, minha filha. Cuidarei de Henrique e, se eu precisar de alguma coisa, ligarei para você.

CAPÍTULO 20

Armando e Marta foram ao hotel buscar Rogério e padre Antônio e, chegando lá, foram informados de que os pesquisadores já tinham ido ao terreno com o equipamento para escavação. No caminho, Armando comentou com o padre sobre o local onde fora enterrado o filho de Rovena.

Armando perguntou:

— O senhor não acha que, em vez de colocar os ossos de Rovena no ossuário, deveríamos enterrá-los junto ao filho dela?

— Não sei. Será que existe um túmulo no cemitério com o corpo dessa criança?

— Não custa nada verificarmos. Vamos ao terreno da igreja. Vamos tentar encontrar esse túmulo.

Rogério, que não estava entendendo o interesse de Armando naquilo, perguntou:

— Quer que eu faça alguma coisa para você?

— Quero, Rogério. Chegando lá, lhe explicarei.

Chegando ao terreno da igreja, encontraram padre Augusto conversando com os escavadores. Enquanto padre Antônio falava com eles, Armando contou a Rogério sobre o sonho que tivera e pediu-lhe que fosse ao cemitério verificar se havia algum túmulo da criança de Rovena.

— Por que está tão preocupado com isso?

— Porque nos sonhos que tive uma mulher me pede para não separá-la de sua joia. Eu conversei sobre esses sonhos com Marta e sobre a possibilidade de que essa mulher seja Rovena. Rogério, desde que cheguei ao Brasil e comecei a cuidar dos bens do papai, tenho tido esses pesadelos. Marta acredita que a joia que Rovena procura seja um filho e não colares e brincos.

— Acho tudo isso estranho. Por que não falou sobre isso no caminho?

— Porque não sei como falar disso com padre Antônio. Agora, por favor, faça o que pedi.

— Pode deixar, Armando. Irei até o cemitério tentar descobrir o que houve.

— Ótimo. Quando você voltar, irei até você para saber o que aconteceu.

— Fique tranquilo. Qualquer dificuldade, digo apenas que está tudo mais ou menos, e você já saberá que precisamos conversar em particular.

— Perfeito. Obrigado, Rogério.

— Até mais. Se precisar do carro, me ligue.

Assim, Rogério foi ao cemitério sem saber direito como falar sobre o assunto. Chegando lá, foi atendido por um senhor de nome Lucas.

— Senhor Lucas, preciso de sua ajuda. O senhor conhece a história de Rovena?

— Sim. Todos em Rovena conhecem a história da moça. O que quer saber?

— O filho dela foi enterrado aqui?

— Hum, não sei... Você é a primeira pessoa que me faz essa pergunta. Mas por que o interesse?

— O senhor soube que hoje serão desenterrados os restos mortais que estão no cemitério da igreja e que eles serão trazidos para cá?

— Sim, serão colocados no ossuário — tornou Lucas.

— Então, conhecendo a história de Rovena, nós achamos que ela deveria ser enterrada junto com o filho, o senhor não acha?

— Mas não sei se essa criança foi enterrada aqui. Preciso olhar nos documentos antigos, e isso vai ser trabalhoso.

— Não tenho nada para fazer hoje e posso ajudá-lo. Vamos procurar, então? — Rogério sugeriu.

— Você não vai mudar de ideia?

— De jeito nenhum.

— Então, está bem! Venha! Os documentos do cemitério estão guardados nessa sala.

Quando Lucas abriu a sala, Rogério espantou-se com o que viu. Os documentos estavam organizados em caixas de papelão, arquivados em ordem cronológica e aparentemente estavam bem conservados. Lucas perguntou:

— Você não esperava encontrar um arquivo arrumado, não é?

— Desculpe, Lucas, não esperava mesmo. Achei que entraríamos em uma sala com um monte de papéis e pastas jogadas.

196

— É, foi assim que encontrei esta sala quando comecei a trabalhar aqui, mas coloquei tudo em ordem. Ninguém entra aqui sem minha autorização.

— Mas isso pertence ao cemitério, então, como consegue impedir que alguém da prefeitura venha procurar algum documento aqui?

— Eu crio o maior caso! Não foi fácil colocar essa papelada em ordem. Nunca me fizeram um elogio ou agradeceram por meu trabalho. Enquanto eu for o responsável, ninguém mexerá aqui.

— E por que o senhor não me impediu de entrar?

— Porque você me parece um cara sério e está interessado em reparar uma grande injustiça.

— Injustiça?

— Sim, uma injustiça. Um pai que vende uma filha e depois a abandona em um convento por causa de um pedaço de terra não merece perdão. A história dessa moça é verdadeira, embora muita gente a trate como lenda.

— O que sabe sobre ela?

— Meu bisavô conhecia a família de Rovena. Essa moça sofreu muito. O pai a maltratava, porque ele queria um filho para ajudá-lo na roça. O cara para quem ela foi vendida a tratou como uma vadia e só acreditou na moça quando a criança morreu por falta de cuidados médicos. Depois disso, ela se internou em um convento levando consigo um punhado de joias. Joias que ninguém nunca viu. Rovena não pôde ver o túmulo do filho, porque o pai não queria. Agora, após todos esses anos, ela será desenterrada e colocada num ossuário. Ninguém vai levar-lhe uma flor ou fazer uma oração para ela. Muita gente acha que basta dar o nome dela para a cidade e que assim tudo o que essa moça sofreu será apagado. Ninguém lhe estendeu a mão.

— Por que o senhor está me contando isso, Lucas? Parece uma mágoa antiga guardada, contudo, pelo que sei, ela morreu bem antes de o senhor nascer.

— Meu bisavô era apaixonado por ela. Depois que Rovena se foi, ele se casou com minha bisavó. Essa moça, no entanto, foi o grande amor da vida dele.

— Destinaram um espaço para enterrar os corpos que estão na igreja. O senhor tem um local onde pudéssemos fazer uma sepultura para Rovena? Não se preocupe com custos. Tenho certeza de que não faltarão flores nem orações para ela.

— Não contei isso para você para que construísse uma sepultura.

— Eu sei que não, mas estou tocado com essa história e tenho certeza de que meus amigos concordarão comigo. Vamos ver se encontramos os documentos do filho de Rovena para que possamos enterrá-los juntos.

197

Enquanto Rogério e Lucas procuravam os documentos da criança, Armando e Marta torciam para que os ossos do bebê fossem encontrados no cemitério da igreja.

Baseando-se nos documentos encontrados na igreja, padre Augusto fez um desenho para tentar ajudá-los a encontrar os dez corpos que estavam enterrados ali.

Marta afastou Armando do grupo e perguntou:

— O que você pediu a Rogério?

— Pedi a ele que fosse ao cemitério e tentasse localizar o corpo da criança, pois assim poderemos enterrar os dois juntos.

— Que ótima ideia, Armando! Você vai falar com padre Augusto?

— Não, vou esperar um pouco. Não quero atormentá-los com minhas dúvidas. Olhe, parece que encontraram alguma coisa.

Mário, um dos escavadores, disse a Armando:

— Armando, pelo esquema de padre Augusto, os corpos devem estar localizados deste lado. Meu aparelho indica que existem materiais diferentes enterrados aqui. Minerais distintos. Eu gostaria que se mantivessem afastados e usassem essas máscaras, pois não sabemos o que vamos encontrar.

Todos concordaram e, com certa expectativa, ficaram aguardando o que seria encontrado após as escavações. Pelas indicações encontradas na igreja, havia uma placa de metal com o nome da pessoa enterrada, o que facilitaria a identificação dos restos mortais. Se não houvesse identificação, teriam de pedir ajuda a um médico legista.

Quando abriram o primeiro túmulo, encontraram um caixão e uma placa de metal que identificava a pessoa que estava enterrada ali. E assim a mesma situação se repetiu com os nove caixões enterrados. O décimo caixão não tinha identificação. Quando o abriram, viram que lá havia ossos e uma caixinha e deduziram que aqueles elementos pertenciam a Rovena.

Armando pediu que não transferissem os ossos de Rovena para a caixinha de madeira, mas o funcionário do cemitério retrucou:

— Senhor Armando, esse caixão está enterrado há muito tempo. O contato com o ar não permitirá que ele se mantenha por muito tempo.

— Eu sei disso, mas gostaria de dar um túmulo para Rovena. Se a colocarmos no ossuário, ninguém se lembrará dela. Deram o nome da moça para a cidade, e nada mais justo que ela tenha um túmulo como sua última morada.

— E quem vai pagar a despesa?

— Eu pago, não se preocupe. Fale com o pessoal da funerária, peça que tragam um caixão novo e que arrumem os ossos como eles estão dispostos aqui.

Marta chamou Armando de lado e perguntou:

— Você não acha que está exagerando?

— Não, Marta, o sonho que tive com ela me pareceu muito real. Não quero ser atormentado por deixar de fazer algo que está ao meu alcance. Se eles não quiserem colocar os ossos no outro caixão, eu mesmo farei isso. Eles colocaram todos os outros nas caixinhas, por que não fariam o que pedi?

— Não sei. Eles não me pareceram muito animados com sua ideia.

— Não me importa. Venha, vamos ouvir o que estão falando.

O responsável pela funerária disse a Armando:

— Senhor Armando, vou à funerária buscar um caixão novo. Meu empregado está com medo de pegar os ossos da moça.

— Seu nome é?

— Joaquim.

— Joaquim, fique sossegado. Traga o caixão, e, se for preciso, eu mesmo farei a transferência.

Os padres estavam intrigados com os pedidos de Armando. Padre Antônio perguntou:

— Armando, o que há com você? Por que todos esses pedidos relacionados aos ossos dessa moça?

— Porque tive um sonho. Por favor, padre Antônio, sei o que estou fazendo.

O padre suspirou e disse:

— Está bem, meu filho. Vou deixá-lo à vontade.

— Obrigado, padre.

Depois, dirigindo-se à equipe que realizava a escavação, Armando perguntou:

— Vocês já terminaram as buscas?

— Aqui já. Eram dez caixões. Aqui estão eles.

— Por favor, procurem mais um.

— Procurar onde?

— No terreno todo, se for preciso.

— Mas isso vai levar muito tempo. Não encontramos as joias neste terreno. Precisamos iniciar a busca no outro terreno.

— O problema do tempo é o dinheiro? O dinheiro pela hora do equipamento?

— Pela hora do equipamento, por não sabermos o que procuramos e pela hora do ajudante que manuseia o equipamento.

— Cobrirei todas as suas despesas, não se preocupe. Agora, por favor, procure por mais uma ossada. Deve ser um caixão pequeno, de um recém-nascido.

Todos olharam para Armando sem entender direito o que estava acontecendo. Armando insistia na procura e, quando percebeu que não estavam querendo atendê-lo, avisou que não permitiria que escavassem o terreno que pertencia a ele.

Aproximando-se de Armando, Mário disse:

— Nós temos um mandado oficial para procurar em seu terreno, você não pode nos impedir.

— Posso. Há uma retroescavadeira em meu terreno, e posso dar ordens ao operador para que arranque a terra, derrube árvores e dificulte o trabalho de vocês de todas as formas possíveis.

— Está bem, mas isso vai lhe custar caro.

— Não estou preocupado com o custo. Por favor, faça o que eu pedi.

Nesse momento, Rogério chegou e chamou Armando e Marta para conversar:

— E então Rogério, o que você achou?

— Não há indicações de que a criança tenha sido enterrada no cemitério. Soube de uma história... depois a contarei para vocês. Conseguiram alguma coisa?

— Sim. Discussão, despesa, mas, depois de ameaçar acabar com o trabalho em meu terreno, eles resolveram me atender. Estão procurando os ossos da criança.

E, voltando-se para Marta, Armando perguntou:

— Você precisa ir para o hospital? Rogério pode levá-la.

— Não, Armando. Meu plantão será à noite e quero ver o que encontrarão. Acho que você está certo, e estive pensando... Falamos sempre sobre as joias de Rovena... será que não é a joia de Rovena? Se não me engano, ela teve uma filha.

— Meu Deus, Marta! Você e Armando estão se deixando levar por essa história. Cuidado para não tirarem os pés do chão.

Armando respondeu:

— Rogério, meus sonhos ou pesadelos têm me atormentado quase todos os dias. Não posso viver assim. Marta, você pode estar certa. Venha, vamos acompanhar os trabalhos desse pessoal.

Passado algum tempo de busca, um dos ajudantes bateu no que pareceu ser uma pedra. Ele chamou outro ajudante e disse:

— Me ajude aqui. Acho que encontrei alguma coisa.

Percebendo a movimentação, Armando foi até eles e perguntou:

— O que houve?

— Seu Armando, acho que tem alguma coisa aqui. Vamos cavar para tirar a terra. Bati em algo que me pareceu uma pedra.

Os dois rapazes cavaram com cuidado e descobriram o que parecia ser uma pequena caixa coberta com pedras. Retiraram-nas com cuidado e encontraram um pequeno caixão. Dentro dele estavam os ossos que deveriam ser de uma criança.

Armando exclamou:

— Eu não disse?! Acreditam em mim agora?

Rogério perguntou:

— Mas, Armando, como saberemos se esse pequeno esqueleto é do filho de Rovena?

— Eu sei que é, Rogério. Não me pergunte como, mas sei que é. Por favor, tirem esse caixão daí com bastante cuidado. Vamos colocar esses ossos junto com os de Rovena.

Padre Antônio disse:

— Talvez possamos parar por hoje. São duas horas da tarde, e ninguém se alimentou ainda. Vamos levar os ossos para a capela da igreja. Podemos rezar por nossos irmãos falecidos e depois os enterramos.

Padre Antônio virou-se para o responsável pelas escavações e perguntou:

— Podemos fazer isso? Acho que seu pessoal está cansado e precisa se alimentar.

Mário respondeu:

— O senhor tem razão, padre, vamos parar. Amanhã, arrumaremos este terreno e continuaremos a busca no terreno de Armando.

Após decidirem o que fazer, todos acompanharam o carro da funerária, que levava os restos mortais daqueles que estavam enterrados no antigo cemitério da igreja.

Armando sentia-se bem com o que fizera, e Marta comentou:

— Sua fisionomia melhorou. Acha que atendeu ao desejo de Rovena?

— Acho que sim. Se eu não tivesse insistido, os ossos do bebê ficariam naquele cemitério, e ninguém se lembraria dele.

— E as tais joias?

— Não sei, mas acho que as encontraremos em meu terreno. Alguma coisa me diz que Rovena vai nos mostrar onde estão.

Rogério, que ouvia a conversa, pediu:

— Não diga isso perto de padre Antônio. Ele e padre Augusto estão preocupados com você.

— Eu sei. Por isso estou conversando com vocês aqui. Amanhã, veremos o que vai acontecer. Você disse que tinha uma história para nos contar?

— Sim! O funcionário que fui procurar no cemitério a seu pedido é bisneto do homem que era apaixonado por Rovena. O pai da moça não permitiu o casamento, porque ele era pobre.

Rogério contou a Armando e Marta a história de Lucas, e, intrigado, Armando perguntou:

— Ele falou sobre as tais joias?

— Falou. Tratam-se de um anel, um colar, um broche e um par de brincos, mas ele não confirmou aquela história de que abriram o caixão e encontraram o corpo intacto. Ele acha que criaram essa lenda para poder dar o nome de Rovena à cidade, uma espécie de reparo por terem a maltratado.

Marta perguntou:

— Como ele sabe quais são as joias?

— Porque o bisavô dele foi ver Rovena no convento, e ela lhe falou sobre as joias. Segundo Lucas, ela teria dito que a única joia que lhe pertencia era a filha que havia perdido e que as joias com que o marido a presenteara ficariam guardadas para sempre. Ninguém as usaria, e o pai de Rovena não as venderia como fez com tudo que eles possuíam. Quando abriram o caixão, elas não estavam lá. Depois que Lucas me contou essa história, comecei a imaginar que talvez o bisavô dele tenha tirado as joias da caixa e enterrado em outro lugar para que o pai de Rovena não as pegasse. Enfim, vamos ver o que os escavadores encontrarão amanhã.

Depois da cerimônia fúnebre, Armando levou Marta para casa.

— Marta, obrigado por confiar em mim. Espero que não esteja achando que sou um desequilibrado.

— De maneira alguma, Armando. Você fez muito bem em insistir na busca do túmulo da criança. Parece que as pessoas têm esquecido que devemos respeitar os mortos. Eles se foram, contudo, precisam ter sua última morada preservada. Estou contente com sua atitude, mas você não está gastando muito dinheiro nesse projeto? Não tenho como ajudá-lo.

— Não se preocupe, Marta. Papai me deixou muitos bens, que têm me rendido um bom dinheiro, e ganho bem na empresa em que trabalho. Quero investir no hospital, porque sei que a cidade precisa, e confio em você para administrar a equipe médica. Esta cidade precisa de você. Agora, tente descansar, pois seu plantão será puxado. Vejo você amanhã cedo?

— Amanhã, irei um pouco mais tarde para a escavação. Se o plantão for tranquilo, irei direto para lá. Senão, passarei em casa para descansar e depois me encontrarei com você.

202

— E Henrique? Como ele está?

— Está bem. Mamãe não se descuida dele. Quer entrar para vê-lo?

— Não, amor, vou para o hotel, pois preciso de um banho. Preciso finalizar o projeto, afinal, padre Antônio precisa voltar para São Paulo.

— Está bem. Até amanhã.

Antes que Marta descesse do carro, Armando beijou-a longamente, demonstrando mais uma vez o amor que sentia por ela. Marta correspondeu ao carinho, lamentando intimamente o fato de não conseguirem passar mais tempo juntos.

Quando Marta entrou em casa, Cândida a recebeu:

— Oi, mamãe, tudo bem? Como está Henrique?

— Oi, filha, ele está bem. Acordou meio confuso, alimentou-se e perguntou o que havia acontecido. Disse a ele que você explicaria o que aconteceu com o organismo dele e o tranquilizei para que ele voltasse a dormir. Henrique deve acordar logo.

— Vou tomar um banho e depois passarei no quarto dele. Tenho plantão hoje à noite. A senhora ficará bem com Henrique?

— Sim, filha, fique sossegada. Ninguém entrará aqui.

— Mamãe, deixarei com a senhora o telefone de Armando. Não hesite em ligar para ele se estiver com algum problema e não conseguir falar comigo. Está bem?

— Se prefere assim, tudo bem, mas não acredito que teremos algum problema.

Após tomar um banho, Marta entrou no quarto do irmão. Ele abriu os olhos e perguntou:

— Marta, o que houve? Por que estou desse jeito? Raul me medicou errado?

— Acalme-se, Henrique. Vou lhe contar o que houve, mas primeiro me diga como está se sentindo.

— Estou sentindo a cabeça pesada e não consigo me lembrar do que houve depois da cirurgia. Não sei que dia é hoje e tenho dificuldade para me movimentar. Mamãe precisou me ajudar a chegar ao banheiro.

— Henrique, você foi operado, e tudo correu bem. Você deveria ter tido alta no dia seguinte à cirurgia, mas mexeram em sua medicação. Nós só descobrimos o que aconteceu depois de instalarmos uma câmera em seu quarto.

— Você está dizendo que eu estava sendo drogado?

— Sim. Alguém estava colocando um pó na água que ficava à sua disposição no quarto. Quando os enfermeiros iam lhe dar a medicação, utilizavam a água que estava na jarra. O pó diluído, em interação com o remédio que você tomava, provocou-lhe alucinações, fazendo-o gritar, querer sair do quarto e ficar agressivo. O médico que o estava atendendo passou a lhe medicar um calmante, que o fazia dormir profundamente. Quando eu estava de plantão, não acontecia nada. Você acordava bem.

— Mas quem no hospital iria querer me fazer mal? Será que essa pessoa não sabe que eu, como prefeito desta cidade, posso demiti-lo?

— Henrique, pare com isso. Ninguém no hospital queria prejudicá--lo. Seu grande amigo Roberto o estava drogando.

— Não é possível! Você não sabe do que está falando.

— Olhe, meu irmão, não tenho tempo para provar o que estou lhe dizendo agora, mas lhe adianto que filmamos Ana Lúcia colocando o tal pó na água que estava em seu quarto e tudo o que lhe contei. Vou para meu plantão agora, mas amanhã cedo mostrarei a fita para você. Roberto não sabe que estamos de posse da fita, do envelope do pó que ele punha na água, portanto, você não pode falar com ele. Amanhã, mostrarei tudo o que foi apurado sobre seu amigo. Ele é um bandido. Pesa sobre Roberto uma acusação de homicídio. Se você tem o mínimo de respeito pela mamãe, não deixe esse homem entrar aqui.

— E o que quer que eu faça?!

— Não saia do quarto. Para todos os efeitos, você não melhorou ainda e está sedado para tratamento. Em hipótese alguma, atenda qualquer pessoa que venha procurá-lo. Mamãe não deixará que entrem aqui. Se houver algum problema, me telefone. E não fique preocupado se não conseguir dormir direito hoje. Suspendi sua medicação, pois seu organismo precisa ser estabilizado. Você precisa confiar em mim. Mamãe está correndo risco por protegê-lo. Roberto não é quem você pensa.

— Pode ir tranquila, Marta. Se ele aparecer aqui e mamãe tiver algum problema, fingirei que estou dormindo. Assim, ele não poderá fazer nada. Você acha que ele é capaz de agredir mamãe?

— Acho que não, porque ele ainda não sabe o que está acontecendo.

— Vá tranquila, Marta. Eu a espero para conversarmos.

Marta saiu do quarto e contou à mãe a conversa que tivera com Henrique. E pediu-lhe que se mantivesse calma caso Roberto aparecesse.

— Mamãe, se Roberto insistir em ver Henrique, diga-lhe que ele está dormindo. Se ele quiser comprovar, Henrique saberá o que fazer.

— Marta, vá para o hospital e trabalhe sossegada. Você já me deu o telefone de Armando. Se acontecer alguma coisa, ligo para ele.

— Está bem, mamãe. Até amanhã.

CAPÍTULO 21

Armando chegou ao hotel e a primeira coisa que fez foi ligar para Otávio:

— Doutor Otávio, como vai?

— Oi, Armando, tudo bem. E você?

— Tudo bem. Doutor Otávio, aquele detetive ainda está em Rovena?

— Está, por quê?

— Será que ele poderia monitorar a casa de Marta esta noite? Ela está no hospital, e dona Cândida está sozinha com Henrique. Acho que Roberto pode tentar alguma coisa.

— Henrique está melhor?

— Acredito que sim, mas Roberto é perigoso. Além disso, não sei se Marta conseguiu alertar o irmão. Temo por dona Cândida.

— Não se preocupe, Armando. Ligarei agora mesmo para Horácio.

— Se ele não puder ir ou estiver ocupado, me avise, pois tentarei dar um jeito de ficar na casa da Marta.

— Está bem, Armando. Vou falar com Horácio. Se ele não puder, ligarei para você.

— Doutor Otávio, me ligue de qualquer forma, pois assim ficarei sossegado.

— Fique tranquilo.

— Obrigado, doutor Otávio. Até logo.

— Até logo, Armando.

Depois de falar com Armando, o juiz ligou para o detetive:

— Horácio? É Otávio, tudo bem?

— Sim, doutor Otávio. Estou vigiando o Roberto. Houve algum problema?

— Doutora Marta estará de plantão hoje à noite, e a mãe dela está em casa sozinha com Henrique. Armando está preocupado com a segurança de dona Cândida. Ele teme que Roberto, sabendo que Marta está no hospital, faça alguma coisa, como tentar forçar uma visita a Henrique.

— Estou observando-o agora. Ele não percebeu que o estou seguindo. Não quero perdê-lo de vista, então, mandarei alguém agora mesmo para a casa da doutora Marta. Se ele aparecer por lá, eu me comunicarei com o senhor e com Armando.

— Obrigado, Horácio.

— Não por isso. Até mais, doutor Otávio.

Em seguida, o juiz ligou para Armando, contou-lhe o que combinara com Horácio e aconselhou:

— Armando, você precisa descansar. Soube o que houve hoje no cemitério.

— Doutor Otávio, tenho um trabalho para terminar e preciso mandar padre Antônio para São Paulo. Estou bem. Quando conseguirmos pegar Roberto, poderei descansar. Obrigado por sua preocupação.

— Não tem de quê, meu filho. Se precisar de mim, você sabe onde me encontrar.

— Até amanhã, doutor Otávio.

— Boa noite, Armando.

Quando desligou o telefone, Armando ouviu uma batida na porta:

— Ah! É você! Aconteceu alguma coisa?

— Gostaria de saber se o senhor precisa de algo ou se deseja que eu providencie alguma coisa para o jantar.

— Por quê isso agora? Você podia ter telefonado para o quarto.

— Vim atender a um pedido do doutor Rogério e tomei a liberdade de vir saber se o senhor quer alguma coisa.

— Desculpe se fui grosseiro, Ivan. Por ora, não quero nada. Vou tomar um banho e mais tarde talvez peça um lanche. Obrigado.

— De nada. Estarei na recepção se o senhor precisar.

Depois do banho, Armando foi até o quarto de Rogério:

— Você está com fome?

— Estou. Quer sair para jantar ou prefere comer aqui?

— Você prefere comer aqui por sugestão do Ivan?

— Sugestão do Ivan? Do que você está falando?

— Rogério, vamos sair. Precisamos conversar a sós.

— O que aconteceu?

— Vista-se para jantar. Vou convidar o padre Antônio para ir conosco e depois lhe explicarei o que aconteceu.

— Padre Antônio não está aqui. Ele vai passar a noite na casa de padre Augusto.

— Mais essa! Ande, Rogério! Espero você lá embaixo.

Armando dirigiu-se à recepção e viu Ivan trabalhando normalmente. No salão de refeições estavam a equipe de escavação e os funcionários da seguradora. Ivan perguntou:

— O senhor precisa de alguma coisa?

— Não, Ivan. Eu e Rogério vamos jantar no Labirinto. Provavelmente chegaremos tarde.

— Se a porta estiver fechada, é só tocar a campainha. Hoje é meu plantão.

— Não se preocupe, Ivan. Se não estiver na recepção, nós o esperaremos.

Aproximando-se, Rogério disse:

— Vamos, Armando, estou morrendo de fome. Boa noite, Ivan.

— Boa noite, doutor Rogério. Até mais, senhor Armando.

— Até mais, Ivan.

Pouco depois de entrarem no carro, Rogério perguntou:

— O que aconteceu? Por que você está parando aqui? Pensei que nós iríamos jantar.

Armando contou a Rogério a conversa que tivera com Ivan e que sentia que ele estava escutando atrás da porta:

— Você acha que ele trabalha para Roberto?

— Não sei, mas, se ele estiver trabalhando, nós descobriremos. Alguém da turma do Roberto aparecerá por aqui. Você está com fome?

— Estou, mas não se preocupe. Também quero descobrir de que lado Ivan está.

Pouco tempo depois, os dois viram um Ford Escort prata aproximar-se do restaurante. O motorista desceu, olhou para os carros parados no estacionamento, entrou no restaurante e saiu alguns minutos depois. Antes de voltar para o automóvel, o motorista fez uma ligação, guardou o celular no bolso, acendeu um cigarro e ficou encostado no veículo fumando.

Armando e Rogério reconheceram o motorista como sendo Jorge Caldeira. Depois de uma hora de espera, o médico fez uma nova ligação, entrou no carro e foi embora.

Armando ligou para o hospital e perguntou à recepcionista se o doutor Jorge estaria de plantão naquela noite. A moça respondeu-lhe que sim, mas completou dizendo que ele telefonara para avisar que se atrasaria. Deveria estar no hospital por volta das vinte e três horas. Perguntado se ele queria falar com outro médico, a recepcionista, sem lhe dar tempo de responder, disse que a doutora Marta e o doutor Wagner estavam no hospital. Armando agradeceu e desligou.

Rogério comentou:

— Não posso acreditar. Eu não quero acreditar. Ivan?

— Pois é, meu amigo... Ivan. Estou aqui pensando em tudo o que ele me disse, tentando me lembrar se fiz algum comentário que não deveria ou que poderia prejudicar alguém. Se ele ouviu minha conversa com Otávio, já sabe da existência de um detetive na cidade.

— O que você vai fazer?

— Vou dar uma volta perto da casa de Marta para ver se está tudo em ordem. Posso ter colocado Horácio em uma armadilha.

— É melhor irmos logo.

Enquanto Armando e Rogério iam para a casa de Marta, Rogério telefonou para Otávio para que ele alertasse Horácio sobre o ocorrido. O juiz retornou a ligação informando que estava tudo em ordem e que eles podiam ficar tranquilos, pois no local onde Horácio estava ninguém podia vê-lo. Otávio relatou também que Roberto estivera lá por volta das 19 horas, mas não forçara a entrada na casa. Ele conversara com dona Cândida e saíra aparentemente tranquilo. A segurança dos fundos da casa também havia sido reforçada com investigadores que tinham chegado naquela tarde a Rovena.

Armando passou em frente à casa e não viu nenhum carro parado ali.

— Rogério, acho que agora podemos ir jantar. O que prefere comer?

— Que tal uma pizza?

— No Labirinto não servem pizza.

— Lá não serve, mas há uma pizzaria bem próxima ao hotel. Podemos pedir uma e levar para comer no quarto. Que tal?

— Boa ideia! Me indique o caminho.

Quando os dois chegaram ao hotel, a porta estava aberta, e Ivan estava ocupado atendendo ao telefone. Rogério acenou-lhe e subiu com Armando, deixando que ele visse o que estavam carregando: uma caixa de pizza e uma garrafa de vinho.

Chegando ao quarto, Rogério disse:

— Foi impressão minha ou ele ficou nos olhando de forma estranha?

— Não sei o que pensar, Rogério. Estou muito decepcionado com ele, mas não vou confrontá-lo por enquanto. Vamos fazer de conta que nada aconteceu.

— Está bem. Só precisamos tomar mais cuidado com nossas conversas e dar umas incertas na porta do quarto.

***

Depois que Roberto foi embora, Cândida foi ver o filho:

— Meu filho, você está se sentindo melhor? Quer comer alguma coisa?

— Estou bem, mamãe. Prefiro tomar uma sopa. A senhora pode preparar para mim?

— Claro, meu filho. Vou preparar e jantaremos juntos. Você quer sair do quarto?

— Não, mamãe. Prefiro ficar aqui e pensar em tudo o que está acontecendo. Preciso tomar uma decisão em relação à minha vida e não quero expô-la.

— Está bem, meu filho. Roberto esteve aqui, e eu disse a ele que você estava dormindo.

— Obrigado, mamãe. Por favor, tome cuidado com ele. Não sei o que está acontecendo, mas Marta me pareceu muito sincera sobre o que me falou hoje à tarde.

— Fique tranquilo, Henrique. Sei lidar com Roberto. Ele não vai me fazer nenhum mal.

Depois que Cândida saiu do quarto, Henrique começou a pensar na vida. A pressão de Roberto para a desapropriação do terreno e a construção do novo condomínio, as ameaças, as brigas com a irmã, a fortuna que ele acumulara e que não poderia desfrutar. E Wanda? Por onde ela andaria?

"E essa história de Roberto estar me drogando? O que está acontecendo? Preciso pedir ajuda a alguém, mas a quem? Em quem posso confiar?", questionava-se.

Henrique pensou em abrir-se com Marta. Mesmo sabendo que ela reprovaria tudo o que ele fizera, não teria outro jeito. Esperaria a irmã para contar-lhe o que estava acontecendo e depois decidiria o que fazer. Estava afastado da prefeitura havia dias, e provavelmente o trabalho estava todo paralisado. De qualquer forma, o dinheiro dele estava seguro em uma conta bancária fora do país, e, em último caso, daria um jeito de fugir e viver longe de Rovena. Não lhe ocorrera, no entanto, que o vice-prefeito estava fazendo reuniões com os funcionários da prefeitura e tinha descoberto o que ele vinha fazendo.

Algum tempo depois, Cândida levou a sopa para Henrique. Durante o jantar, ele mal prestava atenção ao que a mãe lhe dizia, pois fazia planos para fugir dali e pensava em como se livraria de Roberto. Henrique imaginava que Roberto não poderia fazer nada contra ele, pois seria denunciado em seguida. Ele sabia que o comparsa deveria responder pelo homicídio do empregado da casa dos pais dele. Roberto lhe contara toda a história.

Depois que Cândida saiu do quarto, Henrique acomodou-se e dormiu rapidamente. Pouco depois, no entanto, acordou sobressaltado por ter sonhado com o pai, que lhe dizia:

— Henrique, Henrique, no que você se transformou, meu filho? Não criei um monstro! Você precisa devolver o que roubou de Rovena. Devolva ou não poderei ajudá-lo.

Henrique pensava: "Me ajudar, me ajudar... Me ajudar em quê?! Você nunca me ajudou, nunca acreditou em mim. Tudo sempre era a Marta. Ela era a boa aluna, seu orgulho! Quanto a mim, nunca fui nada para você! Nada! Quando lhe disse que um dia seria o prefeito desta cidade, você riu e disse que eu precisava crescer, estudar. E completou dizendo que, se eu continuasse como estava, não passaria de um simples funcionário público. Pena que você não viveu para ver meu sucesso, papai, para me ver ser reeleito prefeito desta cidade. E quanto a Marta, sua querida Marta, ela trabalha como uma escrava, não conseguiu se casar, só pensa em trabalho e vai morrer brigando comigo para que eu construa um novo hospital na cidade. De que adiantou você dar a ela tudo o que deu? Sua filha precisa trabalhar para sobreviver e não consegue ter carro do ano! E eu? Eu estou rico, tenho uma fortuna acumulada, carro do ano, apartamento em São Paulo. Não, papai! Você não poderá me ajudar em nada, nada. Está entendendo? Em nada!".

O grito de Henrique assustou Cândida, que se levantou para ver o filho:

— Henrique?! O que houve?

— Nada, mamãe. Foi só um pesadelo, vá se deitar.

— Mas você estava gritando?

— Desculpe tê-la acordado. Volte a dormir. Foi só um sonho ruim.

— Posso saber que sonho foi esse ou com quem você sonhou?

— Não me lembro direito, mamãe. Só me recordo de uma voz dizendo que precisava me ajudar.

— Hum! Está bem, meu filho. Quer um pouco de água?

— Não, mamãe, estou bem. Fique sossegada e vá se deitar, está bem?

— Está bem, meu filho. Até amanhã.

— Até amanhã.

210

***

Marta chegou em casa por volta das seis e meia da manhã e encontrou Cândida a esperando:

— Bom dia, mamãe. Já em pé? Como foi a noite?

— Bom dia, Marta. Quer café? Acabei de passar.

— Quero. A senhora me parece preocupada. Aconteceu alguma coisa essa noite?

— Bom, Roberto esteve aqui, mas não tentou entrar e disse apenas que telefonaria hoje para saber se poderia ver Henrique. Seu irmão jantou e dormiu relativamente cedo. De madrugada, acordei com ele gritando. Corri para o quarto dele e o encontrei sentado na cama com uma expressão horrível. Quando o chamei e perguntei o que tinha acontecido, ele me disse que tinha tido um pesadelo. Depois, me pediu desculpas e pediu que eu voltasse a dormir.

— Ele tomou algum medicamento?

— Não, os remédios estão em meu quarto. Ele parecia bem, não estava agitado, apenas bravo. Perguntei com o quê ele tinha sonhado, e a resposta foi: "Com alguém dizendo que precisava me ajudar".

— Você ouviu o que ele dizia?

— Ouvi uma parte. Henrique dizia: "Ela não tem nada, nada, nada". O último nada ele disse gritando.

— Mamãe, deve ter sido algum sonho ruim, apenas isso. Ele já acordou?

— Não. O que me deixou assustada foi o fato de ter ouvido seu irmão mencionar seu nome. Só não consegui entender o que ele dizia. Na hora em que entrei no quarto, me lembrei do seu pai. Você se lembra de que eles discutiam sempre? Seu irmão não queria estudar nem trabalhar, e um dia a discussão entre os dois foi muito pesada. Não ouvi tudo, mas, quando cheguei na sala, seu pai estava dizendo: "Se você continuar assim, nunca vai ser nada, nada! Entendeu?". Henrique devia ter uns 20 anos na época. Ele saiu de casa batendo a porta e voltou dois dias depois. Chegou assobiando e disse que tinha ficado na casa de um amigo. Dias depois, nós conhecemos Roberto. Henrique ficou hospedado na casa dele.

— Mamãe, por que nunca me contou isso?

— Você estava em São Paulo, e era época de provas. Eu e seu pai não queríamos preocupá-la com nossos problemas e com os problemas do seu irmão. Alguns meses depois, seu pai faleceu.

— Mamãe, papai infartou não foi? Ou ele infartou depois de uma discussão com o Henrique?

— Não sei, minha filha. Seu pai teve um infarto fulminante. Encontrei-o caído aqui na sala, e ele estava sozinho. Nunca saberei, então, se havia alguém com ele ou se houve alguma discussão que possa ter provocado o infarto. Seu pai estava com alguns problemas de saúde. Não posso afirmar que ele discutiu com alguém, pois seria leviano de minha parte.

— Mamãe, estou estarrecida com essa história. Por que a senhora nunca me contou?

— Porque não vi necessidade e acabei me esquecendo dela. Precisava cuidar dos negócios que seu pai nos deixou, e você precisava terminar seus estudos. Henrique resolveu estudar naquele ano, e eu não podia ficar chorando a morte do seu pai. Precisava cuidar da casa e de vocês.

— Está bem, mamãe. Não a estou culpando de nada. Tive um plantão calmo no hospital e pude dormir um pouco. Vou tomar um banho e me encontrar com Armando. Eles já devem estar escavando o terreno dele à procura das joias de Rovena. Mais tarde, conversarei com Henrique.

— Minha filha, você sabe o que faz. Acho melhor mesmo não falar com Henrique agora, pois você está abalada com o que lhe contei. Não é verdade?

— Sim, mamãe, preciso pensar sobre tudo isso. Diga a Henrique que não fui vê-lo por causa de um compromisso urgente. Falarei com ele mais tarde.

— Muito bem, Marta, fique sossegada. Vá se encontrar com Armando. Depois eu falo com Henrique.

— Obrigada, mamãe.

Depois que Marta saiu, Cândida voltou a pensar no filho, no marido e nas discussões que os dois tinham. Ela não acreditava que o filho discutira com o pai e provocara sua morte. Não! Isso seria monstruoso! E Henrique não podia ser assim. Ela o gerara, alimentara, protegera e não poderia admitir que o filho fosse um monstro insensível, capaz de provocar o infarto do pai e não fazer nada por ele. Cândida não dissera nada a Marta, mas o médico que atendera Sandro lhe disse que, se o tivessem chamado antes, ele teria sido socorrido a tempo e talvez não tivesse falecido naquele dia.

CAPÍTULO 22

Marta foi encontrar-se com Armando e, enquanto dirigia, pensava na conversa que tivera com a mãe. "Será que mamãe está me escondendo alguma coisa? Papai morreu há tanto tempo, e agora ela vem me falar sobre a morte dele? Tem alguma coisa errada nessa história. Ah, dona Cândida! A senhora está me escondendo alguma coisa", refletia.

Armando viu o carro de Marta e foi ao seu encontro:

— Marta, está tudo bem?

— Me abrace forte, Armando.

— Hum! Nada me deixa mais feliz do que a ter em meus braços. Mas você está tremendo... o que houve?

Marta deixou-se ficar nos braços de Armando e depois de algum tempo disse:

— Estou preocupada com uma conversa que tive com minha mãe há pouco. Não sei o que fazer, Armando. Cada dia é um novo segredo, uma nova história! Não aguento mais. Estou à beira de um ataque de nervos.

— Venha comigo. Vamos nos sentar ali no carro para que você me conte o que houve.

Marta contou-lhe sobre a conversa que tivera com Cândida e as suspeitas sobre o irmão.

— Se eu não tivesse insistido na construção desse hospital, nada disso estaria acontecendo. Nunca fiquei nesse estado. Preciso de equilíbrio para cuidar dos meus pacientes e, no entanto, só encontro problemas, mistérios, segredos do passado. Como vou olhar para Henrique sem pensar que ele pode ter provocado a morte do papai? E mamãe?

Que segredos mais ela guarda? Por que tantos mistérios em torno de Henrique?

Enquanto Marta falava, Armando olhava fixamente para ela e pensava em tirá-la de Rovena. Queria levá-la para bem longe de todos aqueles problemas.

— Você precisa descansar, pois tem vivido sob muita pressão. E sou o responsável por grande parte dos seus problemas. Se eu não tivesse aparecido em sua vida, você estaria brigando com Henrique, mais nada. Roberto construiria o condomínio, seu irmão continuaria mandando na cidade, as joias ficariam enterradas, e você não estaria nesse desespero.

— Armando, você não tem culpa do que está acontecendo em minha família. Meus problemas com Henrique e a maneira de ele dirigir a cidade são antigos. Nunca tive medo de nada, mas agora não sei. Estou me sentindo fraca e impotente diante de tudo o que está acontecendo. Parece que estou no meio de uma tempestade, ou pior ainda, no meio de um furacão. Não sei para que lado devo ir.

— Você conseguiria uns dias de licença no hospital? As escavações terminarão amanhã, padre Antônio deve retornar hoje a São Paulo, e Rogério precisa voltar para o escritório. Poderíamos fazer uma viagem, e você ficaria longe dessa confusão por alguns dias. O que acha?

— E deixar Henrique e mamãe sozinhos?

— Marta, sua mãe não corre mais perigo, pois sua casa está sendo vigiada vinte e quatro horas por dia. Detetive Horácio está cercando Roberto de todas as formas. É questão de dias para que o peguem. Roberto é esperto e sabe que, se fizer alguma bobagem, estará perdido. Nós não vamos sair do país. Podíamos ir para Campos do Jordão, pois não é muito longe, e, se houvesse necessidade, voltaríamos. Tenho como alugar um helicóptero se a urgência for grande.

— Armando, é tão bom ficar assim com você. Sabe... me sinto segura ao seu lado. Parece que tudo fica mais simples quando você está por perto.

— A vida é simples, mas nós a complicamos. É fácil largar tudo e dizer: "Não é problema meu, se virem, porque vou viver minha vida". Todos nós estamos envolvidos uns com os outros. O problema é que algumas pessoas não pensam nas outras, mas apenas em si mesmas. Isso é o que torna a vida difícil, complicada. Queremos ver as pessoas que estão ao nosso lado com saúde, sem problemas financeiros. Não queremos que elas fiquem tristes, chorem, sofram, mas infelizmente não podemos fazer nada. Cada um colhe aquilo que planta. Na vida, temos dois caminhos para seguir. Se não soubermos escolher o caminho que nos levará à felicidade, tropeçaremos nas pedras, nos galhos de árvores, nas ervas daninhas e caminharemos por vias tortuosas. E assim nosso corpo sofrerá as consequências de nossa escolha. Você é uma médica competente, dedicada, uma boa irmã e boa filha, mas precisa viver sua vida. Precisa estar bem para poder cuidar dos seus pacientes. Quanto a Henrique e à sua mãe, eles escolheram o caminho que estão trilhando. É possível que ela tenha tentado protegê-la dessa verdade.

Marta olhou nos olhos de Armando e disse:

— Armando, nós estamos falando do meu pai. Se algo provocou a morte dele, mamãe deveria ter falado comigo. Ela me conhece bem e sabe que não suporto mentiras e abomino quem me esconde coisas. Não sou uma criança para precisar desse tipo de proteção. Eu prezo a verdade acima de tudo, e nós já conversamos sobre isso. Você tem razão... não posso viver a vida deles, mas, se não souber a verdade, não conseguirei ficar em paz.

— Não a conheço tão bem como sua mãe a conhece, mas sei como você fica quando percebe que foi enganada ou que esconderam algo de você. Mas, Marta, seja menos racional por alguns dias... Descanse e aproveite para ter alguns momentos mais leves. Não posso lhe prometer dias de sol e tranquilidade, porém, prometo que farei tudo o que estiver ao meu alcance para que tenha um pouco de tranquilidade. Deixe-me cuidar um pouquinho de você. Fique comigo. Vamos passar alguns dias longe de Rovena. Ou você ainda não confia no meu amor?

Em resposta, Marta beijou Armando demonstrando o amor que sentia por ele.

— Você tem razão. Pedirei uns dias de folga a Raul, afinal, faz muito tempo que não tiro férias.

— Posso fazer as reservas? Campos do Jordão é um ótimo lugar para começarmos uma nova vida.

— Promete que não vou me decepcionar?

— Marta, você é a mulher da minha vida. Nunca deixarei que façam mal a você. Eu a amo muito.

— Eu amo você como nunca amei ninguém. Você é o primeiro homem que me escuta e compreende meus sentimentos, minhas inseguranças. O primeiro homem que me vê não só como médica, mas como mulher.

— Você é uma mulher muito forte, corajosa, determinada, e eu amo tudo isso em você. E acho ótimo que nenhum outro tenha visto isso, senão não estaríamos aqui hoje. Quer se casar comigo, Marta?

— É o que mais quero neste momento.

Armando e Marta trocaram um beijo apaixonado, selando o amor que os unia, mas de repente ouviram um estrondo e gritos. Assustados, saíram do carro e correram para ver o que havia acontecido.

Rogério vinha correndo na direção dos dois dizendo:

— Água! Encontraram uma mina d'água em seu terreno, Armando.

— Mina d'água? E o que foi o barulho?

— Os homens estavam usando uma britadeira para romper um bloco de concreto, mas ele se partiu e ruiu, levando consigo a máquina. A gritaria aconteceu porque o operador da britadeira não queria soltá--la. Os ajudantes o puxaram, ele largou a britadeira, e o buraco que ela abriu foi maior que o esperado. A água jorrou com muita força e molhou todos eles.

— Eles devem ter perfurado o local onde existia uma nascente. As pedras devem ter coberto algum veio d'água. Quando eles perfuraram, o veio deve ter se rompido, fazendo a água represada jorrar. Mas você disse concreto?

— Sim, parecia uma tampa de concreto. Ainda não sabemos o que tem embaixo. É melhor você vir comigo.

Armando e Marta seguiram Rogério. Os operários estavam amedrontados com o barulho e diziam que era culpa do fantasma.

Armando perguntou:

— Fantasma? Que história é essa?

Rogério respondeu:

— Eles o ouviram contar seu sonho e acreditam que a pedra tenha explodido por culpa do fantasma da Rovena.

— Mas isso é um absurdo! Eu não disse que vi um fantasma!

— Armando, você está lidando com gente simples. Essa história do fantasma de Rovena povoa a mente do povo daqui há muito tempo. Foi com essa lenda que a cidade prosperou. Lembra-se da história que mamãe lhe contou?

— Você tem razão, Marta. Não devia ter falado daquele jeito. Mas venha. Vamos ver o que tem embaixo da pedra.

Armando aproximou-se do lugar indicado por Rogério e viu a nascente, porém, alguma coisa brilhava embaixo do que parecia ser o ponto inicial do veio d'água. Ele disse:

— Tem alguma coisa ali. Vou pegar.

Um dos operários recomendou:

— Doutor Armando, cuidado para não escorregar! Essas pedras estão muito lisas.

— Não se preocupe, andarei com cuidado.

216

O objeto que brilhava estava envolto em raízes de plantas, o que dificultou o trabalho de Armando. Quando ele conseguiu pegá-lo, lembrou-se da história que Rogério lhe contara. Aproximando-se dos outros, disse:

— Pessoal, acho que vocês encontraram as joias de Rovena.

Com cuidado, Armando removeu a terra e as plantas que cobriam o que parecia ser uma caixa e, quando a abriu, encontrou um anel, um broche, um par de brincos e um colar, exatamente como fora descrito pelo funcionário da seguradora. As joias estavam embrulhadas em um tecido aveludado e brilhavam quando expostas à luz. Elas foram enterradas com todo o cuidado para não serem danificadas.

Armando chamou Mário e, depois de lhe entregar as joias, disse:

— E agora, o que devemos fazer?

— Vamos até o gabinete do juiz Otávio para que você assine os documentos que estão comigo. Assim que tudo estiver assinado e for entregue à coroa britânica, você receberá o cheque correspondente à devolução das joias. Vou lhe entregar um cheque para cobrir os danos causados ao seu imóvel e ao terreno que pertence à Igreja.

— Quanto ao cheque que pertence à Igreja, você deve entregá-lo a padre Antônio — Armando pediu.

— Ele falou comigo hoje cedo e me disse que vai voltar para São Paulo. Me pediu também que entregasse o cheque para doutora Marta para dar início às obras do hospital. Ele me falou que estava indo para a diocese e que de lá encaminharia o projeto para concluir a doação do terreno à cidade de Rovena.

— Então, vamos! Eu e Marta seguiremos no carro dela. Rogério, você pode levar meu carro?

— Claro, Armando, vamos. E quanto ao pessoal que está trabalhando?

— Falarei com eles.

Armando chamou o encarregado da obra e o orientou sobre como deveria proceder para que a água não se espalhasse pelo terreno e dispensou os homens para que almoçassem. Ele colheria amostras da água para enviar para análise.

No carro, enquanto seguiam para o fórum, Armando disse a Marta:

— Viu como seu dia não foi tão ruim assim?

— É mesmo. Padre Antônio está muito empenhado na construção desse hospital. Tenho certeza de que ele conseguirá a documentação necessária.

— Tenho certeza de que, muito em breve, você estará dirigindo um dos hospitais mais modernos do Brasil!

— Tomara, Armando, pois esta cidade precisa muito de recursos médicos!

***

No hospital, Raul recebia os resultados dos exames de alguns pacientes de Marta:

— Doutor Raul, a doutora Marta me pediu que lhe entregasse esses exames. São do senhor Antero.

— Ah, Rita, deixe-os aqui. Marta me avisou que você os traria. Vou atender aos pacientes que estão aguardando e depois olharei os exames. Se estiver tudo bem, ele poderá ter alta hoje.

— Ele e a esposa perguntaram pela doutora Marta.

— Diga-lhes apenas que ela trabalhou durante a noite e que irei falar com eles.

— Está bem, doutor Raul. Se o senhor precisar de mim, estarei na enfermaria.

— Obrigado, Rita. Mais tarde, visitarei os pacientes internados.

Depois que Rita saiu, Raul ligou para Marta:

— Marta, bom dia. Pensei que estivesse em sua casa.

— Não, Raul, estou resolvendo alguns assuntos pessoais. Mais tarde irei para casa. Você está precisando de mim?

— Recebi os exames de Antero Martins. Você quer vê-los ou posso cuidar dele para você?

— Por favor, Raul, cuide dele. Vou passar no hospital mais tarde e preciso conversar com você.

— Fique tranquila. Cuidarei dele. Você pretende vir aqui a que horas?

— No fim do plantão, pois precisamos conversar sem que sejamos interrompidos. Você tem algum compromisso?

— Não, Marta. Pode vir no fim da tarde. Ficarei esperando você.

— Obrigada, Raul, até mais tarde.

— Até logo.

Marta desligou o telefone, e Armando perguntou:

— Antero é o pai de Ana Lúcia?

— Sim. Eu o deixei em observação para que fizesse exames. Raul vai olhar os resultados e examiná-lo. Provavelmente, ele sairá do hospital ainda hoje. No fim da tarde, vou conversar com Raul e pedir uma licença para que possamos viajar.

— Você acha que ele a dispensará logo?

— Tentarei explicar o que está acontecendo. Queria sair amanhã mesmo, pois, quando derem por minha falta, estarei longe. Puxa, Armando, não combinei nada com você e já estou decidindo o que vou fazer.

— Não se preocupe. Padre Antônio vai embora amanhã. Vou ligar para Jairo para explicar como deixei o terreno, e ele virá cuidar de tudo para mim. Rogério vai para São Paulo levar padre Antônio. Seria ótimo se pudéssemos ir todos juntos amanhã. E Henrique?

— Vou pedir a Raul para cuidar dele. Ele está bem. Não teve mais alucinações, portanto, já pode voltar às suas funções na prefeitura.

— E sua mãe?

— Mamãe ficará bem. Não acredito que Henrique faça alguma coisa contra ela.

— Ele não, mas e Roberto? Quando ele souber que estamos juntos, vai querer saber onde estamos.

— Por que está dizendo isso?

— Marta, não percebe que Roberto só tem olhos para você?

— Você está brincando?

— Não estou não. Ele é louco por você.

— Armando, de onde você tirou essa ideia?

— É só ver como ele fica quando está perto de você e quando nos vê juntos.

— Você fala como se nós estivéssemos sempre nos encontrando.

— Acho que você não tem prestado atenção nisso. Você tem tanta raiva dele que não consegue enxergá-lo.

— Armando, você está me assustando.

— Desculpe, Marta, não tive essa intenção, mas quero que fique preparada. Tenho certeza de que, quando ele souber que estamos juntos, ele vai revelar seus sentimentos... e o pior... o ciúme que tem de você.

— Ah, meu Deus! Mais essa?! O que devo fazer?

— Nada! Apenas não fique sozinha com ele. Preste muita atenção quando estiver em algum lugar e ele também estiver.

— Vou tentar, Armando. Gostaria que estivesse sempre comigo quando ele aparecesse.

— Não vou deixá-la sozinha, Marta, mas não conseguiremos estar juntos o dia inteiro, então, por favor, tenha cuidado.

Pouco depois, Armando avisou:

— Chegamos. O detetive Horácio está aí.

— Como você sabe?

— Pelo carro prata com vidros escuros. Venha, vamos falar com doutor Otávio.

219

A VERDADE

CAPÍTULO 23

— Bom dia, Wanda.

— Bom dia, senhor Jairo.

— O que aconteceu com essa sala?

— Fiz algumas alterações na arrumação dos móveis e trouxe algumas plantas para dar mais vida ao ambiente. Espero que o senhor não se importe.

— De modo algum, Wanda. Você tem bom gosto. A recepção está ótima. Fez curso de decoração?

— Não, apenas gosto de mudar os móveis de lugar e assim acabo tendo ideias que completam o ambiente.

— Você deveria fazer um curso de decoração de interiores! Se sem ele, você já fez essa ótima mudança na recepção, com o curso poderá ser uma excelente decoradora.

— Obrigada, senhor Jairo. Gostaria de voltar a estudar, mas no momento não posso.

— Não pode? Por quê?

— Estou morando com uma amiga e preciso ajudá-la com as despesas da casa. E o que sobrar do salário vou economizar para ter meu próprio apartamento. Comecei a trabalhar há pouco tempo aqui na construtora. Não posso gastar com estudos.

— Wanda, você mora com Ângela, não é?

— Sim, por quê?

— Porque estou precisando de uma decoradora para montar a cênica do prédio que vamos lançar dentro de dois meses. Aquele no Jardim Anália Franco.

— Eu sei qual é. A maquete ficou muito boa.

— Então, fale com Eduardo e peça-lhe que mostre a planta do apartamento que separamos para decorar. Faça um projeto para mim. Se os responsáveis pela obra gostarem, eu pagarei o curso de decoração para você. O que acha?

— O senhor me pegou de surpresa, não sei o que dizer. Adoraria fazer o projeto e o curso, mas... e se meu projeto não for aprovado?

— Você voltará para cá e depois conversaremos. Não tenha medo, Wanda. Não lhe faria essa proposta se não confiasse em seu talento.

— E quando posso procurar Eduardo?

— Agora mesmo. Ele acabou de chegar.

— Bom dia, Jairo. Bom dia, Wanda.

— Bom dia, Eduardo. Estávamos falando de você.

— Espero que bem!

— Sempre bem! Você sabe que não tenho o hábito de falar mal dos meus colegas de trabalho.

— Desculpe, Jairo, eu estava brincando.

— O que acha da decoração desta sala?

— Ficou ótima. Você teve bom gosto na escolha dos móveis.

— Não escolhi nada, Eduardo. Foi Wanda quem fez as modificações com o que tínhamos aqui e deu um toque pessoal adicionando esses vasos.

— Ficou ótimo! Você tem jeito para decoração, Wanda — Eduardo elogiou.

— Obrigada.

— Eduardo, queria que você mostrasse para Wanda a planta do decorado do Jardim Anália Franco. Gostaria que ela fizesse o projeto de decoração. O que acha?

— Acho ótimo. Não estava com vontade de falar com Rute sobre a decoração, pois só ela aprecia as próprias ideias. Quero algo mais popular, funcional, mas que seja ao mesmo tempo bonito e elegante. Acho que, se conseguir colocar no apartamento seu gosto pessoal como fez nesta sala, você vai se sair bem, Wanda.

Wanda, que só ouvia, perguntou:

— Senhor Jairo, e quem ficará na recepção?

— Onde está Márcia?

— Ela entra às dez horas.

— Por enquanto, façamos assim: você fica aqui pela manhã e, no período da tarde, você vai trabalhar na sala do Eduardo. Tudo bem para vocês?

222

Eduardo respondeu:

— Por mim tudo bem! Podíamos começar hoje mesmo, pois estou com o dia livre.

Wanda perguntou:

— Devo avisar alguém do departamento de pessoal?

Jairo respondeu:

— Não, Wanda, deixe isso por minha conta. Depois do almoço, você pode ir direto para a sala do Eduardo.

Eduardo voltou-se para Wanda e disse:

— Wanda, façamos melhor... hoje estou com o dia livre. Podíamos almoçar juntos, e eu aproveitaria para lhe explicar o trabalho. E depois, quando voltássemos ao escritório, eu lhe entregaria as plantas, mostraria as maquetes e tiraria suas dúvidas. O que acha? Assim, se amanhã eu não vier ao escritório, você já conseguirá iniciar seu trabalho em minha sala. Tudo bem para você?

— Claro! Vocês estão me dando uma oportunidade maravilhosa! Nem sei o que dizer.

Jairo completou:

— Não precisa dizer nada agora. Vá com Eduardo e desenvolva um bom trabalho, pois é isso o que esperamos de você. Tenho certeza de que se sairá bem. E agora vamos trabalhar. Eduardo, venha comigo. Vou aproveitar que está livre para lhe repassar o projeto do hospital.

— Está bem! Até mais, Wanda. Você vai sair para almoçar a que horas?

— Ao meio-dia.

— Se eu não estiver aqui, por favor, ligue para o escritório do Jairo. Nossas conversas sempre ultrapassam os horários da empresa.

— Está bem. Eu ligarei para você. Até mais.

Márcia vinha chegando e perguntou:

— "Eu ligo para você", "almoço ao meio-dia", o que está havendo? Você está vermelha como um tomate!

— Márcia, o senhor Jairo gostou da decoração da sala e me pediu para fazer um projeto para o decorado do Jardim Anália Franco. Vou trabalhar no período da tarde com Eduardo. Você ficará sozinha.

— Que bom, Wanda. Você vai me fazer falta à tarde, mas darei um jeito. Agora, vou lhe dar um conselho: cuidado com Eduardo. Ele tem uma péssima fama aqui no escritório.

— Fama de quê? Nunca ouvi ninguém falar nada sobre ele.

— Wanda, não seja ingênua. Ele é solteiro... E sabe por que a mulher dele o deixou?

223

— Você acabou de dizer que ele é solteiro, como, então, pode ter sido abandonado pela mulher?

— Mulher, noiva, tanto faz. Precisa prestar mais atenção nas pessoas que trabalham com você, Wanda. Afinal, quer saber ou não por que ele se separou da mulher?

— Sinceramente? Não. Não é problema meu e não tenho nada a ver com ele. É melhor voltarmos ao trabalho. Quero deixar tudo em ordem para você não ficar atrapalhada à tarde.

— Você é quem sabe, mas quem avisa amigo é.

— Está bem, Márcia, ficarei atenta. Se quiser saber alguma coisa, perguntarei a você. Pode atender a essa ligação?

— Construtora Nogueira, bom dia.

Wanda encerrou a conversa com Márcia e tentou despachar todo o serviço da recepção para dedicar-se ao projeto de decoração solicitado pelo dono da construtora.

Pouco depois, os funcionários do escritório observaram Wanda sair para almoçar com o engenheiro Eduardo. Alguns mais curiosos perguntaram a Márcia o que estava acontecendo:

— O senhor Jairo resolveu ajudá-la devido a uma mudança que ela fez na recepção, mas sinceramente não vi nada de especial no que ela fez.

Rosângela, secretária de Jairo, alfinetou:

— Ela é amiga da namorada do Jairo. Você não sabia disso?

— Então, é isso! Sabia que havia alguma coisa além daquela decoração boboca.

— Não conte para ela, senão ficarei em apuros.

— Foi o Jairo quem contou para você?

— Não, ele não falou nada, apenas elogiou o trabalho de Wanda para Eduardo. Eles entraram na sala de reuniões, e não pude ouvir mais nada.

— Sabe por que ele colocou Eduardo para trabalhar com ela?

— Eduardo está disponível. O último trabalho dele é o edifício do Jardim Anália Franco. Os outros engenheiros estão todos ocupados, e você sabe que Eduardo é o xodó do Jairo.

— Que história é essa de "xodó"?

— Eduardo estava com Jairo quando o pai dele morreu. Eles são muito amigos. Quando Eduardo se separou, ele foi morar na casa do Jairo.

— Pois é! Você acredita que ela não sabia que Eduardo é solteiro?

— Márcia, você acha que todo mundo sabe da vida de Eduardo como você?

224

— É... eu aqui falando deles, e é ela quem está almoçando com ele.

— Está com ciúmes?

— Ciúmes? Eu? Você não me conhece. Só não quero que aquela sonsa atrapalhe meus planos.

— Planos? Que planos?

— Rosângela, estou tentando sair com Eduardo há algum tempo. Ele é arredio, então preciso ter muito cuidado. Se já estava difícil antes, imagine agora com Wanda no meio do caminho.

Rosângela riu:

— Você não tem jeito mesmo. Eduardo não está interessado em mulher nenhuma. O problema com a ex foi muito sério. Se eu fosse você, em vez de querer tirar Wanda do caminho, tente ser amiga dela e descobrir o que se passa na cabeça daquele homem.

— Você acha mesmo?

— Lógico! Raciocine comigo! O cara é bonito, inteligente, rico, solteiro e vive sozinho. Há algum mistério na vida dele.

— É... talvez você tenha razão. Vou seguir seu conselho. Agora vamos trabalhar que já deu o horário.

— Vamos. Jairo está voltando do almoço, e não quero que ele me pegue aqui. Até mais.

— Até.

Wanda e Eduardo almoçaram em um restaurante próximo à construtora, um lugar tranquilo que ele frequentava:

— Gostou da comida, Wanda?

— Sim, estava ótima. Não conhecia este restaurante.

— Gosto de vir aqui porque não tem muita gente. No *shopping* há muito barulho. Não se pode nem conversar. Mas me fale de você. Você estudou decoração aonde?

— Não estudei decoração, senhor. Não faça essa cara... O senhor Jairo está empenhado em me ajudar, mas não sei se conseguirei fazer o que ele quer. Decorar uma sala é uma coisa, mas decorar um apartamento é outra.

— Olhe, Wanda, vou lhe dizer uma coisa: você tem muito bom gosto. É só olhar para você. Não faça cara de espanto. A decoração da sala ficou muito boa. Eu trabalho lá há mais ou menos dez anos, e a recepção tinha aquela decoração desde que comecei a frequentar a construtora. Você deu vida a ela.

— Mas não fiz nada de complicado. Apenas mudei os móveis de lugar e coloquei algumas plantas.

— E arrumou as revistas de forma diferente, trocou o filtro de lugar, mudou a disposição dos descartáveis, a posição do telefone e talvez mais alguma coisa que eu não tenha visto. São coisas simples, mas que não saíam do lugar há pelo menos dez anos. Você deu vida a elas. É aí que está seu talento. Não é todo mundo que sabe dar vida aos objetos.

— Dar vida aos objetos?

— Sim! Organizá-los de forma que todos possam vê-los. Destacar suas cores, suas formas e seus tamanhos.

— Mas tem gente que nem percebeu o que fiz.

— Sim, pois são pessoas que não têm percepção em relação às coisas que as rodeiam e só enxergam aquilo que lhes interessa. Venha, vamos voltar ao escritório. Vou lhe mostrar do que estou falando.

Quando Wanda entrou no escritório de Eduardo, ficou encantada com a decoração.

— Seu escritório é diferente dos outros, por quê?

— Porque possui os objetos de que gosto. Me dá prazer olhar para eles. É o que lhe disse sobre dar vida às coisas.

— Nunca havia pensado dessa forma.

— E mesmo assim você tem a capacidade de dar vida às coisas. Imagino como deva ser sua casa. Seu marido é um felizardo.

Wanda sentiu-se ruborizar. Percebendo o embaraço da moça, Eduardo disse:

— Desculpe, não quis ser indiscreto. Acho que falei demais.

— Não se preocupe, seu Eduardo. Não sou casada e estou morando temporariamente na casa de uma amiga. Sua observação me pegou de surpresa. Foi só isso.

— Sabe, Wanda, não costumo falar assim. Não sei o que me deu. Talvez seja o fato de que vamos trabalhar juntos. Nossa decoradora não me ouve, e o último decorado que ela fez nos deu um grande prejuízo. Peço-lhe que me desculpe se toquei num assunto muito particular. Não acontecerá novamente, eu prometo.

— É realmente um assunto difícil. Vamos manter nossas conversas voltadas para o trabalho. Me sentirei melhor assim.

— Está bem! Vamos trabalhar, então. Venha, você ficará nesse espaço. Eu costumo usar essa mesa para reuniões, e você pode trabalhar nela tranquilamente. Não precisa guardar tudo no fim da tarde. Não vou usar esse espaço.

— Não fará reuniões por minha causa?

— Não, não. Se eu precisar fazer alguma reunião, irei para a sala ao lado. Olhe. Essa é a planta do apartamento que nós vamos decorar. Ele fica no térreo, do lado direito. Está vendo o imóvel aqui na maquete?

Eduardo explicou a Wanda o que queria e depois foi sentar-se à sua mesa, deixando-a sozinha. De onde estava ele podia observá-la sem que a moça percebesse.

Eduardo pensava: "Preciso saber mais sobre essa moça... Vou falar com Jairo ainda hoje". O telefone tocou e interrompeu seus pensamentos:

— Senhor Eduardo?

— Sim, quem é?

— Boa tarde, é Valdecir. Precisamos do senhor aqui no Anália Franco.

— Oi, Valdecir, não reconheci sua voz. Algum problema?

— Sim, o depósito não tem em estoque a quantidade de cimento de que precisamos e não podemos adiar mais essa obra. O senhor pode vir até aqui?

— Claro, já estou a caminho. Até já.

Eduardo desligou o telefone e explicou a Wanda que teria de sair, recomendando-lhe que ficasse à vontade para trabalhar:

— Se precisar falar comigo, pode ligar para meu celular. Você tem o número?

— Tenho, senhor Eduardo. Se houver qualquer problema, lhe telefono.

***

— Jairo? É Ângela. Está ocupado?

— Não. Aconteceu alguma coisa?

— Wanda me contou o que você fez por ela.

— Não fiz nada, Ângela. Sua amiga tem muito talento. Me diga uma coisa... você a conhece bem?

— Sim, o que quer saber?

— Ela tem alguém? Namorado, ex-marido?

— Não. Alguém a magoou muito, mas ela não toca no assunto. Parece que o rapaz era o prefeito de uma cidade próxima a Campinas. Por que você quer saber?

— Porque a coloquei para trabalhar com Eduardo, que também não tem um passado dos melhores em relação a mulheres. Vamos nos encontrar hoje à noite, e lá eu lhe conto tudo.

— Está bem. Você vai passar em minha casa ou quer que eu o encontre em algum lugar?

227

— Eu passo para buscá-la. Consegui as entradas daquela peça que você queria assistir.

— Você está me deixando mal-acostumada. Jantares, teatro, cinema...

— Precisamos recuperar o tempo perdido! Depois de assistirmos à peça, o que acha de irmos comer alguma coisa? Pegarei você às 19 horas. Está bem?

— Estarei esperando você. Um beijo.

— Outro para você.

***

— Rosângela, por favor, venha à minha sala.

— Pois não, senhor Jairo.

— Preciso lhe pedir um favor. Não deixe que façam comentários sobre Wanda. Ela vai começar um trabalho novo aqui na construtora, e não quero ouvir nenhuma insinuação sobre ela e Eduardo.

— Por que o senhor está me dizendo isso? Não costumo alimentar fofoca aqui dentro.

— Eu sei. Por isso mesmo estou lhe pedindo que verifique isso para mim. Se houver alguma coisa acontecendo, por favor, me avise. Não vou punir ninguém. Apenas quero saber em quem, além de você, posso confiar.

— Está bem, senhor Jairo. Pode contar comigo.

— Ótimo, Rosângela, obrigado.

***

— Oi, Wanda, como foi o trabalho novo?

— Foi ótimo, Ângela. Ainda estou estudando os desenhos e preciso de algumas informações, porque uma coisa é você arrumar um lugar com móveis que já existem, outra é criar um ambiente. Não sei se sou capaz.

— Não seja boba. Se você não tivesse talento, Jairo não a teria chamado para esse trabalho. Aqui em casa mesmo, você fez pequenas mudanças, e o ambiente ficou bem melhor, mais alegre.

— É... eu não resisti. Acabei mexendo em suas coisas sem sua autorização e pensei que não tivesse dito nada para não me magoar.

— Wanda, você está em minha casa. Não falei nada, porque não tivemos tempo para conversar. Eu tenho trabalhado muito e chegado em casa exausta, mas reparei no que você fez. Reparei e gostei muito. Você

228

deu vida aos objetos que tenho aqui, e aquela samambaia que está na varanda é linda.

— Fico feliz que tenha gostado. É minha forma de lhe agradecer o carinho com que tem me tratado. Obrigada por sua ajuda, Ângela. Se eu não a tivesse encontrado, não sei onde estaria agora.

Ângela abraçou a amiga e disse:

— Não pense mais no passado. Já lhe disse que pode ficar aqui pelo tempo que quiser. Aproveite a chance que a vida está lhe dando. Trabalho novo, amigos novos... Não fique remoendo o passado. Passou, acabou, e não há nada que você possa fazer para mudá-lo. Melhorar seu futuro, no entanto, ainda é possível. Invista em si mesma e em sua carreira. Continuaremos morando juntas e dividindo as despesas, como temos feito. O tempo é o melhor remédio para fechar feridas, apagar mágoas e nos permite recomeçar e ser felizes.

— Obrigada, Ângela. Mas o que vai acontecer se você e Jairo resolverem se casar?

— Você continuará morando aqui. E não sei se vamos nos casar. Não falamos sobre isso. Vou repetir, deixe o tempo passar. Você precisa viver o presente! Não adianta pensar no passado ou sofrer pelo futuro. O presente é o que importa. Viva o hoje, deixe o ontem para trás e o amanhã para amanhã.

Wanda abraçou a amiga e falou:

— Obrigada, Ângela. Como lhe disse, é muito bom tê-la como amiga. Vou tentar fazer o que você está falando. Quem sabe assim não consigo tirar essa angústia do peito?

— Faça isso, amiga. Angústias levam a doenças. Você é muito jovem e tem uma vida inteira pela frente. Não se prenda ao passado. Aproveite o que a vida está lhe dando e não sofra. Se não quiser sair, leia um bom livro, assista a um filme, mas faça alguma coisa que a ajude a crescer como pessoa. Nenhum ser humano merece permanecer no sofrimento, ficar preso aos grilhões do passado. É passado, foi, acabou, não existe mais.

O barulho da campainha interrompeu a conversa das amigas:

— Deve ser Jairo. Pode recebê-lo? Vou terminar de me maquiar.

— Senhor Jairo, boa noite! Entre. Ângela está terminando de se arrumar.

— Não precisa me chamar de senhor, Wanda. É impressão minha, ou você estava chorando?

— Eu estava conversando com Ângela e me emocionei. Não é nada de mais. Não precisa se preocupar.

229

Jairo brincou:

— Ainda bem! Pensei que estivesse triste com o trabalho novo!

— De jeito nenhum. Estou muito contente com a oportunidade que o senhor, quer dizer, que você me deu.

— Ótimo! Não tenha medo de me perguntar algo quando tiver dúvidas. Eduardo é muito competente. Você vai gostar de trabalhar com ele. Ah! Mais uma coisa! Alertei Rosângela e quero alertá-la também de que não se deixe envolver por fofocas no ambiente de trabalho.

— Está dizendo isso por causa do senhor Eduardo?

— Por causa dele e por sua causa também. Embora não pareça, observo as pessoas que trabalham comigo e sei que algumas não gostam do Eduardo. Ele é meu amigo de muitos anos. Estivemos juntos em momentos difíceis, e algumas pessoas que trabalham conosco não compreendem isso e acham que eu o protejo. Então, se ouvir algum comentário, não se deixe impressionar e não comente o que estão fazendo. Mantenha sempre o assunto voltado ao trabalho. Quando estiver com ele, converse sobre o que quiser, mas, quando estiver com outras pessoas, fique atenta.

— Obrigada pelo aviso, Jairo. Eu tinha reparado no olhar do pessoal quando voltamos do almoço. Ganhei parabéns de alguns, mas sei que nem todos foram sinceros.

— É, Wanda, procure ouvir mais, observar com atenção e falar pouco, principalmente de sua vida pessoal. Aquela turma não deixa passar nada.

Nesse momento, Ângela chegou, beijou Jairo e perguntou:

— Você também está dando uns conselhos para Wanda?

— Estou! Sabe... é impressionante como as pessoas se incomodam com o sucesso das outras. Não fazem nada para melhorar a própria vida e reclamam quando não são escolhidas para uma promoção ou coisa parecida. Estou falando com Wanda, porque ela é nova na empresa e vai trabalhar com o engenheiro "queridinho do chefe", como eles o chamam. Não quero perder nenhum dos dois para os fofoqueiros.

— Jairo, agradeço seus conselhos e lhe agradeço também, Ângela. Não se preocupem! Vou segui-los e dar o melhor de mim em tudo. Agora vão, senão se atrasarão. Eu ficarei bem. Divirtam-se.

Depois que Ângela e Jairo saíram, Wanda ficou pensando em tudo o que ouvira: "Eles estão certos. Estão fazendo de tudo para me animar, e continuo sofrendo por causa do Henrique. Preciso mudar isso, meu Deus! Por favor, me mostre um caminho a seguir. Preciso viver minha vida, cuidar do meu futuro. Tenho 27 anos e não quero adoecer por causa dessa angústia. Não quero decepcionar Jairo e Ângela!".

Wanda deixou as lágrimas saírem livremente e, quando se acalmou, fez uma prece, pedindo a Deus que iluminasse seu caminho para que ela saísse da tristeza, da apatia, e pudesse recomeçar. O cansaço, as lágrimas, a oração acalmaram-na e ela pegou no sono.

Quando Wanda acordou, já passavam das 23 horas. Ela sentiu fome, e, enquanto comia um lanche, Ângela chegou:

— Você estava me esperando? — Ângela questionou.

— Não, Ângela. Depois que você saiu, chorei muito, rezei e acabei cochilando no sofá. Acordei há pouco, vim fazer um lanche e depois vou tomar um banho para dormir.

— Está se sentindo bem? Seus olhos estão inchados.

— Estou bem. Meus olhos estarão horríveis amanhã, mas estou mais calma. Acho que eu precisava chorar e ouvir tudo o que vocês me disseram. Amanhã, estarei bem para trabalhar e seguir em frente. Obrigada, Ângela. Você me disse coisas que eu precisava ouvir e me fizeram pensar sobre tudo o que vivi. Sabe... sempre me senti uma pessoa inútil, sem perspectiva de sucesso, feia, enfim, horrível.

— Pare com isso, Wanda! Você é uma mulher bonita, inteligente, talentosa, que, em um momento de sua vida, acabou encontrando um homem errado. Quantos homens e mulheres não viveram esses momentos? Eu mesma não tive um começo errado com Jairo? E agora, depois de todos esses anos, estamos juntos novamente, recomeçando? E esse recomeço só foi possível porque nós nos amamos. Você viveu um momento difícil com Henrique, contudo, isso não significa que você não possa amar novamente e encontrar o homem certo. Não se feche para o amor, para a vida. Arrume-se e deixe sua beleza fluir! Agarre as chances que a vida está colocando à sua frente. O universo está a seu favor. Vá em frente.

— Você tem razão, Ângela. Vou tentar confiar mais em mim e me deixar levar pela vida. Bem, estou apenas falando dos meus problemas e nem perguntei como foi sua noite!

— Foi ótima! O teatro estava cheio, e a peça foi muito boa. Adoro ver o Marco Nanini em cena.

Wanda e Ângela continuaram conversando sobre a peça de teatro, sobre os atores e sobre seus planos para o futuro.

CAPÍTULO 24

Eduardo encontrou-se com Jairo no estacionamento da construtora.

— Eduardo, que surpresa! O que está fazendo aqui?

— Vim ver como Wanda deixou o escritório ontem. Precisei sair para resolver um problema com cimento e acabei não voltando para cá. E você? Por que veio trabalhar hoje?

— Preciso ajudar um cliente que está em Rovena. Preciso terminar aquele projeto do qual lhe falei. Você tem algum compromisso?

— Não, passei aqui só para ver como estava minha sala. Quer ajuda?

— Quero! Preciso terminar o projeto hoje. Falta digitar o memorial descritivo e imprimir os desenhos.

— Eu te ajudo. O memorial está pronto?

— Não, preciso acertar alguns detalhes ainda. Imprima as plantas para mim, e eu cuidarei do memorial.

— Está bem. Vou dar uma olhada em minha sala e depois o encontro na sua.

— Ok. Enquanto isso, vou digitar o memorial.

***

— Bom dia, Wanda! Já em pé?

— Você viu que horas são?

— E daí? Ontem nós fomos dormir tarde. O que vai fazer hoje?

— Vou até o *shopping*. Quero ver um material de decoração para o projeto do apartamento. Preciso fazer uma cotação. E você? Vai sair com Jairo?

— Vou sair com ele à noite. Ele foi trabalhar, pois quer entregar o projeto do hospital de Rovena na segunda-feira.

Percebendo o rubor que surgiu no rosto de Wanda, Ângela perguntou:

— Você ainda fica balançada quando falo de Rovena?

— Sim, é verdade. Ainda não esqueci Henrique. Me decepcionei muito com ele, mas mesmo assim gostaria de saber como ele está, como reagiu depois que fui embora.

— Quer que eu pergunte a Jairo?

— Não, não quero que ele saiba do meu envolvimento com o prefeito de Rovena. Ele pode achar que sou uma oportunista.

— Ele não vai achar nada, Wanda! Ele me disse que Henrique tem um caráter no mínimo duvidoso e que está envolvido em falcatruas na cidade. Acho que você deveria conversar com Jairo sobre ele. Já pensou se mandam você fazer alguma decoração nesse hospital, e você dá de cara com Henrique?

— Não diga isso nem por brincadeira! Mas como vou falar com Jairo sobre isso, se nem consigo falar sobre ele com você.

— Por isso mesmo, Wanda! Às vezes, falar com alguém que não está envolvido conosco pode nos ajudar a desabafar. É mais fácil do que você pensa.

— É, mas não tenho coragem de tocar nesse assunto com Jairo. Se ele me mandar para Rovena, eu conto. Caso contrário, deixo tudo como está. Você disse alguma coisa a ele?

— Não, Wanda, pois isso é assunto seu. É você quem deve decidir se conta ou não.

— Vou pensar. Bem, agora vou me arrumar. Quer ir comigo?

— Não, pois marquei hora no salão do Zezinho. Preciso retocar meu cabelo, fazer as unhas. Você vai ao cabeleireiro?

— Vou, mas marquei no fim da tarde.

— Quer uma carona ao *shopping*?

— Sim! Poderia me dar dez minutos? Preciso terminar de me arrumar.

***

Na construtora, Eduardo perguntou a Jairo:

— Por que você resolveu ajudar Wanda?

— Já lhe disse, Eduardo. Porque gostei do trabalho dela na recepção e porque sei que você não está se entendendo com nossa decoradora. Afinal, o que houve entre vocês dois?

— O que acontece com algumas funcionárias solteiras deste escritório, que querem saber tudo sobre minha vida. Não gosto de falar sobre mim, mas há sempre alguém querendo me empurrar um convite para uma festa ou querendo que eu participe dos programas que elas fazem. Não aguento isso.

Jairo riu e disse:

— É o que dá você ser o único homem livre deste escritório.

Rindo, Jairo completou:

— Quem o ouve falar pensa que aqui só trabalham mulheres vulgares. Você está exagerando.

— Não estou não. Pedi para Wanda me esperar para almoçarmos juntos e flagrei Solange e Rosângela se perguntando: "O que a Wanda tem que todo mundo se derrete por ela?".

— E você?

— Me escondi para ouvir mais, contudo, não consegui. Elas saíram para almoçar, e não podia segui-las sem ser visto. Dei um tempo e depois fui buscar Wanda.

— Foi bom você ter me contado. Sem saber dessa história, chamei a atenção de Rosângela para o fato de que possíveis fofocas sobre você e Wanda podiam acabar surgindo.

— E ela?

— Disse que eu não precisava me preocupar e que não fazia fofoca com ninguém.

— E você acreditou?

— Não. Falei que confiava nela, porque não quero que transformem a vida de Wanda num inferno. Afinal, elas estão de olho em você.

Os dois riram e voltaram a atenção para o trabalho. Quando terminaram, Eduardo convidou o amigo para almoçar, mas Jairo disse que iria se encontrar com Armando para lhe entregar o projeto.

— Pensei que você fosse entregar o material na segunda-feira.

— E ia mesmo! No entanto, ele me telefonou, disse que está em São Paulo e me pediu que levasse o projeto na casa dele. Armando vai tirar uns dias para descansar e ficará fora de São Paulo. Padre Antônio, que é o representante da Igreja nesse assunto, precisa levar o projeto para Roma. A viagem está marcada para terça-feira.

— Então, foi bom nos encontrarmos. Aqui estão os desenhos. Fiz três cópias e estão todas dobradas e embaladas separadamente. Esse equipamento novo é muito bom. O tempo de impressão dele é bem melhor do que o que está em minha sala.

— É bom saber, Eduardo. É um equipamento importado e caro. Não vou colocar no escritório por enquanto, mas você pode usá-lo quando quiser — Jairo concluiu.

— Obrigado. Vamos indo?

— Sim, vamos. E a propósito, como estava sua sala?

— Tudo na mais perfeita ordem.

— Está vendo? Você precisa aprender a confiar. Nem todas as mulheres são iguais. Relaxe. Tenho certeza de que você e Wanda farão uma boa dupla.

— Dupla sim, casal não. E não tente mudar isso.

— De jeito nenhum! Jamais faria qualquer coisa para aproximar vocês dois. Eduardo, vou lhe dar um aviso. Essa moça tem alguma coisa mal resolvida no passado dela. Ângela não me disse o que era e que, se eu quisesse saber de algo, deveria perguntar diretamente a Wanda. De concreto, só sei que tem alguma coisa a ver com o prefeito de Rovena, então, tome cuidado para não magoá-la.

— Eu não acredito que você não tentará nos aproximar, pois está louco para me ver casado! Bem, não se preocupe com Wanda. Eu jamais faria algo para magoá-la. Sei bem o que significa ser abandonado.

— Não sei se ela foi abandonada ou se abandonou alguém. Só sei que ela foi morar com Ângela por causa desse sujeito e que ele não é lá essas coisas.

— Fique tranquilo, Jairo. Não me esquecerei de nossa conversa.

Depois que os dois saíram da construtora, Eduardo ficou pensando na conversa que tivera com Jairo: "O que teria acontecido com essa moça e quem é esse tal prefeito de Rovena? O que será que ele fez de tão grave?". O som de uma buzina tirou Eduardo de seus devaneios, e ele resolveu ir ao *shopping* para almoçar e talvez ir ao cinema, afinal, tinha o sábado livre.

A praça de alimentação do *shopping* estava cheia, e Eduardo resolveu comer no restaurante chinês. Quando olhava em volta procurando um lugar para sentar-se, viu Wanda almoçando sozinha.

— Posso me sentar com você? Parece que São Paulo inteira resolveu vir almoçar aqui.

Surpresa, Wanda disse:

— Claro, sente-se. Ainda estou esperando meu lanche. Não chamaram minha senha.

— Lanche? Você acha saudável comer um lanche? Por que não almoça?

— Porque acordei tarde. Queria ver algumas lojas, por isso pedi um lanche achando que seria rápido. No fim das contas, estou aqui esperando.

235

Enquanto conversavam, a senha de Wanda apareceu no painel.

— Ah! Finalmente!

— Deixe que eu pego para você.

— Não, você está comendo.

— Eu chegarei lá mais rápido que você. Me dê aqui.

Wanda cedeu, e ele realmente voltou rápido.

— Obrigada. Você tinha razão! Eu não voltaria tão rápido. Mas sua comida deve ter esfriado.

— Não se preocupe. Não está tão fria a ponto de eu não conseguir saboreá-la. Gosta de comida chinesa?

— Gosto, mas a fila estava tão longa que acabei optando por um sanduíche.

— Está fazendo compras? — perguntou Eduardo.

— Não, estou procurando artigos para a decoração do apartamento modelo. Quero anexar uma cotação ao projeto.

Surpreso, Eduardo respondeu:

— Mas hoje é sábado, Wanda! Você deveria estar aproveitando o dia para um passeio.

— Não tem problema. Não tinha nada marcado e, por ser sábado, tenho mais tempo para andar pelo *shopping*.

Num impulso, Eduardo perguntou:

— Eu também não tenho nada para fazer, posso ajudá-la?

— Sim. Se não se importa de andar de loja em loja...

— Acredite, há muito tempo não faço isso. Talvez, além de ajudá-la, eu ainda encontre alguma coisa para meu apartamento.

— Está procurando algo específico?

— Não, quero apenas me dar um presente. Algo que enfeite minha casa. Talvez um vaso ou uma *bonbonnière*. O que acha?

— Não conheço seu apartamento nem o conheço para dar palpites, mas acho que uma *bonbonnière* seria o mais indicado.

— E por quê?

— Porque um vaso precisa de uma planta, e uma planta precisa de cuidados. Uma *bonbonnière* precisa de bombons, e você só terá de comprá-los quando for ao supermercado.

Rindo, Eduardo respondeu:

— Você é muito perspicaz.

— Estava me testando?

— Não, desculpe se lhe dei essa impressão. Só achei interessante a relação que você fez.

— Falei sem pensar. Não sei se você gosta de plantas ou se tem alguém que cuide delas por você.

— Gosto de plantas, mas não tenho quem cuide delas. Moro sozinho e tenho uma diarista que cuida da casa e de minha roupa. E você? Mora sozinha?

— Não, moro com uma amiga. Talvez você já a conheça. É a namorada do senhor Jairo. O nome dela é Ângela.

— Faz tempo que vocês moram juntas?

— Não, faz pouco tempo.

Percebendo que a expressão de Wanda mudara, Eduardo disse:

— Desculpe, não quis lhe fazer um interrogatório. Nem sei por que estou lhe fazendo tantas perguntas. Conheço Ângela de vista e de tanto ouvir Jairo falar dela. Nós dois somos amigos há muitos anos. Sabemos tudo da vida um do outro.

— Então, você sabe que moro com ela há pouco tempo e talvez saiba também algumas coisas sobre mim.

— Não, Wanda. Apenas sei que você mora com Ângela. Nada mais. Você já terminou? Podemos ir às lojas que você quer ver?

— Tem certeza de que não será um incômodo para você?

— Você não me conhece, então, não me julgue pelos comentários do pessoal da construtora. Terei o maior prazer em acompanhá-la.

— Por que acha que eu o julgaria pelos comentários dos outros? Tenho trabalhado muito e não tenho tempo para ficar conversando com ninguém.

— Wanda, acho que nós dois estamos começando errado. Vou ser sincero, então. Falei com Jairo sobre você, mas, por favor, me deixe terminar. Naquele escritório há sempre alguém querendo me arrumar companhia, e eu detesto isso. Talvez um dia, eu consiga falar sobre meu passado, mas ainda é muito difícil. Jairo me disse que você sofreu muito por alguém, mas ele só sabia isso. Ângela sugeriu a ele que, se quisesse saber algo sobre seu passado, perguntasse diretamente a você. Não sei por que estou lhe dizendo isso, mas quero que confie em mim. Não precisamos transformar nosso sábado em um dia de confissões. Apenas quero que saiba que não quero perder sua amizade.

— Eduardo, não quero falar sobre o passado. Sei que algumas funcionárias gostam de você e desejam que participe dos programas do escritório, mas sei também que você sempre se recusa a sair com elas. O fato de termos saído ontem para almoçar já deixou o pessoal atento. Não sei se o senhor Jairo tem alguma intenção escondida nisso, contudo, se tiver, ele está sendo muito discreto. Ele sofreu muito por causa da Ângela, e, embora ela negue, minha amiga não namorou ninguém depois que eles brigaram. Talvez seja por isso que eles queiram nos

237

aproximar. Estão felizes e querem ver os amigos da mesma forma. Façamos o seguinte, então... Vamos percorrer as lojas sem nos preocuparmos com o futuro. Como Ângela me disse ontem, vamos viver o presente e deixar o futuro para amanhã. Não precisamos ter pressa. A vida se encarregará de colocar as coisas no lugar.

— Sábias palavras! Agora é melhor sairmos daqui, pois aquele pessoal está aguardando uma mesa e pelo jeito nos querem fora daqui o mais rápido possível.

Wanda olhou na direção indicada por Eduardo e concordou. Os dois, então, saíram da praça da alimentação e foram percorrer as lojas do *shopping*. Não sentiram o tempo passar, e, quando se deram conta, já era noite. Eduardo convidou para jantar em um restaurante fora do *shopping*.

A noite transcorreu tranquila, e Wanda começou a sentir-se segura com Eduardo, não deixando de pensar no quanto ele era diferente de Henrique. Gentil, educado, ele parecia preocupar-se com ela e ouvia sua opinião com atenção. Com ele a conversa fluía fácil. O dia passara, e ela nem se dera conta.

Eduardo estava encantado com Wanda. A moça não se preocupava com a opinião dos outros sobre si, era delicada, atenciosa, e conversava com os vendedores ouvindo as explicações sobre os objetos que a interessavam. Quando foram jantar, a conversa girou em torno do que viram naquele dia, de cinema e de teatro.

No fim da noite, Eduardo levou Wanda para casa e num impulso convidou-a para passar o domingo com ele. O domingo prometia ser de sol, e ele sugeriu que fossem à praia. A moça ficou indecisa, mas a vontade de permanecer na companhia dele prevaleceu. Combinaram, então, que ele a pegaria às 7 horas para aproveitarem o dia.

Quando entrou em casa, Wanda sentia-se leve e alegre. A moça foi arrumar o que precisaria para o passeio no dia seguinte e escreveu um bilhete para Ângela pedindo que não se preocupasse. Ela sairia cedo e não iria acordar a amiga.

No domingo, após chegarem à praia, Eduardo e Wanda sentaram-se em um quiosque.

— Gostaria de conhecer minha história?

— Se você confiar em mim e quiser contá-la... Mas, por favor, não me peça para falar do meu passado. Não sei se estou preparada para lhe contar.

— Não se preocupe. Não sei o que está acontecendo comigo, mas estou precisando desabafar com alguém. Além disso, você é diferente das mulheres que conheci.

— Diferente?

— Sim, você escuta o que as pessoas têm a dizer. Presta atenção no que está acontecendo à sua volta. Sinto que você está comigo porque minha companhia lhe faz bem e não porque você quer "desfilar com o engenheiro Eduardo". Estou sendo presunçoso?

— Não, você me parece ser uma ótima pessoa. Gosto de sua companhia e, sinceramente, em nenhum momento pensei em "desfilar" com você.

— Vou falar de uma vez! Por favor, não interrompa, senão poderei perder a coragem de ir até o fim... Conheci Patrícia na faculdade e acho que foi amor à primeira vista. Não conseguia sair de perto dela e fazia todas as suas vontades. Quando terminamos a faculdade, a pedi em casamento. Ela riu de mim e disse que jamais se casaria com alguém como eu. Não entendi aquela afirmação e pedi que ela me explicasse por que havia aceitado tudo o que eu lhe tinha dado durante todos aqueles anos, afinal, em nenhum momento havia me sentido usado. E ela dizia que me amava. Patrícia, então, começou a rir, rir muito, me chamou de tolo, de infantil, e me disse que eu satisfiz todas as suas vontades porque quis. Segundo ela, nunca havia me pedido nada. "Foi bom", ela disse. "Foi bom termos ficado juntos, agora acabou. Não vou me ligar a um jovem que vai iniciar uma carreira. Quero alguém mais velho que você, alguém de posição".

Eduardo fez uma breve pausa e continuou:

— Argumentei que ela estava errada, que eu iria sim iniciar uma profissão, mas que vinha de uma família rica. Dinheiro não seria problema. Não adiantou, ela estava irredutível. Não me queria. Era nossa despedida e fim! Estava tudo terminado. Imagine... eu tinha 24 anos quando terminei a faculdade. Meus pais vivem numa fazenda em Ribeirão Preto. Eu morava sozinho, tinha meu apartamento, meu carro e uma namorada linda. O que mais eu iria desejar? Fui um bom aluno, terminei a faculdade com um emprego garantido e não teria problemas em sustentá-la. Mas não! Ela não me queria.

"Alguns anos mais tarde, a reencontrei. Ela estava com uma aparência horrível, envolvera-se com drogas e acabou se prostituindo por causa delas. Estava em total decadência. Tentei ajudá-la, queria interná-la numa clínica de reabilitação, mas ela novamente fez pouco de minha ajuda. Falou que eu não sabia nada da vida e me pediu que a deixasse em paz, que desaparecesse da vida dela de uma vez por todas. Alguns dias depois, fui procurado por um policial. Ele me disse que haviam encontrado o corpo de uma moça próximo ao viaduto do Chá. Ela estava morta, e nos seus pertences havia uma carta endereçada a mim. O corpo estava no IML e precisava ser reconhecido.

"Fiquei estarrecido. Pedi ao policial que me deixasse ver a carta e o acompanhei ao IML. Fui no carro da polícia e, enquanto nos dirigíamos ao necrotério, comecei a ler a carta. Ela dizia: 'Eduardo, você não sabe como me custa lhe dizer isso... Sei que estou no fim, pois as drogas acabaram comigo. Quando terminamos a faculdade, você queria se casar comigo, e eu, iludida com as promessas de outro homem, o deixei. Não sei se você soube, mas tive um envolvimento com Roberto de Almeida Filho. Um envolvimento que durou poucos meses. Quando contei a ele que estava grávida, Roberto ficou desesperado e me disse que o filho não era dele, que eu o traíra. Jurei que o filho era dele, que eu lhe era fiel, e ele me esbofeteou dizendo que não poderia acreditar nisso, pois, quando eu namorava você, me entregava a ele. Roberto reiterou que o filho não era dele e que não podia ter filhos. Eu me desesperei! Estava separada de você havia seis meses, e o filho que eu trazia no ventre não podia ser de outra pessoa. Chorei muito e insisti que o filho que eu esperava era de Roberto. Nós morávamos em um sobrado. Corri atrás dele na escada, e ele me empurrou. Eu caí, e você pode imaginar o que aconteceu. Perdi meu filho e não tinha para onde ir. Fiquei perambulando pelas ruas e acabei nas drogas e na prostituição. Se você receber essa carta, é porque encontraram meu corpo jogado em algum lugar. Por favor, não me deixe ser enterrada como indigente. Você me ofereceu ajuda, e não aceitei, pois não queria fazê-lo sofrer mais. Não era justo que você cuidasse de mim depois de tudo o que lhe disse. Por favor, tente me perdoar. Patrícia'.

"Identifiquei o corpo no IML. Patrícia estava horrível, não tinha nada do rosto bonito, da mulher atraente que eu havia conhecido. Os pais dela foram avisados e me pediram que eu a enterrasse em qualquer lugar. Eles não a reconheciam mais como filha."

— Você cuidou do enterro? — perguntou Wanda.

— Sim. A necropsia constatou que ela morreu de falência múltipla dos órgãos causada pela ingestão de drogas pesadas. Ela estava anêmica e com os pulmões comprometidos.

— Meu Deus, Eduardo! Quanto sofrimento. E o tal Roberto? Você o procurou?

— Sim, e ele me disse que eu resolvesse o problema, pois não tinha nada a ver com ela.

— Eles chegaram a se casar?

— Não. Segundo soube por um dos empregados que me atendeu, Patrícia foi morar com Roberto, mas não chegaram a se casar. Algum tempo depois, descobri que esse empregado havia morrido num assalto na casa. Depois, nunca mais procurei saber nada a respeito desse homem.

— Você não se ligou a nenhuma outra mulher por causa dela?

— Eu tentei, Wanda. Não gosto de viver sozinho, mas não consegui me ligar a ninguém. Tenho sempre a sensação de que vou ser posto de lado novamente, pois tudo isso me marcou muito. Iniciei minha vida profissional na construtora do pai de Jairo, e por essa razão nos conhecemos há muitos anos. Consegui contar essa história para ele no dia em que Jairo se abriu comigo sobre Ângela. Nós estávamos na casa dele, começamos a beber e acho que exageramos. Contudo, foi bom, afinal, conseguimos contar nossas mágoas um para o outro, o que fez bem a nós dois.

— E você não contou essa história a mais ninguém?

— Não, Wanda, e não sei por que resolvi lhe contar. Acho que é esse seu jeito. Não sei. Não é por conta da bebida, porque só tomamos água de coco.

— Obrigada por confiar em mim. Fique certo de que seu segredo estará bem guardado comigo.

Eduardo estava bem próximo a Wanda, olhou nos olhos dela e a beijou com doçura. Wanda tentou afastar-se, mas acabou se entregando àquele beijo, e, quando se afastaram, ele disse:

— Wanda, fique comigo. Não sei o que está acontecendo, mas a quero perto de mim. Por favor, não me deixe.

— Eduardo, também não sei o que está acontecendo. Meus sentimentos estão confusos e a única certeza que tenho é de que não quero deixá-lo. Não sei se o que estou sentindo é amor, mas quero ficar com você.

Os dois trocaram um beijo longo e cheio de promessas de um amor que estava nascendo.

— Quero lhe contar meu passado.

— Wanda, você não precisa me dizer nada. Passado é passado. Não quero que você se sinta obrigada a falar sobre lembranças que a fazem sofrer, apenas porque lhe contei minha história.

— Não é isso. Estamos começando um relacionamento e acredito que não possa haver segredos entre nós. Você sabe que tive um relacionamento amoroso e me sentiria muito mal se de repente encontrássemos Henrique. Ele vem sempre a São Paulo.

— Você ainda sente alguma coisa por ele?

— Não, ele só me deixou lembranças ruins. Quando conheci Henrique, eu trabalhava como recepcionista em um hotel aqui em São Paulo. Ele foi muito atencioso comigo, me elogiava pela maneira como eu atendia aos clientes e um dia me convidou para jantar. Esperou que eu terminasse meu turno e fomos jantar no Terraço Itália. Imagine!

Fiquei deslumbrada. Henrique me deu flores, roupas, joias, tudo o que ele achava que eu gostaria de ter. Acabei me apaixonando e me deixando levar. Ele me convidou para morarmos juntos, me disse que viajava muito e que queria voltar para casa e encontrar alguém o esperando. Meus pais foram contra o relacionamento, mas não tomaram nenhuma atitude. Ninguém da minha família conhece Henrique, e não conheço ninguém da família dele. Ficamos juntos por três anos até que um dia o porteiro do prédio onde morávamos me trouxe um jornal. Em uma das páginas, vi uma fotografia de Henrique e um amigo dele chamado Roberto. A matéria falava do trabalho dele como prefeito da cidade de Rovena. Fiquei atônita e percebi que eu não passava da amante do prefeito de uma cidade do interior de São Paulo.

"Saí pela rua sem prestar atenção no trânsito e quase fui atropelada por Ângela. Ela me levou para o hospital para ter certeza de que eu não havia me ferido. Nós conversamos, mas não consegui contar a ela o que tinha acontecido, pois me sentia muito envergonhada. Ângela me passou seu telefone e disse que, se eu precisasse de alguma coisa, era só lhe telefonar. Agradeci muito e voltei para casa. Naquela semana, quando Henrique chegou, lhe dei um ultimato. Afirmei que, se ele não me levasse para Rovena e me apresentasse à família dele, eu iria pessoalmente até eles. Henrique, então, voltou-se contra mim, disse que alguém estava enchendo minha cabeça com ideias bobas e que, enfim, nossa situação não mudaria. Eu o mandei ir embora e liguei para Ângela. Saí do apartamento levando só o que me pertencia. Deixei joias, presentes, roupas e tudo o que ele havia comprado para mim. Pedi ao porteiro que o chamasse e lhe entregasse as chaves, mas não lhe dissesse com quem eu havia ido embora. Desde então, não soube mais dele.

"Fui morar com Ângela, que me incentivou a tentar uma vaga de recepcionista na construtora do Jairo. Ela também não sabia que Jairo era o mesmo homem com quem ela havia namorado. Agora consigo ajudá-la nas despesas da casa, quero fazer um curso de decoração e seguir minha vida. Quero esquecer tudo o que houve, se é que isso é possível."

— E seus pais? Sua família?

— Não os vejo há muito tempo. Não quero voltar para casa sem estar bem, pois já lhes dei muito desgosto. Tenho falado com minha mãe por telefone. Contei a ela que me separei de Henrique, que estava trabalhando e morando com uma amiga. Ontem, minha mãe me disse que eles estão me esperando e que posso voltar a viver com eles quando eu quiser. Gosto muito de meus pais, talvez um dia volte para vê-los, mas não quero morar com eles.

— Sabe, Wanda, às vezes achamos que nossos pais não nos entendem e que devemos deixá-los para viver nossa própria vida, mas aí a vida nos mostra que não deveríamos tê-los abandonado e, sim, tê-los ouvido. Não a estou criticando, pois também não ouvi minha mãe quando ela me disse que Patrícia não gostava de mim. Na época, achei que ela estava com ciúmes. E por fim, minha mãe, em sua simplicidade, tinha razão. Você não acha que deveria ir vê-los? Mesmo que você ouça, como eu ouvi, "minha filha, por que você não escutou sua mãe?", tenho certeza de que isso lhe fará um bem enorme.

Percebendo que Wanda estava chorando, Eduardo abraçou-a e esperou que ela se acalmasse.

— Eduardo, não é fácil voltar lá e olhar para eles.

— Não disse que seria fácil; disse que voltar a fará se sentir melhor. O apoio da família é muito importante para todas as pessoas, não importa a idade. Você não é uma criminosa. Apenas se envolveu com alguém que não a merecia, descobriu isso a tempo e está se reerguendo. Você poderia ter ficado no apartamento dele, exigido bens materiais, tê-lo chantageado, mas não. Saiu de lá e deu um novo rumo para sua vida. Acredito que, ao contrário do que você pensa, seus pais devem estar orgulhosos de sua atitude.

— E você, o que pensa de mim depois de tudo o que lhe contei?

— Que você é uma mulher maravilhosa, que sabe o que quer e que não vai se deixar enganar por promessas vazias. Você teve uma experiência difícil, um relacionamento desastroso, mas quem de nós não passou por uma situação semelhante? Agora é hora de pensar no futuro, de ser feliz. Você é jovem e tem uma vida inteira pela frente. O que estou sentindo por você não mudará. Quero ficar com você. Quero conhecê-la, acompanhar sua vida, fazer parte dela.

— E se tivermos de ir a Rovena?

— O que tem?

— Provavelmente encontraremos Henrique.

— Isso só será um problema se você não tiver certeza dos seus sentimentos.

Wanda levantou a cabeça, que estava apoiada no peito de Eduardo, e, olhando diretamente em seus olhos, beijou-o com ternura, como se estivesse fazendo uma promessa sobre um amor que estava nascendo e se fortaleceria com o tempo. Os dois ficaram abraçados por um longo tempo, aproveitando o momento de paz que a vida lhes oferecia.

CAPÍTULO 25

Alguns dias depois:

— O que você disse?

— Que a doutora Marta tirou alguns dias de licença e viajou com o tal Armando.

— Quando foi isso?

— Acredito que no sábado.

— Jorge, para que eu pago você? Você deve estar pensando que sou um idiota, não é? Eu não mandei você vigiá-los? — Roberto esbravejou.

— Faço o melhor que posso. No sábado, Raul me pegou na saída do plantão e me segurou durante duas horas naquele hospital, e eu não estava entendendo nada. Ele nunca faz isso, mas hoje descobri o porquê.

— Seu incompetente! Tenho de fazer tudo sozinho! Nesta cidade, ninguém sabe fazer nada direito!

— Mas, Roberto, eu...

— Nem mais nem meio mais! Não quero ouvir suas lamúrias.

Dizendo isso, Roberto, furioso, desligou o telefone. "Marta provavelmente saiu da cidade no domingo pela manhã ou até mesmo no sábado à noite", pensou. Ele fora à casa de Henrique, mas ele não mencionara nada. Tentando acalmar-se, Roberto dirigiu-se à casa do prefeito. Lá chegando, foi recebido por Cândida:

— Dona Cândida, bom dia. Como a senhora está?

— Muito bem, Roberto. E você, como vai?

— Estou bem. Preciso resolver alguns problemas com Marta. Ela está?

— Não, Roberto. Marta tirou uma licença por alguns dias. Ela viajou ontem pela manhã.

— Estranho, dona Cândida... Estive aqui ontem, e vocês não comentaram nada.

— Por que acha que deveríamos dizer a você que ela viajou?

— Porque sou amigo da família! É muito natural que os amigos saibam dos amigos, ou a viagem dela é segredo?

Nesse momento, Henrique apareceu perguntando:

— Roberto? O que faz aqui tão cedo?

— Vim falar com Marta, e sua mãe me disse que ela viajou.

— Marta viajou? Com quem mamãe? Que novidade é essa?

Dona Cândida sentiu-se ruborizar, mas olhou para os dois e disse com firmeza:

— Marta é maior de idade e dona da vida dela. Ela viajou e pronto! Vocês não têm nada com a vida da minha filha.

— Calma, mamãe, é que eu também estou surpreso! Marta não larga aquele hospital por nada. O que houve?

Olhando diretamente para Henrique, Roberto respondeu:

— Houve o engenheiro Armando! Não é mesmo, dona Cândida?

Percebendo o olhar maldoso de Roberto e o espanto de Henrique, Cândida retrucou:

— Como falei há pouco, vocês não têm nada com a vida dela e, agora, se me dão licença, tenho mais o que fazer. Henrique, se você quiser comer alguma coisa, deixei seu café da manhã na mesa da cozinha. Até logo.

Cândida pegou sua bolsa e saiu. Quando chegou ao portão, começou a tremer e teve medo de passar mal. Sentia que sua pressão subira.

Otávio passava por ali e, vendo-a, parou o carro e foi até ela:

— Cândida, o que houve? Você está pálida!

— Me ajude! Acho que minha pressão subiu.

— Você quer voltar para casa?

— Não, me leve para o hospital.

— Está bem, vamos. Segure meu braço.

No caminho para o hospital, Cândida contou para Otávio o que havia acontecido:

— Não sei o que está acontecendo, Otávio, mas o jeito de Roberto me deixou apavorada. Temo por minha filha.

— Não se preocupe, Cândida, ela está com Armando e longe daqui. Roberto não sabe onde eles estão, sabe?

245

— Não, Marta não me disse para onde iriam. Ela só me pediu para lhe telefonar se acontecesse alguma coisa. Ela me deixou o celular do Armando.

— Então, acalme-se.

Quando chegaram ao hospital, foram à recepção, e Rita os atendeu:

— Rita, o doutor Raul está aí?

— Está, dona Cândida. A senhora está pálida!

Otávio pediu:

— Rita, por favor, nos leve até ele. A pressão de Cândida subiu, e eu tenho medo de que ela desmaie.

— Venham por aqui. Vou levá-los ao consultório dele.

Raul examinou Cândida e, depois de medicá-la, deixou-a em observação. Ele perguntou:

— Quer que eu chame Marta ou Henrique?

— Nenhum dos dois, Raul. Daqui a pouco, estarei bem. Otávio lhe explicará o que aconteceu.

***

Roberto e Henrique discutiam sobre Marta:

— Roberto, você enlouqueceu! Como pôde falar daquela maneira com minha mãe sobre Marta?

— Henrique, esse Armando roubou Marta de mim! Você sabe que eu amo sua irmã, e esse cara vem não sei de onde e a leva embora! Ela está enfeitiçada por ele.

— Não seja ridículo! Marta é uma mulher adulta e não suporta você. Essa cena não tem razão de ser.

— Isso não vai ficar assim! Vou atrás deles! Ninguém vai tirar sua irmã de mim, ninguém!

Roberto saiu batendo a porta e não percebeu que, próximo ao carro dele, um homem o observava. Logo depois que ele saiu, a campainha tocou. Henrique pensou: "Lá vem Roberto novamente!".

— O que foi, Roberto? Você...

— Bom dia, Henrique.

— Bom dia, André. O que o traz aqui tão cedo?

— Nós precisamos ter uma conversa muito séria. Vim lhe pedir que, em vez de ir à prefeitura, me acompanhe ao gabinete do juiz Otávio.

— E por que eu deveria acompanhá-lo até lá?

— Porque pesa sobre nós uma grave denúncia. O juiz quer conversar conosco antes de tornar essa denúncia pública.

246

— Denúncia?! André, você enlouqueceu? Nunca fiz nada de errado, como pode, então, haver uma denúncia contra mim?

— Pois é, Henrique. Também nunca fiz nada de errado, mas talvez haja alguma denúncia contra mim. Preferi vir avisá-lo pessoalmente. Achei que, se viesse um oficial de justiça até aqui, seria pior. Você está pronto?

— Estou tomando o café da manhã.

— Então, termine seu café, e depois seguiremos juntos para o fórum.

Surpreso, Henrique convidou-o para acompanhá-lo, e André tornou:

— Não, obrigado. Já tomei café.

Passados alguns minutos, Henrique, preocupado por não saber o que estava acontecendo, saiu com o vice-prefeito em direção ao fórum.

Lá chegando, os dois homens foram recebidos por uma funcionária que os acompanhou à sala de Otávio e lhes pediu que o aguardassem. O juiz ligara e dissera que se atrasaria devido a um contratempo.

Henrique reclamou:

— Mais essa agora! Justo hoje, em que eu recomeçaria a trabalhar, tenho de lidar com esse aborrecimento. André, o que está acontecendo? Você está me escondendo alguma coisa?

— Não, Henrique. Doutor Otávio me telefonou e me pediu que viesse aqui hoje e que, se possível, você também estivesse junto. Como você me disse ontem que voltaria a trabalhar hoje, fui buscá-lo.

***

— Bom dia, preguiçosa! São 11 horas!

— Nossa, Armando! Por que não me acordou antes?

— Porque você está de férias! Só a chamei agora, porque quero levá-la para almoçar em um restaurante no Capivari.

— Você vai me deixar mal-acostumada. Teve alguma notícia de Rovena?

— Não, e o seu celular também não tocou.

— Vou me levantar e tomar um banho. Me dê alguns minutos.

— Não se preocupe. Temos tempo.

Enquanto Marta se arrumava, Armando comentou:

— Você fez bem em deixar o cheque da indenização com padre Antônio. Eu falei com Jairo há pouco, e ele me disse que o padre já está em Roma.

— Ótimo! Tomara que tudo dê certo. Eu não podia ficar com o cheque. A Igreja não oficializou a doação. Agora, Armando, não é estranho esse pagamento do seguro pelas joias? Ainda não consegui entender direito essa história.

— As joias foram roubadas e vendidas. O tenente André deve tê--las comprado de boa-fé e presenteou Rovena para aplacar a dor pela qual a pobrezinha passou. Antigamente, os homens tinham essa mania. Quando a coroa inglesa deu pela falta das joias, que não foram só aquelas, encarregou a seguradora de encontrá-las. Segundo doutor Otávio, faltavam as daqui e mais algumas peças que estão sendo procuradas na Argentina para recompor a coleção.

— E você será reembolsado por ter entregue as joias?

— Sim e pelo transtorno causado. Pelas escavações em áreas ambientais e sei lá mais o quê. Disseram tanta coisa, mas não informaram o valor. Vamos aguardar! E o que vier eu lhe entregarei para as obras do hospital.

Marta aproximou-se do namorado e disse:

— Armando, o hospital é da cidade, não meu.

— Uau! Você está linda!

— Você ouviu o que eu disse?

— Ouvi. Então, vou esperar que as obras sejam iniciadas e comprarei o material que vocês usarão. Não vou entregar o dinheiro à prefeitura. Desculpe-me, mas não confio em seu irmão. E você? Ouviu o que eu disse?

Rindo, Marta respondeu:

— Ouvi! Obrigada pelo elogio.

— Hum! Você quer mesmo ir a um restaurante?

***

Roberto entrou em casa berrando:

— Isso não ficará assim! Incompetentes! Vou atrás daqueles dois nem que seja a última coisa que eu faça na minha vida! Se ela não for minha, não será de ninguém!

— Roberto, de quem você está falando?

— Ana Lúcia? O que está fazendo aqui?

— Se esqueceu de que hoje a faxineira vem limpar sua casa e que eu supervisiono o serviço? O que há com você? Por que essa gritaria? E posso saber quem é ela?

— Pode! Já estou farto de você também! De todos vocês! Estou falando da Marta! Só ela me interessa. Vá embora e não apareça mais aqui!

248

— Você só pode estar brincando. Eu o ajudei em tudo o que me pediu. Enganei o advogado, droguei Henrique, me arrisquei por você, e é assim que me trata?

— Ana Lúcia, vá embora.

— Vá embora? Assim mesmo? Como se eu não fosse ninguém? Dediquei três anos da minha vida a você e é isso que recebo?

— Vá embora antes que eu faça uma besteira.

— Então Marta é a sua grande paixão! Como você é idiota, Roberto! A cidade inteira sabe que ela está com Armando.

Ana Lúcia aproximou-se de Roberto e disse bem devagar:

— Você a perdeu. Ela gosta do Armando, e, a esta hora, eles estão viajando. E você, seu tonto, está aqui sofrendo por ela. Bem feito! Vou embora e contarei tudo o que você fez de errado nesta cidade para aquele juiz! Você vai se arrepender por ter me tratado dessa forma!

Roberto segurou-a dizendo entre dentes:

— Você não vai fazer nada disso! Vai ficar quietinha, ou acabarei com sua vida!

— Você não teria coragem.

— Tente me desafiar, Ana Lúcia! Você não sabe do que sou capaz.

— Você é um covarde, Roberto. Só é valente com as mulheres, mas duvido que enfrente Armando.

— Covarde! Vou lhe mostrar quem é covarde!

E, dizendo isso, Roberto apertou o pescoço da namorada com toda a sua força, e Ana Lúcia não resistiu. Percebendo o que fizera, Roberto deixou-a caída no chão e saiu correndo. Entrou no carro e saiu cantando pneus.

Horácio, que o seguia e sabia que Ana Lúcia estava na casa, resolveu entrar para ver se tinha acontecido alguma coisa com a moça e encontrou-a caída no chão, com a respiração fraca. A faxineira veio correndo e, quando viu aquele estranho próximo ao corpo de Ana Lúcia, começou a gritar. Horácio tentou acalmá-la, avisou-lhe que era policial e pediu que ela o acompanhasse à Santa Casa para onde levariam a moça.

Chegando lá, a faxineira, que se chamava Maria, entrou gritando por socorro, enquanto Horácio levava Ana Lúcia nos braços. Foram rapidamente atendidos.

Otávio, que vinha saindo, parou para ajudá-lo:

— O que houve?

— Ele a estrangulou. Não sei se será possível salvá-la.

Rita conduziu-os à emergência e correu para chamar Raul. Quando o médico entrou, examinou-a rapidamente e providenciou o material necessário para reanimá-la.

249

— Rita, mande Sônia preparar o oxigênio e o equipamento de emergência. Não quero perdê-la. Vocês, por favor, se afastem. Deixem conosco.

Otávio e Horácio ficaram observando o médico correr com a maca para a emergência. Maria sentou-se e começou a chorar, dizendo:

— Foi ele doutor, Otávio. Foi ele.

Otávio disse:

— Acalme-se, Maria. Horácio, peça alguma coisa para ela tomar.

Rita, que os observava, falou:

— Tragam-na aqui. Vocês ficarão mais à vontade. Vou providenciar água e pedir que alguém venha lhe medir a pressão.

Na recepção, todos estavam atentos ao que estava acontecendo. Rita pediu para um enfermeiro verificar a pressão de Maria e solicitou que o médico de plantão a atendesse. Depois, virando-se para as pessoas que estavam no balcão, disse:

— Por favor, desculpem-nos pelo que vocês presenciaram. Vamos retomar os atendimentos. As consultas sofrerão um pequeno atraso, então, por favor, tenham paciência pois todos serão atendidos.

Um dos enfermeiros aproximou-se dela dizendo:

— Rita, só estão no hospital o doutor Raul e o doutor Wagner. Onde está o doutor Jorge?

— Paulo, não tenho a menor ideia. Ligue para o doutor Mário.

— Está bem, Rita. Vou ligar lá do posto e aviso você em seguida.

— Obrigada, Paulo. Entre em contato com qualquer um deles, menos com a doutora Marta.

***

A secretária de Otávio entrou na sala e ofereceu café e água às pessoas que o aguardavam. Irritado com a demora, Henrique perguntou:

— Mocinha, onde está o juiz? Não tenho o dia todo para esperá-lo.

— Ele pediu que os senhores o aguardassem, pois o que tem para lhes dizer é muito grave. Por favor, esperem mais um pouco.

André disse:

— Henrique, acalme-se. Você passou muito tempo sem ir à prefeitura. Algumas horas de atraso não farão diferença.

— Isso é o que você pensa! Além disso, sou o prefeito desta cidade! Quem ele pensa que é para me fazer esperar tanto tempo?

— Sou o juiz de Direito desta cidade, e você deve, pelo menos por educação, me respeitar.

— Doutor Otávio, estou esperando o senhor há duas horas! Preciso ir à prefeitura.

— Você não lhe disse nada? — perguntou Otávio.

— Não, fiz o que combinamos — André tornou.

— Mas o que significa isso? Vocês estão armando alguma coisa contra mim?

— Sente-se, Henrique. Se alguém armou alguma coisa contra você não fomos nós. Você, no entanto, tem muito a nos explicar. Agora baixe seu tom, sente-se, pois preciso lhe mostrar alguns documentos. Acredito que tenha de me dar algumas explicações.

— Eu não vou lhe explicar nada! Não fiz nada de errado.

O juiz respirou fundo e disse:

— Henrique, você falsificou documentos, adquiriu propriedades de forma fraudulenta, superfaturou obras, entre outros crimes. Você tem duas opções: ou se senta e me ouve, ou espera que os vereadores o chamem para se explicar. O que prefere?

— O senhor está blefando! Fiquei fora alguns dias e, quando volto, vocês me vêm com ameaças. Não há nada contra mim. E quanto a você, André, eu sabia que me trairia. Roberto já tinha me alertado sobre o seu caráter.

André, que até aquele momento nada dissera, retrucou:

— Roberto não me conhece. Me candidatei a vice-prefeito na sua chapa em consideração à sua família. Seu pai foi um homem muito honesto, mas você não é. Você não passa de um moleque, Henrique! Assumi a prefeitura em sua ausência e, quando vi tudo o que você fez de errado, as quantias que desviou, as falcatruas, tudo isso me fez perceber que fui um inocente em suas mãos. Só que isso acabou, Henrique! Cale-se e ouça o que o juiz Otávio tem para lhe dizer. Eu entreguei a ele todos os documentos que comprovam as irregularidades que você cometeu em alguns anos de mandato. Tenho certeza de que uma auditoria encontrará muito mais.

Henrique tentou agredir André, mas foi impedido pelo segurança que entrara na sala. O rapaz obrigou-o a sentar-se e perguntou ao juiz se deveria chamar a polícia.

— Não, apenas fique ao lado dele. Tenho certeza de que ele vai se acalmar e ouvir o que temos para lhe dizer.

O olhar de Henrique era de ódio. Sentia-se perdido, mas não iria admitir o que se passava em seu íntimo. Percebendo que ele não faria nenhuma besteira, o juiz pediu ao segurança que os deixasse sozinhos,

251

mas que ficasse do lado de fora atento a algum barulho. Assim que ele saiu, Otávio disse:

— Henrique, nós temos documentos que provam as irregularidades que você cometeu como prefeito de Rovena. Você se juntou a Roberto de Almeida e prejudicou muita gente. Acredito que não seja do seu conhecimento os crimes praticados por seu amigo. Estou certo?

— Crimes? Que crimes? Com certeza, andaram enchendo sua cabeça com mentiras.

O juiz levantou-se, pegou uma pasta e a entregou a Henrique.

— O que é isso?

— Leia. É a cópia de um dossiê que me foi enviado pelo Ministério Público de São Paulo. Leia. Temos todo o tempo do mundo.

Henrique sentiu-se ruborizar. "Isso não pode ser verdade. Roberto não pode ter cometido esses crimes. Somos amigos, sabemos tudo um do outro", pensava.

Otávio perguntou:

— Então? Essas provas são suficientes?

— Aqui não há nenhuma condenação. Não houve julgamento.

— Você está certo. Ele escapou de dois processos. Na época em que esses crimes aconteceram, ninguém conseguiu provar que ele tinha culpa.

— E o que mudou de lá para cá?

— A testemunha do assalto à casa dele reapareceu. Além disso, um agente da polícia está procurando a pessoa que reconheceu o corpo da ex-mulher ou ex-namorada dele. Os inquéritos foram reabertos, e o policial que atendeu à segunda ocorrência se lembrou de uma mulher que foi encontrada morta. Ela tinha as características da ex dele e recordou-se de uma carta que ela havia deixado contando o que tinha acontecido. Acredito que o rapaz para quem ela escreveu esteja sendo ouvido neste momento. Tomara que ele ainda tenha a carta.

— E se não tiver?

— Temos o depoimento de duas testemunhas. A carta não fará tanta falta.

— Doutor Otávio, eu não participei disso.

— Eu sei que não, mas você permitiu que ele se instalasse em nossa cidade e desviasse dinheiro público em ações de desapropriação de imóveis para que indústrias fossem instaladas em Rovena.

— Mas as indústrias trouxeram progresso para Rovena!

— À custa do dinheiro do povo. Você sabe o que é isso? Não, certamente não sabe o que é trabalhar duro, levantar-se cedo, pagar impostos. Dinheiro público não tem dono, não é? O povo não reclama, e qualquer migalha lhes serve. E aí o prefeito em quem acreditaram resolve se apoderar desse dinheiro e usá-lo em beneficio próprio! Que desgosto para sua família, Henrique! O que a população dirá quando souber que você dizia não ter dinheiro para desapropriar a terreno da Igreja para construir o hospital, mas escondeu de todos que a Igreja doou esse terreno para a cidade? E que apenas faltava apresentar o projeto, nada mais?

— Vocês não podem provar nada!

— Engano seu. Mostrei-lhe uma cópia do dossiê do Roberto e agora veja o que temos contra você.

Henrique pegou a pasta e ficou estarrecido. Nela havia documentos que provavam tudo o que o juiz dissera. Ele rapidamente pensou: "Como ele descobriu tudo isso?". Olhando para André, ele disse:

— Foi você quem entregou esses documentos, não foi? Você sempre teve inveja de mim, porque eu sou o prefeito e você é apenas o vice. Se era dinheiro o que queria, por que não me disse? Por que me apunhalou as costas?

— Henrique, não seja bobo. Não preciso de dinheiro, e você sabe muito bem disso. O que você não sabe é que a maioria dos funcionários da prefeitura está contra você. Eles aproveitaram sua licença médica e me mostraram tudo o que havia de errado em sua administração. Talvez encontremos mais documentos contra você, pois não houve tempo de fazer uma auditoria completa.

— Você está mentindo! Eles me respeitam como respeitavam meu pai.

— Engano seu. E se quer um conselho, não volte para a prefeitura.

— E o que eu farei? Vocês vão me prender?

Otávio respondeu:

— Você voltará para sua casa e ficará lá até o Ministério Público concluir o inquérito contra Roberto e o Tribunal de Contas nos informar o que deverá ser feito. Assim que tivermos os resultados dessas investigações, que deverão ser concluídas em vinte dias, entregaremos esses documentos para a câmara dos vereadores, e dentro da lei eles farão o que acharem melhor. Você provavelmente não voltará ao seu cargo de prefeito.

— Mas eles vão pedir minha cassação! Não poderei me candidatar a nenhum cargo público.

O vice-prefeito disse:

— Henrique, você não tem noção do que está dizendo. Candidatar-se a quê? Faça o que o juiz está dizendo. Poupe sua família da vergonha que tudo isso será quando Marta e Cândida souberem.

A secretária bateu na porta:

— Entre. O que houve?

— O senhor Horácio está aqui e disse que tem urgência em lhe falar.

— Me deem licença.

Saindo da sala, Otávio foi ter com Horácio no corredor:

— E então, como ela está?

— Ela não sobreviveu.

— Você tem certeza de que foi ele?

— Absoluta. Acompanhei todo o movimento da casa. Primeiro, chegaram Ana Lúcia e Maria, depois ele entrou, demorou-se por algum tempo e saiu. Pela pressa com que ele saiu, imaginei que havia acontecido alguma coisa.

— Horácio, ponha a polícia atrás dele. Cândida acha que ele irá atrás de Marta e de Armando.

— Não se preocupe, doutor Otávio. Já passei um rádio, e estão todos atentos. O senhor sabe para onde eles foram?

— Armando me disse que iriam se hospedar em Campos do Jordão e ficariam pelas redondezas. Pelo horário, devem estar almoçando em Capivari. Vou tentar falar com ele pelo celular.

— Vou avisar ao pessoal de Campos e de Capivari. Não poderei sair daqui por causa da morte da garota. Os pais dela ainda não foram comunicados.

— Está bem, Horácio. Me avise se tiver alguma novidade.

Otávio voltou-se para a secretária:

— Sueli?

— Pois não, doutor Otávio.

— Por favor, ligue para esses dois números e me passe o que atender primeiro. Insista, caso não atendam logo.

— Perfeitamente, doutor Otávio. Vou providenciar as ligações.

— Pode passar direto para minha sala.

Quando o juiz entrou na sala, André perguntou:

— Aconteceu alguma coisa, doutor Otávio?

— Sim. Roberto estrangulou a namorada. A polícia está atrás dele.

Henrique disse:

— Não pode ser verdade! Ele não pode ser esse criminoso que vocês estão falando.

— Olhe, Henrique, vou lhe dizer uma coisa... Se ele lhe telefonar, tenha cuidado com o que disser. Suspeitamos que ele esteja atrás da doutora Marta.

Nesse momento, o celular de Henrique tocou. O juiz recomendou:

— Se for ele, fale com calma e lembre-se de que sua irmã está correndo perigo.

Henrique atendeu à ligação:

— Alô? Roberto?

— Sim, Henrique, sou eu. Onde você está?

— Estou na prefeitura.

— Não minta para mim! Me disseram que você não esteve lá ainda.

— Não sei quem lhe deu essa informação. Estou despachando com André, o vice-prefeito.

— Você tem notícias de Ana Lúcia?

— De Ana? Não, por quê? Aconteceu alguma coisa?

— Sim, nós brigamos, e eu a deixei falando sozinha.

— Não, Roberto, não sei nada sobre ela. Onde você está?

— Estou chegando em Capivari. Mais tarde lhe telefono.

— Está bem. Mas o que você foi fazer em Capivari?

— Depois lhe conto. Preciso desligar agora. Até mais.

— Até.

Henrique estava lívido quando disse:

— Vocês têm razão. Ele está chegando a Capivari. Mas como ele soube para onde Marta foi, se nem eu sabia?

Otávio decidiu ligar para Armando:

— Armando? É o doutor Otávio. É urgente! Onde vocês estão?

— Estamos indo para Ubatuba. O que houve?

— Roberto está atrás de vocês. Ele disse para Henrique que estava chegando em Capivari.

— Nós não fomos para lá. Marta preferiu ir a para praia. Deixamos o hotel há duas horas.

— Alguém ouviu vocês comentarem para onde iriam?

— Não sei, doutor Otávio, talvez. Mas estou na estrada. Posso ir para qualquer lugar.

— Então, meu amigo, mude o itinerário. Ligarei para você mais tarde. Por favor, mantenha o seu celular e o de Marta ligados.

— Não se preocupe, estão ligados. Obrigado, doutor.

— Cuide da Marta.

— Pode deixar. Ela está bem.

Quando Armando desligou o celular, Marta perguntou:

— O que houve?

— Roberto está atrás de nós. Você comentou algo com alguém no hotel? Acha que alguém possa ter nos ouvido falar que viríamos para Ubatuba?

— Comentei. Enquanto você fechava a conta, a recepcionista me perguntou por que estávamos indo embora, e eu respondi que, como estava um dia lindo, resolvemos ir para a praia.

— Então, vamos mudar o rumo de nossa viagem. Você disse a ela que iríamos para Ubatuba?

— Não, falei apenas que iríamos à praia.

Armando parou o carro no acostamento e perguntou:

— Você sabe por que Roberto está atrás de nós?

— Provavelmente porque ele descobriu que viajamos juntos. Mas como ele soube disso?

— Ivan deve ter dito a ele.

— Você contou a Ivan que iríamos viajar?

— Não, Marta, mas acho que Ivan trabalha para Roberto. Alguns dias atrás, achei que ele estivesse ouvindo atrás da porta. Ele está sempre por perto quando estou conversando com alguém.

— Será? Eu conheço Ivan há muito tempo. A mãe dele trabalha comigo no hospital.

— O que houve, Marta? Você ficou pálida!

— Sônia sabia que eu iria viajar com você. Disse a ela que iria tirar uns dias de folga e pedi que ela passasse meus pacientes para Wagner. Ela ainda me disse: "Que bom que você e o senhor Armando se acertaram".

— Você contou a ela sobre nós?

— Não. Lembra-se de quando tivemos aquela discussão no hospital?

— Sim. A discussão que aconteceu alguns dias depois que cheguei a Rovena.

— Isso mesmo. Ela me aconselhou a me entender com você, porque você só havia agido como qualquer pessoa que não me conhece. Muita gente pensa que sou igual a Henrique.

— Marta, acho que devemos voltar para Rovena. Se todos eles estão ligados a Roberto, precisamos avisar a Horácio e ao doutor Otávio. Quer ir comigo ou ficar em algum lugar distante deles?

— Irei com você. Minha mãe está lá, e não podemos nos esquecer das estranhas alucinações de Henrique.

— Você pode estar correndo perigo. Roberto pode ter surtado e lhe fazer mal.

— Por que acha que ele surtou?

256

— Marta, ele é apaixonado por você. Uma vez que você saiu da cidade comigo ele deduziu que estamos juntos, por tudo o que já ouvi dizerem dele, não duvido que ele tenha enlouquecido e tenha vindo procurar-nos.

— Armando, vamos embora daqui. Se ele realmente estiver atrás de nós, já deve estar a caminho de Ubatuba. É possível que cruzemos com ele na estrada.

— Você tem razão, vamos embora.

Armando e Marta voltaram para Rovena atentos à estrada, tentando encontrar o carro de Roberto. Os dois passaram por um bloqueio na estrada e foram informados de que acabara de acontecer um acidente. Marta apresentou-se como médica e perguntou se precisavam de ajuda. O policial disse que as vítimas já haviam sido socorridas:

— O estado das vítimas é grave, mas já foram socorridas. Uma delas seguiu de helicóptero para o Hospital das Clínicas em São Paulo. Não há nada que vocês possam fazer. Por favor, sigam em frente.

Armando perguntou ao policial:

— O senhor sabe o nome das vítimas? Temo que uma delas seja um amigo nosso.

— Você reconheceria o carro?

— Talvez sim.

— Venha comigo.

Quando Armando viu os dois veículos, não se conteve:

— Meu Deus! O que foi isso?

— Não se assuste. Os bombeiros tiveram de cortar uma parte da funilaria para remover o motorista. Quando isso acontece, a impressão que fica é pior do que o real.

— Mesmo assim... Como o senhor se chama, tenente?

— Joaquim. Não precisa me chamar de tenente.

— Meu nome é Armando. Acho que esse carro era do Roberto. Foi ele quem foi removido no helicóptero?

— Não, foi o rapaz que estava com ele. Venha comigo. Vou lhe passar os nomes. Quem sabe você não nos ajuda a localizar os familiares?

— Aqui está. No Audi estavam Roberto de Almeida e Ivan Gonçalves. No outro carro, estavam duas moças: Ana Carvalho e Marlene Torres. Acredito que eles estejam chegando ao hospital. Todos estavam em estado grave.

— Obrigado, Joaquim. Estou seguindo para Rovena, que é onde Roberto e Ivan moram. Vou avisar as famílias sobre o acidente. As moças eu não conheço.

— Não precisa me agradecer. Fizemos o possível para ajudá-los. Tomara que sobrevivam! E quanto às moças, o pessoal da central vai localizar as famílias. Boa viagem, Armando.

— Obrigado, Joaquim.

Armando voltou para o carro, e Marta perguntou:

— Armando, você demorou, o que houve?

— Roberto bateu de frente com outro carro onde estavam duas moças. Todos foram socorridos, mas estão em estado grave. Ivan estava no carro com Roberto e foi socorrido de helicóptero. O estado dele é o pior.

— Meu Deus, Armando! Precisamos falar com Sônia. Você consegue dirigir ou prefere que eu leve o carro?

— Me dê alguns minutos. A imagem daqueles carros destruídos me abalou muito.

— Armando, deixe que eu dirija. Seu sistema nervoso pode traí-lo. Sei do que estou falando.

— Está bem. Não sei definir o que estou sentindo. Pobre Ivan.

Marta e Armando seguiram em silêncio para Rovena. Ela estava atenta à estrada, e Armando só conseguia pensar em Ivan. Não conseguia entender por que aquele garoto tinha se metido com alguém como Roberto.

CAPÍTULO 26

No final da tarde, Armando e Marta chegaram a Rovena e foram direto para a casa de Cândida, onde Henrique e Otávio os esperavam.

Quando o casal entrou na casa, Cândida foi ao encontro da filha e, abraçando-a forte, não conseguiu segurar as lágrimas.

— Mamãe, estou bem. Acalme-se. Está tudo bem.

— Minha filha, fiquei tão preocupada. Você me preveniu tanto, e eu não a ouvi.

— Sente-se aqui, mamãe. Precisamos conversar com vocês. Se é que ainda não sabem o que aconteceu.

Otávio perguntou:

— Sobre o acidente?

Armando indagou:

— Vocês já foram informados?

— Sim, ligaram para a delegacia, e Horácio veio nos avisar. Acabei de ligar para o hospital. Ivan está sendo operado, e Roberto está sendo mantido sedado. Ele está ferido gravemente e está muito agitado. As moças estão estáveis. Não correm perigo de morte.

Marta perguntou:

— Vocês conversaram com Sônia?

Otávio respondeu:

— Sim, ela seguiu para São Paulo com doutor Raul. Horácio está com eles.

Armando pediu a Otávio que lhe contasse o que tinha acontecido enquanto ele estivera fora. Henrique apenas olhava para a irmã e para Armando.

— Armando, quando Roberto descobriu que você e Marta haviam viajado, ele se desesperou, gritou com Cândida. Marta, sua mãe teve uma alteração de pressão, e eu a levei para o hospital.

Marta, que ainda estava abraçada à mãe, perguntou:

— Mamãe, a senhora está sentindo alguma coisa? Por favor, me fale, pois picos de pressão podem causar um derrame.

— Não, filha, estou bem. Agora que você e Armando estão aqui, estou mais calma.

Otávio continuou:

— Roberto foi atrás de informações, tentando descobrir onde vocês tinham ido. Soubemos que ele foi para casa e lá encontrou Ana Lúcia. Os dois tiveram uma briga feia, segundo a empregada da casa. Roberto estrangulou a moça, que foi socorrida, mas ela não resistiu. Horácio e os outros investigadores prenderam Jorge Caldeira, a enfermeira Sônia e, quando foram atrás de Ivan, souberam que Roberto o levara com ele. Não sabemos ainda o porquê. Enquanto eu falava com você ao telefone, Horácio recebeu a notícia do acidente. As estradas estavam vigiadas, Roberto corria muito, fez uma ultrapassagem em local proibido e bateu no carro que vinha em sentido contrário.

Armando falou:

— Quando nós chegamos a esse ponto da estrada, eles já haviam sido socorridos. Os carros estavam destruídos. Agora há uma coisa que não entendo... Por que Ivan ajudava Roberto?

Marta perguntou quase ao mesmo tempo:

— E Sônia? O que ela tem a ver com Roberto?

— Ainda não sabemos. Não foi possível interrogá-la, e, com o acidente, preferimos mantê-la sob nossa guarda. Depois, conversaremos com ela e queira Deus com Ivan.

Armando olhou para Henrique e pensou em acusá-lo, mas o olhar que Marta lhe dirigiu foi suficiente para que ele não dissesse nada.

Cândida, que até aquele momento nada dissera, se pronunciou:

— Armando, fique aqui conosco. Você deve estar tão cansado quanto Marta.

Henrique disse:

— Mamãe! Isso é um absurdo! Foi por causa dele que tudo isso aconteceu.

Marta levantou-se, parou em frente ao irmão e disse:

— Você deveria estar na cadeia por tudo o que nos fez passar! Se alguém aqui é culpado de alguma coisa, esse alguém é você, Henrique!

Armando deteve Marta quando percebeu que ela seria capaz de esbofetear o irmão:

— Marta, acalme-se. Ele não vale isso. Henrique, ficarei aqui com Marta, e você não vai fazer nada para impedir isso. Seu amigo Roberto estava atrás dela quando sofreu o acidente. Nem consigo imaginar do que ele seria capaz de fazer com sua irmã se a encontrasse comigo. Portanto, trate de se cuidar, porque todos nós sabemos o que vocês dois fizeram a esta cidade.

Cândida levantou-se e disse:

— Henrique, eu tolerei tudo o que você fez até hoje, mas agora chega. Se alguém tem de sair desta casa é você, que também é responsável por tudo o que aconteceu hoje.

— Não vou sair daqui! Esta casa também é minha. A senhora não sabe do que está falando.

— Henrique, não ouse levantar a voz para mim! Sou sua mãe e dona desta casa. Você não quer sair porque não tem para onde ir. Você destruiu sua vida quando se juntou a Roberto. Agora terá de responder por seus atos. Faça-nos um favor! Vá para seu quarto e nos poupe da vergonha de ter de pedir a Armando e a Otávio que o carreguem escada acima.

— Muito bem, mamãe, a senhora é a dona da casa e neste momento não posso fazer nada, mas lhe asseguro que isso não ficará assim. A humilhação que você está me impondo vai lhe custar muito caro. Você vai se arrepender do que está fazendo comigo.

Dizendo isso, Henrique foi para o quarto, não sem antes gritar que "todos eles iriam se arrepender".

Marta abraçou a mãe e perguntou:

— Mamãe, você está bem? Deixe-me verificar sua pressão.

— Não se preocupe, minha filha, estou bem. Otávio, ainda não sei direito o que o Henrique fez, mas o que acontecerá com ele?

— Cândida, o dossiê que montamos possui vários documentos que provam que Henrique desviou verba pública, superfaturou obras, enfim, que ele cometeu uma série de atos contra o patrimônio público. Eu já entreguei uma cópia ao presidente da Câmara e a outra o vice-prefeito enviou ao Tribunal de Contas, que já estava ciente dos atos de Henrique. As contas da prefeitura não foram aprovadas.

Armando perguntou:

— O senhor acha que ele fugirá daqui?

— Não, Armando, pois a casa está cercada. Se ele tentar fugir, será preso. O melhor que ele tem a fazer é ficar aqui. Bem, se vocês não precisam mais de mim, vou para casa. Ainda quero passar no IML para saber se liberaram o corpo da namorada de Roberto.

Marta recordou-se do pai de Ana Lúcia:

— Meu Deus, ele teve alta do hospital na sexta-feira. O senhor sabe se os pais dela estão aqui em Rovena?

— Me parece que sim. Doutor Raul disse algo sobre ele estar fazendo exames. Não me recordo, Marta. Vocês querem que eu os avise?

Cândida respondeu:

— Por favor, Otávio. Acho que eles não têm nenhum parente aqui em Rovena.

— Está bem, Cândida. Telefonarei para vocês para dar notícias. Agora, por favor, ouça sua filha e vá se deitar — e voltando-se para Marta, falou: — Ela está sob o efeito do remédio que doutor Raul lhe deu pela manhã.

— Pode deixar. Eu cuidarei dela. Vamos, mamãe. Armando, voltarei assim que tiver colocado minha mãe na cama. Obrigada, doutor Otávio.

— Vá sossegada. Eu ficarei à sua espera. Doutor Otávio, eu o acompanho.

Depois que Marta saiu conduzindo Cândida ao quarto, Otávio comentou:

— Armando, que dia! Não imaginei que as coisas aconteceriam dessa forma. Não me passou pela cabeça que Roberto gostasse de Marta nem que fosse capaz de matar a namorada.

— Pois é, doutor Otávio. A vida nos surpreende de tal forma que fica difícil não acreditar em um poder superior. Fiquei com pena da moça que morreu. Meu amigo Rogério, o senhor se lembra dele?

— Sim! O advogado?

— Ele presenciou uma briga entre ela e Roberto e acreditou que tivessem terminado. Foi difícil impedi-lo de procurá-la. Quando ele viu aquela gravação, ficou decepcionado com a moça.

— Você vai avisá-lo?

— Vou. Preciso colocá-lo a par do que está acontecendo. Soube que o hotel está fechado. É verdade?

— Sim, o hotel é do Roberto, e era Ivan quem tomava conta. Se precisar hospedar algum amigo, me avise. Tenho espaço para receber até dez pessoas naquele casarão.

— Obrigado, doutor Otávio. Acho que vou precisar de hospedagem, mas para duas pessoas.

— Armando, cuide delas. Estou preocupado com Cândida, pois nunca a vi tão abatida. Os homens do grupo de Horácio estão na frente

262

e nos fundos da casa. Henrique não tem por onde fugir, e ninguém tem como entrar na casa também.

Armando tornou a agradecer ao juiz e pediu-lhe que também tivesse cuidado ao rodar pela cidade. Não era muito tarde, contudo, ninguém sabia mais em quem confiar.

Quando Marta desceu as escadas, Armando a esperava na cozinha:

— Hummm! O cheiro está bom! O que é?

— É só molho de tomate. Resolvi preparar um espaguete, afinal não comemos nada hoje. Eu aguento, mas você precisa estar forte para enfrentar o dia de amanhã. Como está sua mãe?

— Ela está abatida, triste... Deixei-a soluçando, mas a pressão está normal. Vou dormir no quarto dela, e você pode ficar no meu. Henrique apareceu?

— Não. Depois que você subiu, eu acompanhei doutor Otávio até o portão. Conversamos mais um pouco, então entrei e vim para cozinha. Tentei não fazer barulho para não incomodá-las. Você acha que Henrique pode tentar fugir ou me agredir de alguma forma?

— Acho que não. Ele fez aquelas ameaças por fazer. Ele sabe que errou muito e que não vai escapar da lei. Só espero que ele não tente fugir.

Nesse momento, Armando e Marta ouviram o barulho de um carro e de pneus cantando no asfalto. Ouviram também gritos e o som de carros saindo em velocidade. Marta correu para o quarto de Henrique, mas não o encontrou.

— Armando, ele fugiu.

— Vou avisar ao juiz Otávio. Veja se sua mãe está bem.

Enquanto Marta corria para o quarto da mãe, Armando ligou para o juiz:

— Alô! Doutor Otávio?

— Armando?

— Henrique fugiu. Ouvimos um barulho e vimos um carro saindo e outros saindo atrás. Marta não encontrou o irmão no quarto.

— Ele não levou Cândida?

— Não. Marta também acabou de me avisar que ele não pulou a janela. Acredito que ele tenha saído do quarto no momento em que levei o senhor ao portão.

— É possível. Como Marta estava com Cândida, ele deve ter aproveitado para esconder-se em algum lugar da casa e sair sem ser visto. Acabei de sair do IML. O corpo da moça será liberado amanhã cedo. A família foi avisada e está no apartamento dela. Algumas amigas da jovem estão com eles e o irmão está vindo de Minas.

— O que devemos fazer agora?

— Nada, Armando. Deixe tudo por conta da polícia. Não deixe Marta e Cândida sozinhas. Eu vou para aí. Não conseguirei ir para casa e dormir.

— Está bem, doutor Otávio. Estaremos esperando o senhor.

Armando desligou o telefone e foi conversar com Marta:

— Tudo bem com dona Cândida?

— Sim, ela está dormindo. Do quarto dela não dá para ouvir o barulho da garagem. O que o juiz nos aconselhou a fazer? — Marta perguntou.

— Ele disse que não devemos fazer nada, pois a polícia cuidará de tudo. Ele está vindo para cá e está muito preocupado com sua mãe. Por que você deu esse sorriso maroto?

— Sei que esse não é um bom momento, mas acho que doutor Otávio sempre esteve preocupado com a mamãe. Acho que ele nutre um carinho especial por ela.

— Ele é viúvo?

— Não, divorciado. Ele veio para Rovena por vontade própria, pois o divórcio mexeu muito com ele. Deve ter alguma história triste por trás dessa postura que ele demonstra ter. A campainha! Deve ser ele.

— Eu vou abrir, fique aqui — disse Armando.

Armando abriu a porta, e Otávio entrou:

— Fechei o portão com o cadeado. Ele estava aberto.

— O senhor quer que eu verifique alguma coisa?

— Não, Armando. Eu vim com um dos policiais que estão de plantão. Aparentemente, está tudo calmo por aqui.

— O senhor tem ideia de onde Henrique possa estar escondido?

— Ele não irá muito longe. Vai ser mais um desgosto para Cândida.

— Doutor Otávio, nós vamos jantar. O senhor gostaria de nos fazer companhia?

— Claro, Armando, obrigado. Acabei de lembrar que não comi nada hoje. Onde fica o banheiro? Preciso lavar as mãos.

— Venha por aqui.

Cândida também se levantou e foi fazer-lhes companhia. Ela estava se sentindo melhor e precisava alimentar-se. Marta preparou-lhe uma vitamina, e os quatro ficaram conversando até de madrugada.

Às seis horas da manhã, o telefone tocou:

— Doutora Marta?

— Sim, quem fala?

— Bom dia. É Horácio. Liguei para avisá-los que seu irmão foi detido há pouco, enquanto entrava em um prédio em São Paulo. Infelizmente, não pudemos impedir que a imprensa o filmasse. Deve sair alguma notícia sobre ele no jornal da manhã.

— Para onde vocês o levaram?

— Ele está no prédio da Polícia Federal e pediu para vê-la.

— Você está com ele?

— Não, estou escoltando a enfermeira Sônia e acompanhando o policial que está vigiando o quarto de Roberto de Almeida.

— Ele será transferido de lá?

— Por enquanto não. Eu quis avisá-la para que a senhora se preparasse para o que está por vir. Não precisa correr para São Paulo.

— Obrigada, Horácio. Vou falar com Armando, e mais tarde iremos até aí.

— Não tem de quê, doutora. Até logo.

***

Ângela ligou a televisão enquanto tomava uma xícara de café e disse espantada:

— Wanda, venha depressa! O prefeito de Rovena foi preso essa madrugada.

— O que foi que você disse?

— Veja na televisão. Não é o Henrique?

— Meu Deus! É ele mesmo. Vamos ouvir o que dizem.

O apresentador do jornal dizia:

— O prefeito da cidade de Rovena, o senhor Henrique de Alencar, foi preso essa manhã quando tentava escapar de um bloqueio policial. Conduzido à delegacia da Polícia Federal, ele aguarda a presença de seu advogado. O prefeito é acusado de improbidade administrativa, desvio de verbas públicas e superfaturamento de obras. Mais informações a qualquer momento em nossos telejornais.

— Você sabia disso, Wanda? — Ângela perguntou.

— Não. Eu nem sabia que ele era prefeito! Lembra-se disso?

— Tem razão, me desculpe. O que você vai fazer?

— Não posso fazer nada. Vou para a construtora e conversarei com Eduardo e com Jairo. Espero não ser envolvida nesse escândalo.

Ângela aproximou-se da amiga e disse:

— Wanda, talvez você não seja envolvida, pois vocês estão separados, mas lembre-se de que, haja o que houver, você tem a mim, ao Jairo e ao Eduardo. Não se deixe abater.

265

— Você está certa, obrigada. Vou ligar para o Edu. Talvez ele tenha visto o telejornal.

Wanda ligou para Eduardo:

— Edu, bom dia.

— Bom dia, amor.

— Você está vendo o telejornal?

— Estou. Como você está?

— Preocupada. Acho que alguém pode me ligar a Henrique. Não ao que ele fez, mas a ele. Você sabe como é repórter.

— Sei... Vamos fazer o seguinte: peça a Ângela que autorize minha entrada no prédio. Pego você na garagem daqui a uns quarenta minutos. Está bem?

— Ficarei esperando você lá embaixo. Edu...

— Sim?

— Obrigada.

— Meu amor, tente ficar tranquila. Eu estarei sempre ao seu lado.

— Obrigada. Até daqui a pouco.

— Até. Um beijo.

Eduardo desligou o telefone e imediatamente ligou para Jairo:

— Bom dia, chefe. Está vendo televisão?

— Estou sim.

— Vou pegar Wanda e levá-la para empresa. Vou usar o elevador da garagem para não ter de passar com ela pela recepção.

— Você está certo. Fique com ela. Já estou de saída para a construtora. Quando chegar, vou checar como estão os comentários e lhe aviso. Se for o caso, você pode levá-la a outro lugar, e nós continuamos nos falando.

— Obrigado, Jairo. Wanda é muito importante para mim.

— Estou vendo. Fique sossegado! Farei o possível para amenizar os comentários.

— Obrigado. Tinha certeza de que poderia contar com você.

— Não precisa me agradecer. Quero o melhor para você.

— Até logo, Jairo.

Depois de desligar o telefone, Eduardo pediu a Wanda que entrasse no carro para irem à empresa.

— Como você está?

— Não sei dizer o que estou sentindo. É uma mistura de medo e vergonha. O que pode acontecer se souberem que fui namorada dele? Como vou olhar as pessoas com quem trabalho? — Wanda questionou.

— Vai enfrentá-las de cabeça erguida, afinal, você não fez nada de errado. Quem tem de se envergonhar é Henrique.

Chegando ao escritório, Wanda disse:

— Não sei se terei coragem. O pessoal daqui não nos viu entrar. O que eles estarão pensando? O que dirão de mim? O que acontecerá com Ângela quando souberem que moro com ela? Estou apavorada.

Eduardo abraçou-a e sentiu o quanto a namorada estava tremendo.

— Acalme-se. Você quer ficar no meu apartamento?

Olhando firmemente nos olhos de Eduardo, Wanda disse:

— Não. Estou apavorada com essa confusão, mas não quero ficar no seu apartamento.

— Por quê não? Lá eu estaria ao seu lado, e você ficaria mais segura.

— Não, eu cometeria o mesmo erro novamente. Por medo de enfrentar meus problemas, acabaria me apoiando novamente em um homem. E nós mal nos conhecemos. Por favor, me ajude sem tentar me envolver como Henrique fez, senão vou deixá-lo antes que nossa relação fique mais séria.

Abraçando Wanda, Eduardo disse:

— Me perdoe. Só queria protegê-la e acabei me esquecendo de tudo o que você passou. Não quero perdê-la. Vamos ficar juntos e enfrentar a situação.

Nesse momento, Jairo e um policial entraram na sala.

— Bom dia, Eduardo. Bom dia, Wanda. Eduardo, este policial quer falar com você.

— Comigo? O que houve?

— Senhor Eduardo, eu lhe trouxe uma intimação. Precisamos ouvi-lo no caso da jovem que o senhor reconheceu no IML. Lembra-se disso? O nome dela é Patrícia dos Santos Albuquerque.

— Mas as investigações não tinham sido encerradas?

— Surgiram outros acontecimentos, e o caso foi reaberto. Seu testemunho é muito importante.

Eduardo leu a intimação, na qual estava escrito que ele deveria se apresentar ao delegado Jonas Buarque no dia seguinte.

— Estarei lá. Preciso levar algum documento?

— Se o senhor ainda tiver aquela carta, seria interessante levar uma cópia.

— Tenho. Diga ao delegado que estarei lá.

Assim que o policial saiu, Eduardo perguntou:

— Jairo, como estão os comentários na empresa?

267

— Eu reuni o pessoal e lhes pedi que não comentassem o assunto. Disse também que, assim que fosse possível, nós daríamos todas as explicações necessárias. Você se importa, Wanda?

— Não, Jairo. Acho melhor lhes contar o que aconteceu para que não façam suposições e tirem conclusões infundadas sobre mim ou sobre Eduardo.

— Eduardo?

— Concordo com Wanda. Todos estão sabendo que um policial veio me trazer uma intimação? — Eduardo questionou.

— Sim, ele foi atendido por Márcia e disse que precisava falar com você. Não dá para esconder esses fatos — Jairo esclareceu.

— Você sabe se saiu algum comentário a respeito de Wanda?

— Sim. O porteiro do prédio onde Henrique foi preso comentou sobre o relacionamento que você e ele tiveram. Disse que Henrique era um irresponsável e que você fez muito bem em deixá-lo.

Eduardo deu um suspiro e falou:

— Os cinco minutos de fama! Por que as pessoas têm essa necessidade de aparecer? Não vêm que acabam prejudicando outras?

O telefone tocou, e Jairo atendeu:

— Oi, Rosângela, o que foi? Pode passar.

Jairo aguardou um pouco e tornou a falar:

— Oi, Ângela. Tudo bem?

— Sim, como Wanda está?

— Ela está assustada com essa confusão. Vou fazer uma reunião com o pessoal da empresa para esclarecer alguns pontos dessa história. Acho que fará bem a todos e evitará comentários desagradáveis.

— Você faz bem. Diga a Wanda que, se ela precisar de mim, pode me ligar.

— Direi, Ângela. Um beijo.

— Outro para você.

Depois de desligar o telefone, Jairo disse:

— Wanda, Ângela me pediu para avisá-la que, se você precisar dela, é só chamar.

— Quanto transtorno eu trouxe para vocês!

— Nós somos seus amigos, conte conosco. Posso reunir o pessoal? — Jairo perguntou.

— Pode, vamos acabar logo com isso. Edu, você poderia ficar ao meu lado?

— Claro. Não pretendo me afastar de você por nada — Eduardo tornou.

Jairo reuniu os funcionários da construtora na sala de reuniões e pediu a todos que ouvissem o que Wanda e Eduardo tinham a dizer. Salientou que aqueles que quisessem ajudar poderiam se manifestar e aqueles que não quisessem ou não tivessem condições de ajudar não fizessem comentários sobre o que seria dito ali.

Eduardo e Wanda contaram suas histórias. Todos ouviram com atenção, e, passados alguns minutos, Márcia disse:

— Eduardo, sempre achei que você tinha uma história que o impedia de se relacionar conosco e confesso que fiquei enciumada com a atenção que você e o senhor Jairo estavam dispensando a Wanda, que entrou na empresa há pouco tempo e já conquistou todo mundo aqui. Peço-lhes que desculpem meu comportamento.

Felipe, o *office boy* da empresa, disse:

— Wanda, você sempre foi muito legal comigo. Pode contar com minha ajuda e da minha moto. Se precisarmos tirar você ou o senhor Eduardo daqui com rapidez, podem contar comigo.

Outros funcionários manifestaram apoio a Eduardo e Wanda e elogiaram a postura do dono da construtora por tratar com transparência de um assunto que muitos preferem esconder.

Quando a reunião terminou, Jairo pediu a Rosângela que fosse até sua sala para conversarem.

— Rosângela, você foi a única pessoa que não disse nada. Por quê?

— Ora, Jairo! Essa moça chegou um dia desses com ares de boazinha e já está metida em uma confusão que pode prejudicar a imagem de sua empresa! Será que não percebeu isso?

— Não. Eu percebi que dois amigos meus estão com sérios problemas por causa de um prefeito corrupto e bandido. Eles não foram procurar essa encrenca, eles foram envolvidos por ela. A "imagem" da minha construtora só será prejudicada se meus funcionários derem entrevistas que possam prejudicar Eduardo e Wanda. Do contrário, "minha construtora" não terá prejuízo algum.

— Você não entende, Jairo! Vamos lançar um prédio novo em alguns dias! O que as pessoas vão pensar quando souberem que a decoradora foi amante de um prefeito de cidadezinha do interior, que está preso por desvio de dinheiro público?

— As pessoas só "pensarão" alguma coisa, se forem informadas por nós de que a decoradora do prédio foi amante de Henrique. E agora já chega. Vá para sua casa e pense no que eu lhe disse. Você escolhe! Ou fica conosco e apoia Wanda e Eduardo, ou então pode passar no RH e assinar sua demissão. Eu preciso de pessoas amigas trabalhando aqui dentro, não de gente que só pensa em si mesma.

— Você não está sendo justo. Estou aqui há dez anos!

— Sim, e é por isso que estou lhe dizendo para ir para casa pensar no que quer fazer. Não vou exigir que peça demissão. Posso demiti-la para que você receba a indenização que lhe é devida pelos dez anos trabalhados.

— Isso não vai ficar assim!

— Não vai mesmo, Rosângela, venha comigo.

Jairo pediu a Rosângela que o acompanhasse até o RH.

— Rafael, por favor, prepare a demissão de Rosângela. A partir de hoje, ela não é mais nossa funcionária. Depois, a acompanhe até a sala dela para que pegue seus pertences. Leve-a em seguida até a portaria e informe que Rosângela não poderá mais entrar aqui sem autorização. Alguma dúvida? Terei de ficar aqui, ou você fará o que mandei sem problemas?

— Farei o que me pede e depois irei até sua sala para conversarmos.

— Pode ir, Rafael. Ficarei esperando.

Quando Jairo se retirou, Rafael perguntou a Rosângela o que havia acontecido:

— O que acha que aconteceu? Fui contra mantermos na empresa a sonsa da Wanda. Vocês vão ver o mal que essa moça fará à empresa!

Rafael cuidou da demissão de Rosângela e depois foi à sala de Jairo.

— Você está ocupado?

— Pode entrar, Rafael. Ela já foi embora?

— Sim. O que aconteceu? Ela é sua secretária há dez anos. Será difícil encontrar uma substituta à altura.

— Não tenha pressa, Rafael. Procure com calma, e acharemos alguém. Eu me recuso a trabalhar com pessoas que não conseguem ser tolerantes com seus colegas de trabalho. Ela me disse que a construtora terá sua imagem prejudicada por causa de Wanda. Rosângela me perguntou: "O que dirão quando souberem que a decoradora do prédio que estamos lançando era amante do tal prefeito etc., etc., etc.?". Rafael, não preciso de gente assim perto de mim.

— Será que ela não tem um pouquinho de razão?

— Quem sabe que a decoradora é a Wanda? Antes de acontecer essa confusão, você sabia?

— Não. Você passou algum comunicado para o Departamento de Pessoal?

— Não, Wanda está desenvolvendo um projeto, que nós nem aprovamos ainda. Apenas eu, Eduardo, Wanda, Rosângela e Márcia sabíamos. Se sair alguma coisa no jornal, quem terá sido o informante?

— Temo que ela faça exatamente isso. Será um desastre.

— Não será, se nos anteciparmos a ela. Estamos falando, falando, e nem sequer sabemos se saiu alguma notícia nos jornais. Olhe, faça seu trabalho e oriente o pessoal a fazer o mesmo. Deixe que eu me preocupo com a "imagem da construtora".

— Está bem, Jairo, você sabe o que faz. Pode contar comigo.

— Ótimo! Agora, vamos trabalhar!

Rafael saiu da sala, e Jairo resolveu ligar para Armando:

— Armando? É o Jairo. Como estão as coisas aí em Rovena?

— Está uma confusão só. As pessoas estão revoltadas com o prefeito e jogaram coisas no jardim da casa de Marta. A polícia precisou intervir. Lembra-se daquele acidente, cujas vítimas foram atendidas no hospital onde Marta trabalha? Lembra-se de que uma das vítimas morreu, e o marido dela disse que iria processar Marta e o hospital?

— Sim, eu me lembro.

— Então... ele deu uma declaração ao jornal dizendo que a mulher dele morreu por incompetência de Marta, ofendeu os médicos da Santa Casa, chamou-os de irresponsáveis, entre outras coisas. Ele só se esqueceu de dizer que foi o povo quem elegeu Henrique. E como estão as coisas por aí? Disseram para nós que Henrique tinha uma namorada em São Paulo.

— Tinha. Ela trabalha aqui na construtora, e tudo está muito confuso ainda. Você falou com Rogério sobre Ana Lúcia?

— Sim, ele está aqui. Nós estamos hospedados na casa do juiz Otávio.

— Nós?

— Sim. Eu, Rogério, Marta e dona Cândida. André Gouveia, que é o vice-prefeito, está tentando arrumar a prefeitura. A oposição está fazendo um barulho danado.

— Você precisa de mim?

— Por enquanto não, Jairo. Você está com problemas na construtora, cuide deles. Vou ficar por aqui. Vamos nos falando — Armando concluiu.

— Você teve notícias de Ivan?

— Ele ainda está internado. O estado dele é grave. Os outros estão estáveis. Se eu tiver alguma notícia diferente, ligo para você. Um abraço.

— Outro para você.

271

Armando desligou o telefone e ficou pensando em tudo o que aconteceu desde que ele chegou ao Brasil e após a morte de seu pai. "Quando será que tudo isso vai passar? Parece um pesadelo que não tem fim".

Ele acabou adormecendo e sonhando com uma jovem que segurava uma criança pela mão e lhe dizia:

— Isso vai passar, Lucan. O tempo cicatriza todas as feridas. Não desista dos seus sonhos!

— Você vai embora?

— Vou, pois você me devolveu minha joia. Agora posso ir em paz!

Armando acordou sentindo-se bem. Não conseguia lembrar-se direito do sonho, mas se recordava da figura de uma jovem com uma criança no colo, que lhe acenava sorrindo.

Rogério entrou na sala e perguntou:

— Por que está sorrindo? Alguma notícia boa?

— Não, falei com Jairo e depois comecei a me recordar de tudo o que aconteceu desde que cheguei ao Brasil. Acabei cochilando e tive um daqueles sonhos novamente. Dessa vez, não havia gritos, mas não sei por que não consigo me lembrar do sonho para lhe contar. Lembro--me apenas da figura de uma jovem sorrindo e tenho a sensação de que ela estava me agradecendo. No entanto, é só uma sensação. E você? Como está?

— Não sei explicar direito. Fui ao velório e depois passei na igreja para conversar com padre Augusto — Rogério tornou.

— Como a família de Ana está reagindo?

— Os pais foram medicados, estão inconsoláveis e sentem-se culpados. Conversei com o irmão de Ana, e ele me disse que havia pedido aos pais para virem a Rovena, porque não tinha gostado da maneira como Roberto o tratou.

— Ana Lúcia era uma mulher adulta. Eles não podem ser responsabilizados pelo que aconteceu.

— Armando, todos eles achavam que Roberto não a faria feliz. Só não imaginavam que ele fosse capaz de matá-la. Isso chocou a família e a cidade. Há uma espécie de comoção. Chegaram a ligar a morte da Ana à morte de Rovena. Fui procurar padre Augusto para pedir uma orientação sobre como agir. Temo que você e Marta acabem sofrendo algum tipo de perseguição por parte dos mais extremados — Rogério concluiu.

— Você acredita que eles possam me culpar por ter insistido em dar uma sepultura para Rovena e a filha? Será que eles acham que esse fato desencadeou toda essa confusão na cidade?

— Não sei o que pensar, mas temo por vocês. Padre Augusto vai falar sobre isso na missa de hoje à noite. Onde está Marta?

— Ela está com dona Cândida. Marta teme que a mãe tenha um derrame devido aos constantes picos de pressão. No mais, ela também se sente responsável por tudo o que está acontecendo, afinal de contas, o prefeito é irmão dela. Desculpe, meu amigo, acabei envolvendo você e Jairo nos meus problemas e agora não consigo tirá-los dessa situação.

— Armando, você não nos envolveu nessa situação. A vida nos coloca em situações que nos põem à prova a todo o momento. Se não fôssemos amigos, não conseguiríamos nos ajudar. Você encontrou Marta, e sem você talvez ela não tivesse força para seguir com o projeto do hospital. Jairo reencontrou Ângela, a mulher por quem ele sempre foi apaixonado. A cidade ainda não se deu conta, mas ficou livre de Roberto e das falcatruas que ele realizava com o prefeito. É uma questão de tempo, e tudo vai se acalmar. Você vai ao enterro?

— Não, não quero deixar Marta sozinha. Ela pode precisar de mim.

— Está bem. Eu irei. Mais tarde, nos falamos.

— Até mais tarde, Rogério.

***

Enquanto acontecia a cerimônia de despedida de Ana Lúcia, na prefeitura o vice-prefeito reunia-se com secretários, chefes de seção e técnicos.

— Em primeiro lugar, quero agradecer a colaboração de vocês nesse momento difícil pelo qual nossa cidade está passando. As contas da prefeitura estão sendo analisadas pelo Tribunal, e, tão logo tenhamos os resultados, poderemos dar continuidade às obras que estão paralisadas. O projeto de construção do hospital de especialidades já seguiu para Roma, e, segundo padre Augusto, assim que for aprovado, a Igreja oficializará a doação do terreno.

— André, quem vai financiar a obra? — perguntou o secretário do setor financeiro.

— Provavelmente, a iniciativa privada. Como vocês sabem, a propriedade que fica ao lado do terreno da Igreja pertence ao engenheiro Armando Magalhães, que está empenhado em nos ajudar. Alguns industriais que estão estabelecidos aqui me telefonaram para marcarmos uma reunião, em que será discutida uma maneira de colaborarem com a construção do hospital.

273

Luiz Carlos, o técnico do meio ambiente, perguntou:

— A propriedade de Armando é muito rica em mata nativa. Talvez tenhamos de desenvolver uma forma de reaproveitar as plantas que ali existem. Ele tem alguma ideia sobre o que será feito no terreno dele?

— Não, Luiz, ainda não conversamos sobre isso. O que preciso neste momento é que vocês me ajudem a separar a imagem de Henrique da imagem de doutora Marta. Ela e a mãe não estão podendo nem voltar para casa. O povo está muito revoltado, e elas não têm culpa do que aconteceu.

— Será que não? Sendo mãe e irmã de Henrique, como não têm conhecimento do que ele vinha fazendo?

— Luiz, elas não estão envolvidas nos desmandos de Henrique. A doutora Marta vem brigando por esse hospital há anos. Você acha que, se ela estivesse de acordo com o irmão, se importaria com o povo desta cidade e estaria trabalhando na Santa Casa do jeito que ela trabalha? Quantos de vocês ou quantos de seus parentes e amigos foram atendidos por ela? Quando ela se recusou a ir ao hospital num domingo, num feriado? Quantas vidas foram salvas por essa médica? E agora vocês se voltam contra ela, como se doutora Marta fosse a responsável pelos desmandos do irmão. Pensem nisso. Eu preciso de todos vocês aqui, mas preciso contar com vocês. Não adianta tê-los na prefeitura trabalhando contra a vontade. Por favor, sejam honestos consigo mesmos. Será que a doutora Marta e a dona Cândida merecem esse tratamento de nossa cidade?

Todos ficaram em silêncio, e André encerrou a reunião. O último a deixar o local foi Lucas, o responsável pelo cemitério. André comentou:

— Você não falou nada, Lucas. Quer me dizer alguma coisa em particular?

— Quero lhe agradecer por sua atitude. André, eu acompanho sua trajetória nesta cidade. Você e doutor Sandro fizeram muito por Rovena, mas Henrique se deixou levar pela ganância e só fez asneira. Conte comigo para o que precisar. Vou lhe fazer uma sugestão, aí você decide o que fazer. Essa cidade ainda vive a ilusão da lenda de Rovena. Estão espalhando por aí que, se não tivessem tirado os corpos que estavam enterrados na igreja velha, nada disso teria acontecido. Nós sabemos que isso não é verdade. A vida política de Henrique estava por um fio. A história verdadeira precisa ser contada. Se a verdade não for dita, a lenda vai prevalecer, e esse povo não terá paz e sempre culpará Armando e Marta por tudo o que aconteceu aqui.

— Lucas, por que não disse isso durante a reunião?

— Porque algumas pessoas que estavam na reunião acreditam nessa lenda.

— Você tem razão quando fala da lenda. Preciso pensar em uma forma de divulgar isso. Vou falar com o pessoal do jornal. Será que todos os envolvidos concordarão em dar depoimentos? Temos que contar a história de sua família.

— Eu acredito que todos concordarão em falar. Quanto à história de minha família, pode divulgar o que for preciso. Antes de vir falar com você, conversei com minha mulher e com meus filhos, e todos estão de acordo. Nós gostamos muito da doutora Marta, e, se esse engenheiro não tivesse vindo para cá, os desmandos de Henrique e do tal Roberto não teriam cessado.

— Você viria comigo até o jornal? Seu depoimento será muito importante.

— Podemos ir agora, se você quiser.

Assim, André e Lucas foram até o jornal conversar com o redator--chefe sobre a possibilidade de publicarem toda a história de Rovena para tentar explicar aos moradores a real história que desencadeou os acontecimentos recentes na cidade.

***

Nesse mesmo dia, durante a missa, padre Augusto chamou a atenção dos presentes para o trabalho realizado pela doutora Marta e explicou por que fizeram a exumação dos corpos que estavam enterrados no cemitério da igreja velha. Encerrada a missa, alguns moradores procuraram-no para pedir mais informações sobre o que tinha acontecido.

— Padre, não foi certo tirar os corpos do cemitério.

— Meu filho, não foi certo mudarem a igreja de lugar e não mudarem o cemitério. Pense bem. O terreno foi doado para a construção do hospital novo, então, o que você acha que aconteceria quando as máquinas começassem a limpar o terreno e iniciassem as escavações para colocar as colunas do prédio? Já imaginou o susto que os operários levariam quando encontrassem os ossos que estavam enterrados lá?

— O senhor tem razão. Mas por que construir o hospital ali? Por que não deixar tudo como estava?

— Porque Roberto de Almeida queria construir ali um condomínio de luxo. Aquele terreno pertence à Igreja, que doou a propriedade para a construção do hospital. Essa doação fez a prefeitura economizar dinheiro. Eles teriam gastos se tivessem de desapropriar uma área para a

275

construção do novo hospital. Aquele local fica próximo ao centro e por ele passam todas as linhas de ônibus, ou seja, todos poderão chegar ao hospital com facilidade. Pense nisso, Tiago, e nos ajude a fazer o povo entender que o que aconteceu foi um bem para a cidade.

Tiago olhou para o padre Augusto e disse:

— Padre, sou um homem de pouca instrução, mas estou entendendo o que o senhor está dizendo. Para nós, parece que um furacão passou pela cidade e que agora teremos de recomeçar. Vou falar com meus amigos e tentar explicar a eles a situação do jeito que o senhor me explicou.

— Vá em paz! Se for preciso, traga seus amigos aqui ou reúna-os em algum lugar. Irei até eles, e juntos daremos todas as explicações que forem necessárias.

— Está bem, padre Augusto. A sua bênção.

— Deus o abençoe, meu filho. Vá em paz.

CAPÍTULO 27

— Armando! Acorde!

— Hum! O que foi? Nossa, Marta! Eu estava sonhando.

— Você teve outro pesadelo?

— Não, não foi pesadelo. Foi só um sonho. Por que me acordou?

— Doutor Otávio está nos chamando, e você estava dormindo na sala da casa dele!

— Me dê um minuto. Vou lavar o rosto e já encontro você.

— Está bem, estamos no escritório.

Quando todos estavam presentes, Otávio lhes disse:

— Meus amigos, faz quinze dias que Henrique está preso e que Roberto sofreu o acidente. Precisamos ir a São Paulo para conversar com o promotor que está cuidando deste caso. Temos uma audiência marcada para depois de amanhã, assim, sugiro que viajemos amanhã para estarmos dispostos para ouvir o que ele tem a dizer. Marta, você falou com doutor Raul?

— Falei. Ele comprometeu-se a pegar o prontuário do Henrique e pediu a Wagner que fizesse um relatório completo sobre os procedimentos adotados quando ele esteve internado na Santa Casa.

— Você e Armando poderão ficar fora alguns dias?

— Sim. As pessoas estão mais calmas e começaram a conversar conosco em vez de nos agredirem. Confesso que achei que esse dia não chegaria.

Armando disse:

— É uma forma de eles protestarem. O problema é que quem supostamente deveria ser agredido não estava aqui.

— É isso mesmo. Hoje esteve um grupo de pessoas no hospital. Vieram me pedir desculpas, agradecer por eu ter tido coragem de enfrentar quem veio nos agredir, enfim, aparentemente as coisas estão voltando ao normal — Marta comentou.

— Então, viajamos amanhã? — Otávio perguntou.

— Doutor Otávio, vocês podem se hospedar em minha casa. Eu já providenciei tudo, assim ficaremos juntos e ninguém terá de ficar em um hotel — Armando tornou.

— Será ótimo. Poderemos conversar com Jairo e Horácio. Marta, você e Cândida estão preparadas para conhecer Wanda e ouvir tudo o que ela tem a dizer?

— Estamos, doutor Otávio — Marta respondeu. — Jairo conversou com Armando e contou a história dela. Soube que o atual namorado dessa moça está envolvido em um processo contra Roberto. Só não consigo entender o que Sônia e Ivan têm a ver com essa história.

Armando completou:

— Espero que Ivan não fique com sequelas e possa nos contar o que aconteceu. Não consigo imaginá-lo como cúmplice de Roberto.

Marta disse:

— Nem eu! Ainda mais envolvendo Sônia. Doutor Otávio, o senhor não poderia nos adiantar alguma coisa?

— Não, Marta, pois não sei de toda a verdade. Vamos aguardar o término das investigações.

***

Ângela, Jairo, Eduardo e Wanda conversavam sobre o encontro que teriam no dia seguinte com a família de Henrique:

Ângela perguntou:

— Jairo, você acha que devemos ir todos juntos?

— Sim, a família de Henrique resume-se à doutora Marta, irmã dele, e à dona Cândida, mãe dele. Armando é meu amigo e namorado de Marta. Rogério é o advogado dele, e o doutor Otávio e o detetive Horácio são pessoas muito ponderadas. Poderemos tirar todas as nossas dúvidas com eles.

— E por que essa reunião será na casa do Armando e não no fórum?

— Porque doutor Otávio está acompanhando essas investigações há muito tempo, e o detetive Horácio quer contar a todos o que levou o Ministério Público a realizar essa investigação que acabou envolvendo a todos nós.

***

Wanda estava apreensiva e com medo da reação da família de Henrique. Percebendo que ela estava inquieta, Eduardo disse:

— Você está inquieta. Seu semblante demonstra nitidamente sua preocupação. Tente se acalmar.

— Eduardo, estou com medo do que vai acontecer amanhã. Ninguém sabia da minha existência! E agora eles me descobriram da pior forma possível. O que pensarão de mim?

— Meu amor, não importa o que eles pensarão; o que importa é o que você pensa de si mesma. Pare de se colocar como uma pessoa sem caráter, inferior aos outros. Você foi namorada de Henrique e teve coragem suficiente para acabar um relacionamento que a estava destruindo. Você deve ter orgulho de sua atitude. Se eles não gostarem de você, o problema é deles. Estou aqui com você e estarei lá amanhã. Não deixe que esse homem continue atrapalhando sua vida. Desde que ele foi preso, você está nesse estado. Se quiser me deixar e voltar para ele, vá em frente. Mas, se quiser ficar comigo, fique por inteiro.

Ângela e Jairo ouviram as palavras de Eduardo e ficaram atônitos. Não esperavam por aquela reação nem pelo desespero demonstrado por Wanda. Jairo foi o primeiro a falar:

— Edu, venha comigo. Talvez se ficar sozinha com Ângela, Wanda consiga desabafar. Venha, vamos dar uma volta.

Depois que eles saíram, Ângela pediu:

— Wanda, fale comigo. O sentimento que você tem por Henrique é tão forte assim? Você me pareceu tão feliz com Eduardo.

Wanda começou a chorar copiosamente. Ângela abraçou-a e esperou a amiga se acalmar para soltá-la.

— Ângela, não sei o que sinto por Henrique. Não o vi mais depois que o deixei e tenho medo de fraquejar. Eduardo não merece passar por isso. Ele sofreu muito por causa de outra mulher, e não quero causar-lhe dor. Ao mesmo tempo, no entanto, tudo o que tenho feito é magoá-lo. Não sei mais como agir. Na construtora, o pessoal me olha diferente. É como se me acusassem de lhes ter roubado o Edu e prejudicado a imagem da empresa. Não consigo trabalhar direito, meu projeto não sai. Estou desesperada.

— Tente se acalmar. Sente-se aqui. Vou buscar um chá para você.

Quando Ângela voltou, Wanda olhava para o vazio, incapaz de dizer qualquer coisa.

— Beba, vai lhe fazer bem. Agora me escute. Primeiro, você descobriu que Henrique não era quem você pensava e resolveu deixá-lo. Depois, conseguiu um bom emprego. Você é talentosa, e Jairo percebeu isso. Por essa razão, ele resolveu ajudá-la a desenvolver esse potencial. Você estava no lugar certo, na hora certa. A antiga decoradora estava dando em cima de Eduardo, e ele estava farto dela. O que houve entre você e Henrique acabou. Ele não é aquele homem por quem você se apaixonou. Pense nisso. Por que está com medo da família dele? Quem mais do que eles sofreram com as atitudes de Henrique? Neste momento, todos estão tentando ser solidários uns com os outros. Esse juiz Otávio veio de Rovena para conversar conosco, dar satisfação pelos erros do Henrique. O detetive poderia ter entregado o trabalho dele e fim! Seríamos chamados para depor e acabou-se. Não saberíamos o que desencadeou todo esse processo e não teríamos como nos apoiar. Jairo foi prejudicado pelo pai desse tal de Roberto, a mulher que Eduardo amou o deixou por causa de Roberto, então, não é só você quem está sofrendo com isso. Pare de se lamentar e nos ajude. Não jogue sua felicidade pela janela. Enquanto você ficar rastejando e tendo pena de si mesma, sua vida não vai mudar. Ninguém olha para você acusando-a. É você quem está se acusando. Você e seu orgulho idiota vão impedi-la de ser feliz, de fazer o que gosta, de estar perto do homem que a ama. Pense em tudo o que lhe disse e no que você quer para sua vida. Seu futuro só depende de você.

Ângela deixou Wanda na sala e foi para seu quarto ligar para Jairo.

— Jairo? Você está com Eduardo?

— Estou. Ele não quer falar. Vou respeitar isso, mas não vou deixá-lo ir para outro lugar. E vocês? Como estão?

— Wanda chorou muito, e eu disse algumas coisas que achei que ela precisasse ouvir. Fiz também um chá de erva-cidreira para ela tomar e a deixei chorar. Chorar faz bem à alma. Não deixe Eduardo sozinho. E se você achar que ele precisa de algum conselho, acho que o momento é esse. Ele não deve ficar se amargurando. Por favor, não o deixe beber, pois isso seria um desastre.

— Fique sossegada, Ângela, vou falar com ele. Não tenho chá, mas quem sabe eu consiga ajudá-lo como meu amigo Rogério conseguiu me ajudar. Eu volto a ligar mais tarde. Um beijo.

— Um beijo, amor. Boa sorte.

Jairo entrou no quarto onde Eduardo estava e percebeu que o amigo havia chorado.

— O que está fazendo aqui? Eu disse quero ficar sozinho.

— Eu sei, Edu. E sei também o que você está sentindo. Fiquei assim quando perdi a Ângela. Você sabe disso, pois lhe contei minha história. Agora, mesmo que não queira me ouvir, vou lhe dizer o que penso. Você se apaixonou pela Wanda, pois ela tem as mesmas qualidades que Patrícia tinha.

— Você está enganado, eu...

— Deixe-me terminar. Não estou enganado. Quando conheci a Wanda, o jeito dela me pareceu familiar. Quando vi vocês dois brigando, me lembrei do que você me dizia amar em Patrícia: a delicadeza, a maneira de tratar os outros, a forma de ouvir as pessoas. Você percebeu isso, e o sentimento que estava guardado para Wanda voltou. Ela está desesperada e tem razão de estar. Imagine ver seu nome ligado a uma pessoa como Henrique, que está preso, acusado de vários crimes. Imagine ter de enfrentar a mídia, os colegas de trabalho e, principalmente, não saber lidar com o que existe entre vocês. Edu, ninguém disse que amar é fácil. Quando conhecemos alguém, queremos que esse alguém seja nossa imagem e semelhança, então, quando surgem os problemas, pulamos fora. Você disse que amava Patrícia, mas você não lutou por ela. Deixou que ela partisse e, quando a reencontrou, lhe ofereceu ajuda. Na primeira recusa, você a deixou novamente. Eu não estou culpando você pelo que houve. Apenas quero que veja que é muito difícil amar sem fazer cobranças. Wanda está apavorada com tudo o que está acontecendo, assim como você também está. Agora, meu amigo, se você a ama, lute por ela. Não a jogue de volta aos braços daquele idiota. Ela não foi procurá-lo para oferecer ajuda. Ela está confusa, assim como você também está. Não posso fazer como Ângela, que fez um chá para Wanda, mas prometi a ela que não lhe daria nada para beber. O que posso lhe dizer é: reze, meu amigo. Peça a Deus que o ilumine e tente não julgá-la. Não perca a chance de ser feliz, não jogue sua vida fora. Se quiser conversar, estarei na cozinha. Vou preparar alguma coisa para comer.

Depois que Jairo saiu do quarto, Eduardo começou a pensar em tudo o que ouvira. Jairo estava certo. Nas atitudes, Wanda era muito parecida com Patrícia. Ele não queria passar pelo sofrimento que vivera anteriormente. Evitara tanto se envolver seriamente com alguém e acabara encontrando uma mulher parecida com seu antigo amor. Precisava vencer isso, romper com o passado e amar de novo. Queria construir uma família, ter filhos e para isso precisava reagir. Levantou-se e decidiu ir à casa de Wanda.

Jairo assustou-se com a pressa com que Eduardo entrou na cozinha do apartamento:

— O que houve? Parece que viu um fantasma!

— Jairo, você está certo. Eu me deixei levar pela semelhança entre as duas e preciso mudar isso. Estou sem carro. Você poderia me levar à casa de Wanda?

— Tem certeza de que esse é o momento certo? Ela não está bem emocionalmente, e vocês podem acabar brigando de novo.

— Por favor, Jairo, não posso perder Wanda! Se eu não fizer nada, ela pode acabar indo atrás do tal Henrique.

— Está bem. Vamos.

Quando chegaram ao apartamento, os dois foram recebidos por Ângela:

— O que houve?

— Ângela, preciso ver a Wanda. Onde ela está? — Eduardo perguntou.

— Ela está no quarto, deve estar dormindo. Edu, por favor, ela chorou muito. Não a magoe.

— Fique tranquila, Ângela, vou ficar com ela. Quando Wanda acordar, estarei ao lado dela para enfrentarmos essa confusão.

— Está bem, então. Pode ir.

Jairo abraçou Ângela e disse:

— Por que a vida tem que ser tão difícil?

— Porque, se fosse fácil, não lhe daríamos valor. Você falou alguma coisa com ele?

— Sim, mostrei a Eduardo que as atitudes dele eram iguais às dela. Não sei se ele fez uma oração como eu sugeri, mas acho que a conversa ajudou.

— Oração?

— É! Oração. Quando eu estava em Rovena, fui assistir a uma missa com Rogério. Eu já lhe falei dele.

— Sim, mas o que tem a missa com essa história?

— Com essa história não, mas com a nossa história. Nesse dia, o evangelho foi sobre o filho pródigo. Padre Augusto explicou o sentido do evangelho de uma forma que abriu meus olhos para a vida. Precisamos encarar nossos problemas e tentar resolvê-los quando eles surgem. Não adianta fugir, porque senão, quando voltarmos, não encontraremos mais o que ficou para trás. Eu tive muita sorte, pois poderia ter perdido você.

— Puxa, Jairo, que palavras bonitas. Você tem razão. E nós só nos lembramos de fazer uma oração quando estamos desesperados. Depois, não nos lembramos de agradecer ou então ficamos bravos porque as coisas não acontecem no momento em que queremos.

— É isso mesmo. Precisamos cuidar mais do nosso lado espiritual. Vou procurar saber onde é a igreja do padre Antônio e podíamos passar a frequentá-la.

— Padre Antônio ou padre Augusto?

— Padre Augusto é de Rovena. Padre Antônio é daqui de São Paulo. Era ele quem estava providenciando a doação do terreno da igreja para a construção do hospital de Rovena. Quem sabe não nos casamos na paróquia dele?

— Casar? Mas eu não fui pedida em casamento!

Jairo segurou delicadamente o rosto de Ângela e disse:

— Ângela, eu amo você como nunca amei ninguém. Sei que a fiz sofrer, sofri muito por isso e perdi muito tempo pela falta de coragem de procurá-la. Não quero que se afaste nunca mais de mim. Quer ser minha esposa?

— Ah, Jairo! Eu amo você e sempre o amei, mesmo quando negava isso para mim mesma. Sim, quero me casar com você!

Os dois trocaram um beijo longo, apaixonado e cheio de promessas.

***

Eduardo sentou-se na cama de Wanda e, vendo-a dormir, procurou aconchegar-se a ela e afagar seus cabelos. Ele, então, acabou cochilando. Depois de algum tempo, Wanda acordou e assustou-se ao vê-lo a seu lado. Ela disse baixinho:

— O que está fazendo aqui? Não lhe dei permissão para entrar aqui.

Ele colocou o dedo nos lábios de Wanda para que ela se calasse e disse:

— Desculpe minha explosão. Não queria que nada disso estivesse acontecendo. Estou apaixonado por você e disposto a esperar que goste de mim. Só não me mande embora, pois não suportaria perdê-la.

— Edu, me perdoe. Preciso amadurecer e aprender a confiar em mim e nas pessoas que estão próximas a mim. Não quero que me deixe. Me ensine a amá-lo, me dê uma chance de ser feliz ao seu lado.

Eduardo beijou Wanda com paixão, demonstrando todo o amor que sentia por ela, que correspondeu na mesma intensidade.

— Posso ficar aqui com você? Não farei nada que não queira. Quero apenas ficar abraçado com você e sentir o calor do seu corpo no meu.

— Você não se preocupa com a reação da Ângela e do Jairo? Afinal, estamos na casa dela.

283

— Tem razão. Mas eu não queria ir embora agora. Podíamos nos juntar a eles e comer alguma coisa. O que acha?

— Acho uma boa ideia. Não comi nada hoje, e meus olhos estão ardendo.

— Então venha! Mas antes me deixe beijá-la novamente.

Assim, Wanda e Eduardo deixaram fluir um sentimento novo que os estava envolvendo com intensidade. Um amor que estava nascendo e que prometia durar uma vida inteira.

CAPÍTULO 28

No dia seguinte, Jairo, Ângela, Eduardo e Wanda chegaram à casa de Armando no horário combinado. Ele os convidou para entrar e fez as apresentações.

Dona Cândida aproximou-se de Wanda e disse:

— Você é uma bela mulher. Espero que um dia tudo isso passe e que nossas vidas possam voltar ao normal.

Wanda respondeu:

— Dona Cândida, acho difícil que tudo volte ao normal. Nesses últimos dias, vivi um verdadeiro pesadelo, porém, descobri na força da amizade de Jairo e de Ângela e no amor do Eduardo uma nova forma de viver. Imagino que a senhora esteja sofrendo e que, de todos nós, a senhora seja a maior prejudicada. Ter um filho, criá-lo e depois perdê-lo para o crime não deve ser fácil, contudo, quero que a senhora saiba que pode contar com minha amizade.

— Obrigada, Wanda. Por um momento, temi que você se revoltasse contra nós. Eu e Marta nunca soubemos de sua existência. Não imaginei que você nos apoiaria.

— Dona Cândida, Henrique nunca me falou da senhora nem de sua filha. Eu nem sabia que ele era prefeito de uma cidade do interior de São Paulo. Quem me alertou foi o porteiro do prédio onde nós vivíamos. Quando soube da verdade, cobrei de Henrique uma atitude. Exigi que ele assumisse nosso relacionamento. Ele, no entanto, me disse que isso prejudicaria sua imagem de homem público, e eu o deixei naquele dia. Depois disso, nunca mais o vi. Só vim saber de Henrique novamente pelos jornais no dia em que ele foi preso. Não fiquei com nada do que ele me deu. Deixei tudo no apartamento e também não tenho a intenção de cobrar nada. Depois que o deixei, minha vida mudou. Reencontrei uma amiga que me apoiou, consegui emprego em uma empresa sólida e encontrei um homem que me ama e que sei que me fará feliz. Como minha amiga Ângela costuma dizer: "O passado se foi, acabou, não volta mais. Precisamos construir o presente para termos um bom futuro".

Emocionada, Cândida abraçou Wanda e disse:

— Obrigada, minha filha, e conte comigo sempre.

Marta, que também se emocionara com as palavras de Wanda, disse:

— Obrigada por ter aceitado nosso convite para vir até aqui. Você foi uma das pessoas mais prejudicadas por Henrique. Espero que possamos ser amigas.

— Obrigada, Marta. Henrique me prejudicou porque eu permiti que ele me prejudicasse. A culpa não é só dele. Eu não o estou defendendo; apenas quero que saibam que não tenho interesse em culpar ninguém pelo que aconteceu. Tudo o que vivi nesses últimos meses me ajudaram a crescer, embora ainda tenha muito que aprender.

Nesse momento, a campainha soou e Armando pediu licença para ir atender à porta. Rogério e o detetive Horácio haviam chegado acompanhados por uma moça que foi apresentada como assistente da promotoria.

Otávio pediu licença para iniciar a reunião e disse:

— Meus amigos, hoje é um dia muito importante para todos nós. O detetive Horácio e a doutora Suzana vão explicar o que originou a investigação sobre Roberto de Almeida e que levou a esse desfecho. Antes, gostaria de informá-los de que as duas moças, as vítimas do acidente provocado por Roberto, continuam hospitalizadas, mas estão fora de perigo. Elas deverão ter alta na próxima semana. Ivan está se recuperando, mas ainda não consegue falar normalmente. Segundo o doutor Raul, as chances de ele não ficar com sequelas do acidente são grandes. Sônia recebeu uma permissão para acompanhá-lo pois é enfermeira e consegue entender o que ele diz. Ela está anotando num caderno o que ele tem conseguido contar, e depois nós teremos acesso a essas informações. Quanto a Roberto, ele terá alta amanhã e será encaminhado à delegacia. O advogado dele está tentando um *habeas corpus*.

Armando perguntou:

— O senhor acha que ele conseguirá?

— Acho que não pelo mesmo motivo que Henrique não conseguiu. Eles precisam ficar à disposição da justiça e, se forem soltos, com certeza tentarão fugir do país. Mas vamos prosseguir. Horácio, por favor, explique a eles a história toda.

— Bem, essa história começou há mais ou menos quinze anos. O pai do Roberto de Almeida, que hoje está internado com Mal de Alzheimer numa clínica para idosos, possuía muita influência em órgãos do governo, tanto estaduais como municipais. Ele contratou os serviços de uma construtora e, quando o serviço foi entregue, alterou a nota fiscal original, recebendo um valor muito superior ao que era devido. Quando o pagamento foi questionado pelo Tribunal de Contas, um fiscal foi à construtora e constatou que havia um valor no talão e outro nos documentos da prefeitura. O proprietário da construtora não conseguiu provar que não recebera aquele valor e contratou um advogado, que acabou descobrindo que o pai de Roberto já havia aplicado esse golpe anteriormente. Como não conseguiu reverter a situação do dono da construtora na prefeitura, nem o cancelamento do contrato da construtora com a empresa dos Almeida, o advogado intercedeu na construção de um condomínio que um amigo queria fazer, indicando a construtora Nogueira para realizar a obra. Esse trabalho possibilitou que a Nogueira se reerguesse. Eu acredito que vocês conheçam essa história, porque o atual proprietário da construtora está aqui presente.

Jairo disse:

— É isso mesmo. Meu pai teve um grande prejuízo, e o Almeida não sofreu nada.

Horácio continuou:

— O que você não sabe, Jairo, é que o advogado que defendeu seu pai, o doutor Marcos Furtado, era amigo de um dos juízes do Tribunal de Contas e pediu a ele que revisse os contratos da empresa dos Almeida. Ele acreditava que deveriam haver vários pagamentos como o que foi feito para seu pai. O juiz, doutor Ricardo de Carvalho, interessou-se e começou a levantar todos os contratos da empresa dos Almeida. Isso não foi feito de um dia para o outro, levou tempo. Quando o doutor Ricardo conseguiu reunir material que ele julgou ser suficiente para iniciar uma investigação, encaminhou esses dados para o Ministério Público.

"Nesse espaço de tempo entre a atuação do doutor Ricardo e a movimentação do Ministério Público, começaram a chegar denúncias de negociatas envolvendo desapropriação de imóveis pertencentes a algumas pessoas que moravam em São Paulo e possuíam propriedades em Campinas e em Rovena. O nome Roberto de Almeida chamou a atenção de um dos promotores, que resolveu descobrir se havia relação entre Roberto de Almeida e a empresa Almeida que estava sob investigação.

Constatada a ligação, uma vez que se tratavam de pai e filho, fui designado para esse caso. Como a empresa Almeida não estava mais operando no mercado, comecei a investigar pai e filho e o que descobri me deixou estarrecido.

"Roberto de Almeida, o pai, era um homem sem escrúpulos. Fazia negociatas e não se importava com quem ele prejudicava. Depois que a mulher morreu, ele se envolveu com várias moças, mas sempre tomou cuidado para não engravidá-las. Um dia, no entanto, ele conheceu a enfermeira Sônia. Ele começou a cortejá-la, pois ela era uma mulher muito bonita, atraente e recém-formada no curso superior de enfermagem. De tanto insistir, ele conseguiu encontrar-se com ela e, depois de alguns meses, Sônia lhe contou que estava grávida. Ele ficou desesperado com a notícia e insistiu para que ela abortasse. Disse que não queria ter um filho com uma mulher qualquer e ofereceu-lhe dinheiro para que desaparecesse. Sônia, que não tinha família aqui em São Paulo, aceitou o dinheiro, mas não fez o aborto. Ela pediu demissão do emprego no Hospital das Clínicas, mas a enfermeira a quem ela era subordinada percebeu o que havia acontecido e a aconselhou a ficar. Sônia disse que estava muito envergonhada e que não queria que ninguém soubesse. Essa enfermeira chamava-se Carmem Bittencourt e a acolheu em sua casa. Depois que o bebê nasceu, ela conseguiu uma vaga para Sônia na Santa Casa de Rovena e foi assim que ela foi envolvida nessa história."

Marta interrompeu-o dizendo:

— Então, Ivan é irmão do Roberto? Ele sabia disso?

— Ivan ouviu uma conversa entre Henrique e Roberto, em que ele dizia que a enfermeira mais competente do hospital tinha sido amante do pai dele. O garoto não se conformou e questionou a mãe, que sempre lhe dizia que o pai havia morrido quando ele nasceu. Sônia contou-lhe a história, e, Ivan, inconformado, desejou se vingar de Roberto. Quando surgiu uma vaga no Hotel dos Monges, o rapaz, sabendo a quem ele pertencia, candidatou-se e foi contratado. Roberto não tinha intenção nenhuma de ajudá-lo, apenas queria mantê-lo sob seu controle. Com o passar do tempo, Ivan começou a ouvir conversas de hóspedes e percebeu que Roberto e Henrique estavam se beneficiando com a vinda de empresas para Rovena. Ivan tentou chantagear Roberto, que, sendo muito mais experiente, disse ao rapaz que daria o que ele quisesse se o mantivesse informado sobre o movimento do hotel. Quando Ivan contou para Sônia o que havia feito, ela lhe pediu que se afastasse de Roberto e contou o que sabia sobre seu meio-irmão, reforçando que, se ele ajudasse Roberto, seria considerado cúmplice quando tudo fosse descoberto.

Ivan tentou pedir demissão do emprego, mas Roberto o ameaçou, dizendo que contaria para a cidade toda de quem ele era filho e assim todos saberiam que a mãe dele, a excelente enfermeira da Santa Casa, não passava de uma rameira. Quando Roberto foi ao hotel e descobriu que Ivan não o tinha avisado que Armando havia viajado, obrigou-o a entrar no carro e seguir com ele para encontrar vocês dois em Campos do Jordão. Roberto deve ter imaginado que Ivan o denunciaria à polícia, pois o rapaz tinha escutado muitas coisas naquele hotel. Segundo Sônia, ele estava tentando encontrar um jeito de contar toda a verdade para vocês, mas estava com medo do que Roberto poderia fazer.

Armando disse:

— Então, Ivan realmente escutava atrás da porta, mas a intenção dele não era a que imaginávamos. Pobre garoto! Se ele tivesse nos contado essa história, não estaria naquele hospital hoje.

Marta perguntou:

— O que vai acontecer com eles?

— Ivan poderia ser acusado de ser cúmplice de Roberto, mas ele não participou nem deu informações a Roberto que o levaram a praticar algum crime. Doutora Suzana, o que a senhora acha?

— Estou tomando conhecimento do que houve agora. Ainda preciso ler toda a documentação e ouvi-los separadamente. Num primeiro momento, acredito que Ivan não seja punido. Não estou vendo nada que possa indiciá-lo. Se existir algo que mude o que estou dizendo, acredito que possamos usar o benefício da delação premiada. O que o senhor acha, doutor Otávio?

— Concordo com você, mas não sou eu quem irá julgá-lo. Vamos deixar as suposições de lado. Ainda temos muito que trabalhar nesse caso.

Horácio perguntou:

— Vocês querem fazer uma pausa? Armando, a casa é sua. Podemos interromper por alguns minutos?

— Tem razão. Vou pedir para servirem café e água, assim digerimos tudo o que ouvimos até agora.

Refeitos de tudo o que ouviram até aquele momento, voltaram para a sala para que o detetive pudesse continuar seu trabalho.

— Bem, senhores, vocês ouviram a primeira parte da investigação. Agora, vou lhes contar a história de Roberto de Almeida Filho. Ele, assim como o pai, é um homem que só pensa em si mesmo e não mede esforços para conseguir o que quer. Quando ele conheceu Henrique, viu nessa amizade a oportunidade de enriquecer. Seu pai já apresentava

289

sinais de senilidade, e as finanças não estavam bem. Roberto conheceu Henrique num momento em que ele estava com muita raiva do pai, o deputado Sandro de Alencar. Eles tiveram uma discussão, e o senhor Sandro o chamou de vagabundo ou coisa parecida. Doutora Marta, a senhora estava estudando em São Paulo, e aparentemente dona Cândida não presenciou essa discussão.

Todos os olhares se voltaram para Cândida, que explicou:

— Henrique não gostava de estudar e não queria trabalhar. Sandro brigava com ele e dizia que Marta era seu orgulho, e Henrique, sua vergonha. Meu filho não gostava da comparação, mas não fazia nada para mudar de vida. Nesse dia, eles discutiram muito, e Henrique gritou com o pai e disse que iria embora de casa, voltaria vitorioso e que o pai se arrependeria do que dissera. Quando cheguei em casa, vi que Sandro estava muito abalado. Ele queria que Henrique seguisse seus passos na carreira política, mas para isso ele precisava estudar. Isso, no entanto, não vinha acontecendo. Dois dias depois, meu filho voltou dizendo que iria viver em São Paulo e frequentaria uma faculdade. Disse também que tinha encontrado um amigo, que o acolhera. Sandro não interferiu na decisão de Henrique e deixou que ele seguisse seu caminho, afinal, meu filho precisava dar um rumo à sua vida. Algum tempo depois, Sandro começou a se sentir mal, e, uns dois meses depois, eu o encontrei caído na sala. Ele havia tido um infarto.

Horácio interrompeu Cândida e acrescentou:

— Roberto estudava na mesma faculdade em que Henrique se matriculara. Ele o ajudou nos estudos e o acompanhou na vida boêmia. Quando Roberto conheceu a doutora Marta, ele apaixonou-se e queria tê-la a qualquer preço. Assim, ele se aproximou de uma das amigas da doutora com a intenção de despertar ciúmes nela, o que não aconteceu. Essa moça engravidou de Roberto e quase perdeu a vida, quando ele a obrigou a fazer um aborto. Alguns anos depois, já formado, ele trabalhou muito para que Henrique fosse eleito vereador, o que não foi difícil, uma vez que todos gostavam muito do pai dele, do senhor Sandro. Nessa época, Roberto conheceu uma jovem chamada Patrícia dos Santos Albuquerque. Ele sabia que ela era sua namorada, Eduardo, e sabia também de sua amizade com Jairo. Deduzimos que foi por esse motivo que ele se aproximou dela. Ele procurou pela senhora Ângela, mas não foi bem-sucedido.

— Eu não conheci nenhum Roberto de Almeida — retrucou Ângela.

— Com esse nome não. Ele se fez passar por Jorge Caldeira. Disse a você que era médico e que queria conhecê-la.

— Sim, do Jorge eu me lembro. Então, ele usou o nome do médico que estava cuidando de uma amiga minha? Quando terminei a faculdade, fui morar com uma amiga, Sandra Gouveia. Certa vez, ela me disse que estava saindo com um médico chamado Jorge Caldeira, mas não me apresentou a ele. Um belo dia, esse Jorge me ligou e disse que queria me conhecer, que gostaria de me levar para jantar. Eu achei a conversa muito estranha e o dispensei, dizendo que não saía com estranhos. Ele então respondeu: "É uma pena que você não queira me conhecer. Sua amiga é uma ótima companhia e fala muito bem de você". Aquilo me deixou enojada. Desliguei o telefone, pois não queria mais ouvir aquela voz. Mais tarde, já estava deitada quando Sandra chegou com o namorado, provavelmente o Jorge verdadeiro. Eles foram para o quarto dela, e não ouvi a voz dele. Uma semana depois, aluguei um apartamento e fui morar sozinha. Sandra pediu-me que continuasse ali, mas me justifiquei dizendo que iria morar mais perto do meu trabalho. Nunca mais a vi.

Horácio continuou:

— Por um longo tempo, Sandra teve um caso com Jorge Caldeira. Depois, ele foi viver em Rovena a convite de Roberto. Eles eram amigos de infância. Bem, voltando, como ele não conseguiu sair com Ângela, ele voltou-se para Patrícia. A moça contou a Roberto que tinha um relacionamento com um rapaz, que se formaria em Engenharia naquele ano. Ele convenceu Patrícia que ela teria um futuro melhor ao lado dele. Um futuro melhor do que ao lado de um engenheiro recém-formado, que certamente não poderia dar à moça tudo o que ela merecia. Assim, Patrícia se deixou levar e foi viver com Roberto. Poucos meses depois, ele começou a se cansar dela. Queria mudar-se definitivamente para Rovena, mas não queria levá-la com ele. Quando Patrícia disse que estava grávida, Roberto acusou-a de tê-lo traído, alegando que não podia ter filhos. Eles tiveram uma briga, e ele a empurrou da escada. Um dos empregados da casa viu a briga, a socorreu e gritou com Roberto para que o ajudasse a socorrê-la. Ele ignorou os apelos do empregado e disse que a socorresse sozinho. O rapaz chamou uma ambulância e a acompanhou ao hospital. O médico que atendeu a jovem disse que ela havia sofrido um aborto e quis saber o que tinha acontecido, pois Patrícia tinha várias escoriações pelo corpo. Cleison, o empregado, disse que não sabia o que havia acontecido e que tinha encontrado a jovem caída no pé da escada. O médico achou que ele era o namorado da jovem e disse que precisaria informar a polícia do ocorrido. Cleison se apavorou e disse que o patrão dele era o namorado de Patrícia, mas não sabia se eles tinham brigado. Depois de conversar com o médico, ele foi embora preocupado em avisar Roberto sobre o

291

que estava acontecendo no hospital. Quando ele contou o ocorrido para Roberto, ele disse que não era problema dele. Assustado, Cleison explicou que não contara a verdade ao médico. Roberto respondeu-lhe que, se o rapaz mudasse o que havia dito, seria sua palavra contra a dele. Cleison argumentou que Patrícia contaria a verdade, e Roberto respondeu que ela não faria isso, porque senão ele a deixaria na rua. O rapaz não conseguiu viver com essa mentira e acabou contando tudo para a esposa, avisando-lhe que iria procurar a polícia para contar a verdade. Naquela noite, houve um assalto na casa de Roberto, e Cleison foi atingido com um tiro que o matou na hora. Nada foi roubado da casa, no entanto. Roberto alegou que tinha ouvido um barulho, mas que não havia visto ninguém. Dessa forma, concluiu que não tinha como identificar quem poderia ter atirado no empregado da casa. Ele fez questão de arcar com as despesas do funeral e indenizou a viúva, mandando-a de volta para a cidade onde ela vivia antes de vir para São Paulo. O caso foi arquivado, e, quando Patrícia foi encontrada morta, a história dela chamou a atenção do delegado que atendeu à ocorrência. Ele sabia que eu estava investigando Roberto e me passou a informação da morte da moça e da carta que ela teria deixado para Eduardo.

Foi a vez de Eduardo falar:

— Roberto destruiu a vida dela. Quando ela morreu, tentei falar com ele, mas Roberto me disse que não podia fazer nada. Eles não eram casados, e segundo esse homem, ela o tinha deixado de livre e espontânea vontade. Falei também com os pais Patrícia, contudo, eles não quiseram saber da filha. Me pediram que a enterrasse e mandasse o valor das despesas para que me reembolsassem. Não conseguia imaginar que pais eram aqueles, capazes de agir assim com uma filha. Comprei roupas para que o agente funerário pudesse vesti-la dignamente. Eles a lavaram, pentearam, e a aparência de Patrícia no caixão era de uma pessoa tranquila. Fiquei com ela até o final. Anualmente, pago a taxa que o cemitério cobra para manter a sepultura dela em ordem. No dia de finados, encontrei a mãe dela. Ela me contou que o marido não a deixou ver a filha. Como ele também falecera, ela agora poderia ir ao cemitério sempre que quisesse. Talvez isso aplaque o remorso que ela sente, mas não me comoveu. Eles a abandonaram. Por favor, Horácio, continue. Eu o interrompi.

— Não tem problema, Eduardo. É bom que todos vocês falem o que pensam e sentem. Bem, depois da morte de Patrícia, Roberto mudou-se definitivamente para Rovena e resolveu se candidatar a prefeito. Como sabia que a população não votaria nele, a ideia foi usar isso para eleger Henrique para um segundo mandato. Em Rovena, Roberto conheceu Ana Lúcia, uma funcionária da prefeitura. Ela era uma mulher bonita, atraente e morava sozinha. Não foi difícil os dois se entenderem. Ana contou a ele sobre a lenda de Rovena e sobre as joias que nunca foram encontradas. Esse assunto o interessou, e Roberto começou a investigar o que poderia ter acontecido com as joias. Ele, então, acabou descobrindo que elas pertenciam ao tesouro inglês e que estavam sendo procuradas aqui no Brasil e na Argentina. Por dedução, imaginou que elas deveriam estar no terreno da igreja velha, uma vez que Rovena fora enterrada ali. Ele começou a pressionar Henrique a abrir um processo para obter a usucapião da propriedade ao lado da igreja, na esperança de encontrar as tais joias. Roberto mandou fazer um trabalho de divulgação da construção de um condomínio de luxo para forçar Henrique a ajudá-lo na obtenção da propriedade. Quando soube que a igreja havia doado o terreno para a construção do hospital, ele começou a cobrar de Henrique a posse do seu terreno, Armando. O que Roberto não sabia era que doutor Otávio estava cuidando do pagamento dos impostos do terreno para evitar que você o perdesse. Ele contratou advogados, mas ninguém conseguia encontrar os herdeiros do imóvel para uma possível negociação. Assim, quando você chegou a Rovena, Roberto viu seu projeto ruir.

"Quando você chegou a Rovena, eu já estava aqui. Doutor Otávio já sabia da minha presença na cidade e da importância de manter tudo sob sigilo. Nós precisávamos de provas para prender Roberto, impedindo-o, assim, de continuar prejudicando os proprietários de imóveis da região. Durante minhas investigações, descobri de que forma ele e Henrique estavam desviando dinheiro do município. Eles desapropriavam imóveis de pessoas que estavam com impostos atrasados e que residiam fora de Rovena e que não vinham à cidade havia muito tempo. Depois, vendiam os imóveis por preços acima do que valiam no mercado para industriais que quisessem se estabelecer aqui. Roberto alegava que conseguira isenção de impostos com o prefeito, e os empresários lhe pagavam ricas comissões. Parte desse dinheiro, então, era repassado a Henrique. Quando Roberto viu Armando e a doutora Marta juntos, o ciúme começou a corroê-lo. Ele passou a discutir com Henrique e a perder o controle dos seus atos. No dia em que a senhorita Wanda deixou Henrique, ele se embebedou e caiu no apartamento. Foi assim que ele quebrou o braço e acabou chamando Roberto para ajudá-lo. Nós seguíamos vocês com receio de que ele lhes fizesse algum mal. Como ele percebeu que Henrique estava começando a fraquejar e poderia por

293

tudo a perder, Roberto resolveu drogar o comparsa, acreditando, assim, que ele poderia manchar a imagem de Henrique. O próximo passo foi dominar André, o vice-prefeito. Não sei se é do conhecimento de vocês, mas a esposa do vice-prefeito está com câncer em estado avançado. Roberto o procurou e lhe ofereceu dinheiro para mandá-la ao exterior para um tratamento experimental."

Otávio interrompeu Horácio:

— Quando Roberto procurou o vice-prefeito para lhe oferecer dinheiro, André agradeceu de forma firme e disse que sua esposa estava sendo muito bem tratada aqui. Ele, no entanto, insistiu que um tratamento nos Estados Unidos poderia dar mais qualidade de vida à enferma. Segundo André, Roberto estava muito bem informado sobre o assunto, mas ele recusou a oferta e não deixou de observar a mudança no comportamento dele. Depois disso, o vice-prefeito me procurou e contou o que aconteceu. André também partilhou comigo os comentários que ouvira na prefeitura sobre desvios de verbas que estavam sendo notados nas contas da gestão anterior do prefeito. Eu pedi a ele que fizesse uma auditoria na prefeitura e me trouxesse o resultado, para que juntos tomássemos as providências necessárias para descobrir a origem dos desvios e punir os responsáveis. Foi assim que conseguimos montar o dossiê contra Henrique. Se ele não tivesse fugido, a situação dele hoje seria outra. Horácio, por favor, continue.

— Bem, Roberto viu uma boa chance de drogar Henrique aproveitando-se da correria do hospital, dos plantões de Jorge e da internação do pai de Ana Lúcia. Ele usou a moça para tentar descobrir o que vocês sabiam sobre ele, por isso fizeram aquela cena na sua frente, Rogério. Roberto tinha certeza de que o senhor ficaria tocado com a gritaria que ele fez e com o estado de Ana Lúcia. Ele, no entanto, não contava com o fato de que vocês instalariam uma câmera no quarto de Henrique e descobririam o que estava acontecendo. Doutor Jorge Caldeira alertou que o doutor Wagner conseguira neutralizar a droga que estava sendo ministrada a Henrique. A alta do prefeito pegou a todos de surpresa. Roberto tentou entrar na casa da senhora, dona Cândida, mas foi impedido. Ao mesmo tempo, vocês conseguiram terminar o projeto do hospital e entregar ao padre Antônio, desenterraram os corpos que estavam no cemitério e encontraram as joias no terreno do Armando. Quando Roberto soube que vocês haviam viajado juntos, ele se desesperou e perdeu totalmente o controle. A empregada da casa dele nos disse que escutou a conversa entre om patrão e Ana Lúcia. A moça ameaçou contar tudo o que sabia sobre os atos dele, chamou-o de covarde e riu de

Roberto quando falou que vocês estavam juntos e que ele a tinha perdido para sempre. Nesse momento, Roberto não se conteve e a estrangulou. Saindo de lá, ele foi ao hotel, confirmou que Armando havia partido e, no desespero, obrigou Ivan a acompanhá-lo e ajudá-lo a encontrá-los. Vocês não abririam a porta para Roberto, mas não teriam medo de atender Ivan. Roberto estava dirigindo muito acima da velocidade permitida e acabou batendo no carro que vinha em sentido contrário. Agora, ele está preso e vai responder por seus crimes.

Armando foi o primeiro a falar:

— Horácio, como você conseguiu todas essas informações?

— Investigando, Armando. Passei muito tempo investigando-o. Conversei com pessoas da cidade, com moradores antigos como o sacristão, que está na paróquia há mais tempo que padre Augusto, e colhi informações durante minhas refeições nos restaurantes de Lourdes e Alfredo. Essas pessoas sempre passam despercebidas, todavia, são excelentes observadores. Conhecem todos na cidade e vão descobrindo aos poucos os segredos de cada novo morador. Como eles, existem muitos por aí. É só parar e prestar atenção a quem está à nossa volta. Numa cidade grande como São Paulo, é mais difícil, mas, num município como Rovena, as pessoas se conhecem e comentam o que acontece na cidade.

Marta perguntou:

— Jorge também está preso?

— Sim, ele é cúmplice de Roberto e fez o aborto de sua amiga e de outras jovens que caíram na conversa dos dois. Sua amiga teve sorte, mas outras não tiveram. Duas dessas moças perderam a vida. Uma delas foi Sandra Gouveia. Quando ele começou a sedá-la para fazer o aborto, ela teve uma parada cardíaca. Jorge a abandonou na sala onde fazia o procedimento, e alguém ligou para a polícia. Morreram ela e a criança. Nós soubemos que ele era o responsável, porque havia um cartão de Roberto de Almeida na bolsa da jovem. O cartão era de uma suposta clínica.

Marta retrucou:

— Mas Jorge foi indicado por uma pessoa da diretoria da Santa Casa. Raul não está aqui para nos dar mais detalhes, mas sei que Jorge não foi contratado por Roberto.

— A senhora está certa, doutora Marta. Quem o indicou ao cargo foi o presidente da Câmara, o senhor Orlando de Souza, advogado e membro do partido do prefeito. Ele mora em Rovena há mais ou menos dez anos. É casado, tem um casal de filhos e uma vida absolutamente regular, mas um passado do qual não se orgulha. Era dele a sala em que Jorge realizava os abortos.

— Meu Deus! Horácio, isso não tem fim?

— Infelizmente, é assim que as coisas acontecem, doutora. Quando puxamos o fio e desatamos todos os nós, percebemos o tamanho do novelo. A cadeia será o destino de Roberto, Jorge e Henrique. Não foi fácil pegá-los, pois eles têm muitos informantes, amigos, e compram muitas pessoas, oferecendo-lhes conforto, viagens e dinheiro. Fico contente de poder entregá-los à justiça. É uma pena que ele seja seu irmão, doutora Marta. A senhora e sua mãe ainda terão muitos aborrecimentos.

Dona Cândida respondeu:

— Horário, você fez seu trabalho, e eu o parabenizo por ele, embora um dos investigados seja meu filho. O que me impulsiona a seguir em frente é saber que tenho amigos e que eu e Marta não estamos sozinhas nesse momento tão difícil de nossas vidas.

Otávio disse:

— Cândida, conte conosco. Estaremos sempre ao seu lado. Marta tem Armando, e você pode contar comigo. Farei tudo o que estiver ao meu alcance para evitar que tenha mais aborrecimentos. Soube por André que o jornal da cidade publicou uma matéria contando a verdadeira história de Rovena, a verdade sobre a lenda, e o porquê de os corpos que estavam enterrados na igreja velha terem sido trasladados. A matéria também foca no empenho de Armando, Jairo e Rogério, que vieram de fora para nos ajudar, e na prisão de Roberto e de Henrique. Além disso, traz vários depoimentos de moradores sobre a doutora Marta, seu trabalho e seu empenho na construção do novo hospital. Amanhã, responderemos às questões do promotor e estamos seguros do que devemos responder. Sabemos a verdade, e isso é o mais importante neste momento. A verdade às vezes dói, mas ela nos liberta do mal.

O detetive Horácio agradeceu a colaboração e o empenho de todos para finalizar a investigação e informou-lhes de que ele e a doutora Suzana estariam no dia seguinte aguardando-os no fórum.

Depois que o detetive e a assistente da promotoria se foram, Armando aproximou-se de Marta e, abraçando-a, perguntou:

— Como está se sentindo?

— Não sei, Armando. É difícil explicar essa sensação. Ficou um vazio e um sentimento de impotência. Saber que estávamos convivendo com pessoas tão desprovidas de respeito pelo próximo e saber que um deles é meu irmão... Não dá para pôr em palavras o que estou sentindo.

Rogério, que nada dissera até aquele momento, questionou:

— Doutor Otávio, o senhor vai acompanhá-los ao fórum amanhã?

— Vou, Rogério. Estou preocupado com Cândida.

Marta perguntou:

— Rogério, você também irá?

— Sim, Marta. É uma audiência preliminar, e o promotor quer conhecê-los e ouvi-los. Os depoimentos de vocês serão anexados ao processo. Depois, vocês poderão ir para casa e aguardar as intimações e a data dos julgamentos.

Jairo perguntou:

— Quando recebermos as intimações, devemos avisá-lo?

— Claro, Jairo. Quando receberem qualquer intimação, me avisem para que eu possa acompanhá-los. Fiquem tranquilos quanto a isso.

Armando convidou a todos para um lanche e aos poucos as expressões foram mudando. Tímidos sorrisos foram aparecendo, enquanto o grupo se dirigia à sala de jantar, onde dois empregados da casa os receberam.

Armando percebeu que Rogério ficara por último e aproveitou para falar com ele a sós:

— Como você está, meu amigo?

— Não sei. Marta definiu bem... É um vazio que parece não acabar. Eu me sinto péssimo em relação a Ana Lúcia. Mesmo sabendo que me usou, ela não merecia um fim tão trágico.

— Rogério, a culpa não é sua. Não se torture. Ela sabia quem ele era. Ana poderia ter largado tudo e ficado com você, mas ela não quis, preferiu manter-se ao lado de Roberto. Tente deixar isso de lado. Você terá muito trabalho daqui para frente, e todos nós precisaremos de você, não só para esse caso, mas para outros que estão surgindo. Jairo está com problemas com uma ex-funcionária, e ele quer que você o ajude. Tem a papelada do hospital, das joias, do meu casamento com Marta! Você não terá tempo para pensar em Ana Lúcia.

Rogério sorriu e perguntou:

— Papelada do seu casamento? Que história é essa? Você só precisa ir ao cartório.

— Não. Quero viajar com Marta e preciso que você cuide de tudo para que possamos nos casar o mais breve possível. Esqueceu-se de que sou divorciado?

— Está bem, Armando. Acho que você está me enrolando, mas vou atendê-lo.

— Ótimo. Agora vamos comer.

297

Quando chegaram à sala de jantar, Armando e Rogério começaram a observar as expressões dos que estavam ali. Todos comiam em silêncio, perdidos em seus pensamentos. Armando chamou a atenção do grupo:

— Meus amigos, sei que todos nós estamos muito abalados com tudo o que ouvimos, mas não vamos deixar o desânimo tomar conta de nossas vidas. Roberto, Jorge e Henrique cometeram muitos erros, prejudicaram ou tentaram nos prejudicar, mas precisamos seguir em frente. Agora, talvez fique um pouco mais fácil, porque não estamos sozinhos. A amizade que surgiu entre nós e a coragem de denunciar o que estava errado sem temermos as consequências nos fortaleceram ainda mais.

Cândida levantou-se e, aproximando-se de Armando, disse:

— Armando tem razão. Não devemos nos entristecer. Não perdi meu filho, porque ele não morreu. Henrique errou e terá de prestar contas à justiça. Não o abandonarei, mas não permitirei que ele use de subterfúgios para deixar de pagar por seus erros. Em compensação, ganhei um filho. Um homem honesto, forte, digno e que com certeza fará minha filha muito feliz.

Armando abraçou Cândida sob os aplausos dos amigos, que parabenizaram o casal e a coragem daquela mãe de admitir que o filho deveria responder pelos erros cometidos. O ambiente ficou mais leve, e a conversa voltou a fluir com tranquilidade. Aos poucos, o grupo foi se dispersando e deixando a casa de Armando, com a certeza de que todos estavam mais fortalecidos do que quando chegaram.

Marta recebeu uma ligação de Raul dizendo que os encontraria no fórum pela manhã. Ele tinha ficado preso no hospital por conta de uma cirurgia de emergência. A médica perguntou-lhe se ele precisava de ajuda, e Raul respondeu que não. Ele, doutor Mário e doutor Wagner tinham dado conta dos atendimentos.

Logo em seguida, padre Antônio ligou para Armando:

— Como o senhor está, padre?

— Tudo bem, meu filho, graças a Deus. Por favor, avise à doutora Marta que retornarei no sábado e levarei os documentos que confirmam a doação do terreno para a construção do hospital. O projeto que vocês fizeram foi aceito, e o cheque que a seguradora me entregou será devolvido a ela, para que inicie as obras.

— Padre Antônio, nós ficamos muito felizes com a notícia. O senhor não sabe como essa doação é importante para a cidade. Muito obrigado por ter ligado.

— Não tem de quê, Armando. Até breve.

298

— Até sábado, padre. Confirme a hora de sua chegada para que eu possa buscá-lo no aeroporto.

— Está bem, meu filho. Ligarei assim que tiver essa informação. Até breve.

Armando foi ao encontro de Marta e a abraçou, rodando-a no ar.

— O que houve?! Quem ligou para você?

— Minha querida, foi o padre Antônio. O projeto foi aprovado, o hospital será construído no terreno da Igreja e o cheque do seguro será entregue a você para que inicie as obras.

Rindo, Marta respondeu:

— Não sei o que dizer! Que notícia maravilhosa! Precisamos ligar para Raul e contar-lhe a novidade. Meu Deus! Isso parece um milagre, depois de tudo o que aconteceu.

— Talvez você tenha razão. Não sei se é um milagre, mas com certeza é um prêmio para uma mulher que lutou tanto por seus pacientes. Que abriu mão de riquezas, de poder, de uma vida fácil para se dedicar a cuidar de pessoas que muitas vezes não têm como retribuir tanta dedicação. Parabéns, meu amor! Essa conquista é toda sua.

— Não, Armando, essa conquista é nossa. Se você não tivesse vindo a Rovena, nada disso teria acontecido. Obrigada, meu amor! Você me ajudou a realizar um grande sonho.

Armando e Marta permaneceram abraçados, felizes com os presentes que a vida lhes deu.

CAPÍTULO 29

Cândida observava-os de longe e não percebeu que Otávio se aproximara.

— Ah, é você! Me assustou!

— Desculpe, Cândida, não tive essa intenção. Por que está parada aqui?

— Estou observando Armando e Marta. Eles estão tão felizes, não quis interrompê-los.

— Essa casa é muito grande. Vamos até o jardim.

— É mesmo. Acho que Jandira e Luciano pretendiam ter muitos filhos.

— Você a conheceu bem, Cândida?

— Sim, éramos muito amigas. Ela sempre teve a saúde delicada, mas ninguém imaginava que ela iria nos deixar tão cedo.

— É, Luciano sofreu muito. Talvez, se ele tivesse se casado novamente, a vida dele teria sido diferente.

— Não, Otávio, ele a amava muito. Eles foram muito felizes, e não acredito que outra mulher teria se dedicado a ele como Jandira o fez.

— E você, Cândida? O que pretende fazer agora?

— Eu estava começando um trabalho voluntário no hospital onde Marta atende e pretendo dar continuidade a essa atividade. As pessoas da zona rural são carentes de tudo. Depois que construírem o novo hospital, sempre haverá alguma coisa para fazer. Não quero me esconder em casa; não cometi crime nenhum. Mas por que está me fazendo essa pergunta, Otávio?

— Por curiosidade. Depois que Sandro morreu, não pensou em se casar novamente?

— Não. Fui muito feliz com ele. Construímos uma vida juntos, tivemos dois filhos, e eu ajudei quando Sandro foi eleito prefeito de Rovena. Depois que ele se foi, precisei cuidar de tudo sozinha. Estou acostumada a isso e não conseguiria viver de outra forma. E você, por que não se casou novamente?

— Não sei. Quando Maristela me deixou, eu estava no auge da minha carreira. Ela não conseguia entender que eu precisava estudar e trabalhar para ser um bom juiz. Nós nos casamos logo depois da formatura, fizemos muitos planos, porém, meu trabalho matou grande parte deles. Quando ela descobriu que não poderíamos ter filhos, ficou depressiva e me acusou de ter destruído a vida dela. Ficou impossível vivermos juntos. Algum tempo depois, Maristela pediu o divórcio, disse que nosso casamento havia sido um erro e que ela queria ser livre e viver a vida dela. Eu não me opus, pois não aguentava mais brigas, discussões, acusações. Viver com ela era um inferno. Logo depois que o divórcio saiu, Maristela se casou com outro. Eu acho que ela o conheceu quando ainda estávamos casados. Percebi uma mudança no comportamento dela, mas não fiz nada para saber o que estava acontecendo. Trabalhei mais alguns anos em São Paulo e, quando sugeriram que eu viesse para Rovena, não pensei duas vezes. Eu iria começar uma vida nova, numa cidade nova, onde ninguém me conhecesse. E assim o tempo foi passando, e a solidão nunca me incomodou. Marisa cuida bem da minha casa, não reclama de ter de cozinhar e lavar minhas camisas, e para mim está bem assim.

Cândida riu, e Otávio perguntou:

— Do que você está rindo?

— Do seu jeito de falar da Marisa. Você não sentiu falta de um filho, de ter alguém para dividir a vida com você?

— Confesso que senti. Não tenho irmãos e meus pais já faleceram, mas não encontrei ânimo para recomeçar. Que coisa horrível, Cândida! Parecemos dois velhos à beira da morte.

Cândida riu novamente e disse:

— Não seja tão desanimado! Eu tive dois filhos. Uma vai se casar, e o outro ainda não sei que destino terá. Meu marido morreu, então, de nada adiantou imaginar um "felizes para sempre". Também estou sozinha.

— Se eu a convidasse para ir ao cinema um dia desses, você aceitaria?

— Claro que sim, Otávio. Você é um bom amigo. Podemos ir ao cinema ou a qualquer outro lugar que nós tenhamos vontade. Não me sinto velha, apesar dos meus 65 anos. Quantos anos você tem?

— Sou mais velho que você. Tenho 68 anos.

— Se você se sente com essa idade, então você está velho! Eu sinto como se tivesse quarenta!

Dessa vez, quem riu foi Otávio:

— Cândida, você é ótima. Vou pensar sobre isso e ver se tenho energia para acompanhá-la.

— Se estava pensando em me convidar para lhe fazer companhia na velhice, esqueça. Tenho muita energia e não vou desperdiçá-la. Vou trabalhar, sair quando tiver oportunidade e talvez até procure um grupo para excursionar por aí. Mas ficar em casa me lamentando não está nos meus planos.

— Não imaginei que você fosse assim tão forte, decidida! Marta certamente saiu a você. Que tal se procurássemos um grupo de excursão juntos?

— Acho que seria ótimo. Conheceremos gente nova, lugares novos e aproveitaremos o tempo que ainda temos para viver com alegria. A idade não é empecilho para a felicidade. São nossas atitudes que nos impedem de sermos felizes.

— Ah! Eu não lhe disse que eles estavam aqui?

— Mamãe, nós estávamos procurando vocês dois para sairmos para jantar. O que acham?

Otávio respondeu:

— Eu acho perfeito! Você vem, Cândida?

— Claro que sim. Só preciso me arrumar.

Armando perguntou:

— Vocês gostam de comida árabe? Podíamos ir ao Almanara. O que acham?

— Por mim tudo bem. E para você, Otávio?

— Faz muito tempo que não vou ao Almanara. Pensei que ele não existisse mais.

— Existe num *shopping* aqui perto.

Os quatro continuaram conversando sobre o que comeriam e foram se preparar para sair.

***

— Jairo, para onde foram Edu e Wanda? É tarde.

— Eles estão no apartamento do Edu. Ele me disse que estariam de volta lá pelas 11 horas.

— Então devem estar chegando.

— Ângela, você imaginou que um dia viveria uma história como a que nós vivemos?

— Não. Nem por um momento passou pela minha cabeça a possibilidade de um amigo se passar pelo outro. Quando eles falaram que Jorge estava em Rovena, me veio um pensamento de que Sandra estava com ele e por isso não havia tido mais notícias dela. Mas saber que ela morreu foi um choque. Que tipo de gente é essa? Como convivemos com pessoas assim e não percebemos?

— Não contei para você e para Wanda o motivo real da saída da minha secretária. Ela teve uma reação tão desfavorável a Wanda que isso me fez perder a admiração que sentia por ela. Trabalhamos juntos durante dez anos, e Rosângela era uma boa profissional, mas as observações que fez sobre a possibilidade de a presença de Wanda estragar a imagem da empresa me deixou desconcertado. Ela a chamou de sonsa e outros "adjetivos" que não vale a pena repetir. Alguns empregados mudaram de comportamento em relação a Wanda e a Eduardo.

— Você vai contar para Wanda? — Ângela perguntou.

— Não sei. Ela é tão insegura que é capaz de pedir demissão.

— Estou ouvindo um barulho no corredor. Acho que eles chegaram.

CAPÍTULO 30

Conforme haviam combinado no dia anterior, Otávio, Cândida, Armando e Marta encontraram-se com Rogério, Jairo, Ângela, Eduardo e Wanda na porta do fórum. Horácio esperava-os acompanhado de Raul, que acabara de chegar de Rovena. O grupo dirigiu-se à sala da promotoria, onde Suzana os aguardava:

— Bom dia a todos. Por favor, sentem-se. Na mesinha há água e café. Doutor Humberto vai conversar com cada um de vocês individualmente. Doutor Otávio, ele pediu para trocar duas palavrinhas com o senhor antes de iniciar os depoimentos.

— Pois não, doutora Suzana.

— Venha comigo.

Enquanto aguardavam, Armando perguntou a Rogério:

— Você conhece esse doutor Humberto?

— Não, Rogério. Horácio, você o conhece? Pode nos dizer alguma coisa sobre ele?

— Trabalho com ele há alguns anos. É um homem ponderado. Não gosta de aparecer na mídia nem do sensacionalismo que ela constrói sempre que um político ou alguém conhecido é preso. A mídia divulga a notícia, faz um barulho danado, mas não ajuda em nada.

— Além de nós, alguém mais será ouvido?

— Sim, várias pessoas estão sendo intimadas, mas vocês serão ouvidos em primeiro lugar, porque são testemunhas importantes nesse processo. Cada um de vocês tem um detalhe que ajudou na investigação. Depois serão ouvidos os familiares das moças que morreram e as pessoas que, de alguma forma, contribuíram para que eles fizessem o que fizeram. Ainda temos um longo caminho a percorrer.

Cândida perguntou:

— Senhor Horácio, meu filho continuará preso ou ele aguardará o julgamento em liberdade?

— Dona Cândida, não posso afirmar o que acontecerá com Henrique, pois ele está muito envolvido com Roberto. Além disso, a situação de Henrique se agravou quando ele tentou fugir. Temos de esperar o trabalho dos advogados e do juiz que decidirá sobre o caso dele.

— Mamãe, você está com pena de Henrique? — Marta questionou.

— Não, apenas me dói saber que ele está preso. Ainda não pudemos vê-lo, e eu gostaria muito que nada disso tivesse acontecido.

Horácio comentou:

— Dona Cândida, acredito que a senhora é quem mais tem sofrido com essa situação. Eu também tenho um filho e peço a Deus que minha ausência em casa não o impeça de ser um homem de bem, responsável e honesto. Ele está com 15 anos. A senhora não deve se culpar pelos erros de Henrique. Apenas espere o resultado do processo e tenha certeza de que ele vai precisar muito de sua ajuda, pois esse rapaz não tem amigos que o amparem. Ele só vai contar com a senhora. Não estou dizendo isso por ser seu filho, mas pelos anos que tenho como policial.

Marta apertou a mão de Cândida e disse:

— Mamãe, eu estarei sempre ao seu lado. Tente não se desesperar. Henrique pode não ter ninguém, mas a senhora tem a nós.

Mãe e filha abraçaram-se, e Cândida deu vazão às lágrimas que vinha contendo desde que chegara a São Paulo. Nesse momento, Otávio voltou para a sala de espera e pediu que o detetive Horácio entrasse para falar com o promotor. Aproximando-se de Cândida, ele perguntou aflito:

— Cândida, o que houve? Por que está assim?

— Desculpe, Otávio, me descontrolei. Tenho tentado não chorar, mas agora não foi possível.

Armando aproximou-se e disse:

— Doutor Otávio, dona Cândida está preocupada com Henrique, o que eu acho muito natural, afinal, ela é mãe dele. O senhor não consegue interceder para que ela possa vê-lo pelo menos por uns dez minutos?

— Você está preparada para vê-lo, Cândida? — Otávio questionou.

— Nunca estarei preparada para ver meu filho preso, mas, se eu pudesse falar com ele, ou pelo menos vê-lo, isso me confortaria.

— Não posso dar certeza de que conseguirei, mas vou tentar. Agora, tente se acalmar. Olhe sua pressão.

Dizendo isso, Otávio olhou para Marta como se perguntasse como estava a saúde de Cândida.

— Doutor Otávio, não se preocupe. Estou controlando a pressão de mamãe. Ela tem tomado os remédios. Esse choro não lhe fez mal. Seria pior guardar a emoção.

Voltando à sala de espera, Horácio pediu a Armando que entrasse, pois seria o primeiro a prestar depoimento.

Eduardo olhou para Wanda e percebeu que ela estava tranquila.

— Você está calma?

— Sim, Edu, não tenho nada a temer. Não fiz nada de errado. Vou responder a tudo que ele me perguntar e não vou falar sobre coisas que não sei. Acha que sairemos logo daqui?

— Acho que não. Ao todo, sete pessoas serão ouvidas. Rogério, você não vai entrar conosco?

— Não, não sou parte no caso. Se algum de vocês tiver algum problema ou for alvo de alguma acusação, aí sim poderei entrar para ajudá-los. Do contrário, estou aqui apenas como amigo.

Jairo chamou Rogério de lado e perguntou:

— Rogério, preciso de seus serviços. Uma ex-funcionária insiste em pedir uma indenização a que não tem direito e está ameaçando ir aos jornais para falar mal da construtora. Quer acusar nossa decoradora de envolvimento com corrupção e outras bobagens.

— Cuidarei disso para você. Podemos marcar amanhã, por volta das 10 horas?

— Podemos. Vou esperá-lo na construtora. Não falei nada com Wanda nem com Eduardo e gostaria de ouvi-lo primeiro.

— Fique sossegado. Amanhã irei à construtora, e conversaremos com calma.

Nesse momento, Jairo foi chamado pela assistente do promotor. Já passava das 14 horas quando Cândida foi chamada para depor. Otávio acompanhou-a, preocupado com a possibilidade de ela passar mal.

Depois de ouvir Cândida, o promotor disse:

— Senhores, agradeço-lhes por terem vindo e tido paciência para enfrentar essa longa tomada de depoimentos. Esse caso envolve muitas pessoas, e precisamos trabalhar com muita cautela. Além da parte material, temos de esclarecer a morte de pelo menos três jovens. Vocês serão informados da data do julgamento, e provavelmente será necessário ouvi-los novamente. Senhor Eduardo Lins, seu depoimento é muito importante para que possamos punir o acusado da morte da jovem Patrícia Albuquerque. Dona Cândida, sei que isso é muito penoso para a senhora, mas tenha certeza de que farei todo o possível para que a senhora seja poupada de vir aqui sem necessidade. Vocês podem ir. Estão todos dispensados.

Todos se levantaram e foram saindo em silêncio da sala. Otávio despediu-se do promotor dizendo:

— Humberto, estou à sua disposição para o que for preciso.

— Obrigado, Otávio. Tenho provas suficientes para manter esse Roberto de Almeida por um bom tempo na cadeia. É possível que todos que estiveram aqui lhe façam algumas perguntas sobre como se comportaram, se falaram o necessário ou não... Pode tranquilizá-los! Todos se portaram muito bem, responderam às minhas perguntas com segurança e em nenhum momento demonstraram medo ou dúvida. Tenho certeza de que todos disseram exatamente o que sabiam ou conheciam.

— Obrigado, Humberto, direi a eles. Até breve.

— Adeus, Otávio. Provavelmente nos veremos no tribunal.

Na saída do fórum, Armando convidou a todos para irem à sua casa para um lanche. Antes de sair, ele pedira que deixassem tudo pronto, porque acreditava que não conseguiriam almoçar.

***

Na casa de Armando, Otávio disse:

— Meus amigos, Humberto me pediu para lhes dizer que os depoimentos foram muito bons. Vocês falaram demonstrando honestidade em suas declarações.

Armando perguntou:

— E agora? O que deveremos fazer?

Otávio explicou:

— Agora devemos seguir com nossas vidas e aguardar. Logo surgirá outro assunto para ocupar a mídia, e nós ficaremos esquecidos.

Voltando-se a Marta, Raul perguntou:

— Quando você voltará para Rovena?

— Amanhã, Raul. O dia hoje foi muito cansativo. Prefiro descansar e seguir para lá amanhã. Por que não passa a noite aqui?

— Não, Armando, eu lhe agradeço. Voltarei hoje mesmo para Rovena, pois amanhã cedo já estarei no hospital. Há muitos pacientes internados e apenas três médicos estão trabalhando.

Marta disse:

— Raul, irei amanhã cedo. Chegando a Rovena, seguirei para o hospital.

— Obrigado, Marta, sei que posso contar com você. Bem, vou embora. Vejo vocês em Rovena.

Marta e Armando acompanharam Raul até a porta. Quando o médico saiu, Armando segurou as mãos de Marta e disse:

— Quer que eu a leve para Rovena? Essa casa vai ficar vazia sem você.

— Não, Armando. Você precisa cuidar dos seus negócios e não se esqueça de que ficou de ir buscar o padre Antônio no aeroporto.

— É mesmo! Ele chegará sábado. Vou concluir alguns assuntos que tenho para resolver e logo depois seguirei para Rovena.

— Estarei esperando por você. Agora é melhor entrarmos. Acho que o pessoal está nos esperando para se despedirem.

Jairo, Ângela, Eduardo e Wanda vinham ao encontro dos dois. Jairo disse:

— Armando, obrigado pela hospitalidade. Hoje não iremos para a construtora, pois precisamos descansar. Amanhã cedo estarei lá. Você vai ficar aqui em São Paulo?

— Vou. Padre Antônio chegará sábado trazendo os documentos de doação do terreno para Rovena e o cheque da seguradora para darmos início à construção do hospital.

— O prefeito atual vai fazer licitação para construção? — Jairo questionou.

— Não será necessário. Os empresários estabelecidos em Rovena se reuniram com ele e resolveram bancar a construção do hospital. André enviou um convite para você realizar essa obra, uma vez que o projeto é seu. Se você estiver de acordo, é só agendar uma reunião com ele e com os empresários. O que acha?

— Acho ótimo. Eduardo, você pode cuidar da construção?

— Claro, mas teremos verba suficiente para essa construção?

— Não se preocupe, Eduardo. Além da verba disponibilizada pelos empresários de Rovena, do cheque que padre Antônio está trazendo, há também o cheque que estou aguardando por ter encontrado as joias de Rovena. Esse dinheiro será entregue para a construção do hospital — Armando concluiu.

— Bem, estou à disposição de vocês — Eduardo tornou.

Jairo disse:

— Bem, então vamos embora! Ligarei para você na segunda-feira para marcarmos a reunião com André. E onde ficaremos hospedados? O Hotel dos Monges não está fechado?

— Sim. Ficaremos hospedados na casa de Otávio.

— Não será um incômodo para ele?

— Ele ofereceu a casa, que é realmente muito grande para um homem sozinho. Acho que será bom para ele ter um pouco de companhia.

— Então! Está combinado. Até logo, meu amigo. Nos falamos durante a semana.

— Até mais, Jairo, obrigado por tudo.

Os dois amigos abraçaram-se e despediram-se. Marta disse a Wanda:

— Se quiser ir a Rovena com Eduardo, não se acanhe. Teremos muito prazer em recebê-la.

— Obrigada, Marta. Irei sim.

Aproximando-se deles, Rogério disse:

— Que bom que vocês estão todos juntos. Vim me despedir. Jairo, irei à construtora amanhã às 10 horas. Está bem para você?

— Sim, Rogério. Estarei esperando por você — Jairo tornou.

— Vou aproveitar que eles estão saindo para ir embora também. Ainda quero dar uma olhada nas meninas, matar as saudades.

— Muito bem, Rogério. Dê lembranças a elas por mim.

— Pode deixar, meu amigo. Até breve.

Depois que todos se foram, Armando abraçou Marta e perguntou:

— Meu amor, como está se sentindo?

— Cansada! Não vejo a hora de tudo isso terminar.

— Sua mãe irá com você amanhã?

— Não, ela está se preparando para ir hoje com doutor Otávio.

— Hum! O que aqueles dois estão aprontando?

— Acho que nada. Eles descobriram que podem ser bons amigos e decidiram aproveitar a vida. Não acredito que mamãe se casará novamente.

— Então, esta noite eu terei você só para mim?

— É o que parece! Enfim sós.

Os dois riram e seguiram abraçados ao encontro de Cândida e Otávio.

— Marta, já arrumei minhas coisas, você se importa? — Cândida perguntou.

— Não, mamãe, pode ir com doutor Otávio. Amanhã cedo, irei direto para o hospital.

Cândida abraçou a filha e recomendou:

— Viaje com cuidado! Eu a amo demais para perdê-la. Me ligue quando chegar a Rovena.

— Mamãe, eu também a amo muito. Cuide-se, certo?

Foi Otávio quem respondeu:

— Pode deixar que eu cuidarei de sua mãe, Marta! Quando chegarmos a Rovena, ligaremos para vocês.

— Obrigada, doutor Otávio. Boa viagem.

— Armando, cuide bem da Marta.

— Vá tranquila, dona Cândida. Boa viagem.

Quando Otávio e Cândida saíram da casa, Armandou perguntou:

— Agora que todos se foram, o que você quer fazer?

— Quero ficar sentada aqui nesta sala com você. Aproveitar esse momento de paz, sem pensar em problemas.

Armando beijou Marta longamente, e os dois ficaram abraçados, aproveitando o silêncio e a tranquilidade que não experimentavam havia muito tempo.

***

Depois de deixar Wanda e Ângela em casa, Eduardo perguntou a Jairo:

— Por que marcou com Rogério amanhã na construtora?

— Porque Rosângela está ameaçando ir aos jornais para fazer um escândalo, se eu não lhe der uma indenização a qual ela não tem direito.

— Puxa, Jairo, mais problemas por minha causa e por causa da Wanda? Foi por isso que você decidiu me mandar para Rovena?

— Não, senhor. Decidi mandá-lo para Rovena porque você é a pessoa ideal para cuidar dessa obra e porque é o único engenheiro da construtora que não está trabalhando em nenhuma obra. Como está o projeto da Wanda para o decorado do Anália Franco?

— Ficou ótimo, e o custo caiu para a metade do que costumávamos gastar — Eduardo tornou.

— Então, mãos à obra, meu amigo! Amanhã mesmo, comece a montar com Wanda o decorado, e, depois que eu estiver com a autorização para iniciar a obra de Rovena, peço que siga para lá. E não se preocupe com Rosângela. Não vou ceder a ameaças nem à chantagem. Sabe, Edu, somos amigos há muitos anos, eu o conheço muito bem e sei que está gostando de Wanda. Estou muito feliz que tenha retomado sua vida sentimental. Aproveite esse momento. Nada deve atrapalhar sua vida.

— Você tem razão. Wanda mexeu muito comigo, e eu sinto que ela gosta de mim. Não é só paixão... é aquela coisa gostosa de querer fazer tudo junto, de assistir a um filme, ouvir uma música ou simplesmente ficar conversando.

310

— Sei o que está sentindo. Não se preocupe com Rosângela e proteja Wanda. Fique perto dela para que ninguém a magoe. Temo que ainda noticiem alguma coisa sobre ela e Henrique. Alguém pode fazer um comentário maldoso no dia da inauguração do condomínio. Eu só lhe garanto uma coisa: se esse comentário partir de dentro da construtora, descobrirei quem falou e demitirei na mesma hora.

— Obrigado, Jairo. Vou cuidar da Wanda. Pode ficar tranquilo.

Os dois amigos despediram-se com um abraço.

***

Na delegacia para onde Roberto fora enviado depois de receber alta do hospital, Alexandre, o advogado, conversava com o delegado de plantão:

— Não estou entendendo, doutor Geraldo. O senhor está tentando me dizer que meu cliente está com problemas mentais?

— Doutor Alexandre, não estou tentando lhe dizer nada; estou afirmando que seu cliente está com algum problema. Ele não consegue dormir e não deixa os outros presos dormirem. Você precisa providenciar um médico para examiná-lo.

— Mas eu acabei de falar com ele e não notei nada de errado. Roberto está irritado, com raiva das pessoas que depuseram contra ele, brigou comigo porque não consegui o *habeas corpus*, mas não notei nada de mais.

— Então, venha aqui hoje à noite, e nós lhe mostraremos.

***

— Então, doutor Castro, quais são minhas chances de sair daqui?

— Ainda não tenho um parecer favorável, Henrique, mas vou continuar tentando. Sua fuga prejudicou muito o seu caso.

— Doutor, eu não posso ser considerado cúmplice do Roberto! Eu não cometi nenhum crime!

— Você cometeu crimes contra o patrimônio público, Henrique. Desvio de verbas, superfaturamento de obras, licitações fraudulentas... Não está sendo fácil conseguir livrá-lo dessas acusações. E seu comportamento não está ajudando. Você não é mais o prefeito de Rovena, entenda isso. Você é um preso que está aguardando julgamento e tem de fazer o que mandarem. Seu modo de agir aqui é o que vai ajudá-lo a sair. Arrogância e prepotência não vão levá-lo a lugar algum.

— Você fala isso porque não fica aqui ouvindo gracinhas. Esse delegado não vai com minha cara e sempre arruma um jeito de me ofender.

— Vou falar com ele, mas tente ser mais tolerante. Outra coisa... sua mãe quer vê-lo.

— Não, doutor Castro, não quero que ela me veja assim. Tome, eu escrevi uma carta para ela. Entregue-a, por favor. Não quero que ela venha aqui. Isto aqui não é lugar para minha mãe.

— Pode deixar que entregarei a carta a ela ainda hoje. Você vai renunciar ao seu cargo público ou vai esperar que eles o tirem do cargo?

— Se eu renunciar, não terei meus direitos políticos cassados?

— Sim. Eu o aconselho a renunciar, a admitir que errou e a devolver o dinheiro que subtraiu da prefeitura. Você não vai ficar livre dos processos que correm contra você, mas evitará a cassação e sua imagem ficará melhor ante a opinião pública. Pense sobre isso.

— Doutor Castro, não tenho feito outra coisa. Pode tratar dos papéis necessários para a renúncia do meu cargo. Agora, quanto a devolver o dinheiro, não sei como fazer. O dinheiro não está comigo.

— Como não? E as contas encontradas no exterior?

— Quem fazia as transferências era Roberto, e eu confiava cegamente nele. Não tenho a menor ideia de como fazer para levantar esse dinheiro.

— Henrique, você estava nas mãos dele! Vou tentar falar com o promotor público para ver se conseguimos chegar a essas contas.

— Faça o que for preciso, mas, por favor, não envolva minha mãe nem minha irmã nessa história, pois já lhes causei problemas demais. No apartamento em São Paulo, o senhor encontrará a documentação das contas. Está no cofre, que fica atrás de um quadro na sala de estar.

— Verei o que consigo fazer, Henrique. Depois lhe darei notícias.

— Obrigado, doutor Castro. E, novamente... não deixe minha mãe vir aqui.

— Fique sossegado.

CAPÍTULO 31

— Então, doutor Castro, o senhor falou com Henrique sobre meu pedido?

— Falei, dona Cândida, e ele me pediu que eu entregasse esta carta para a senhora e que lhe dissesse que não quer sua visita. Ele não quer que a senhora o veja no estado em que está.

— Otávio, você poderia fazer companhia ao doutor Castro? Gostaria de ler a carta que Henrique me mandou.

— Claro, Cândida. Fique à vontade.

Cândida saiu da sala para ler a carta, e Castro abordou Otávio:

— Doutor Otávio, preciso de sua ajuda.

— De minha ajuda, Castro?

— Sim, vou lhe explicar. Aconselhei Henrique a pedir renúncia do cargo de prefeito, pois assim ele evita o processo de cassação, e a devolver o dinheiro que desviou da prefeitura. Ele, no entanto, me disse que quem administrava o dinheiro era Roberto de Almeida. Segundo Henrique, há alguns documentos num cofre que ele mantém no apartamento de São Paulo. Eu gostaria de entrar lá para verificar se esses papéis existem mesmo. O senhor conseguiria uma permissão com o detetive Horácio para eu entrar no apartamento?

— Posso falar com ele, mas você vai precisar de um alvará. O apartamento está lacrado.

— Irei atrás do alvará, mas gostaria de entrar no apartamento com alguém que esteja acompanhando o processo. Horácio é uma pessoa muito correta. O senhor poderia ver isso para mim?

— Eu falarei com ele amanhã mesmo, mas peça um alvará judicial. Não autorizarei nada sem o amparo da lei.

— Não farei nada contrário. Esse caso já está complicado demais para que eu faça algo que acabe me prejudicando.

Cândida retornou à sala e não conteve as lágrimas. Otávio abraçou-a e fê-la sentar-se.

— Você está se sentindo bem?

— Por que isso tinha de acontecer com meu filho, Otávio? Por que não consegui educá-lo como eduquei Marta? Meu filho está sofrendo muito.

Abraçado a Cândida, Otávio disse:

— Você não tem culpa da ambição de Henrique, Cândida. Ele não lhe perguntou se podia ou não fazer o que fez, então, não fique assim. Posso ler o que ele escreveu?

Cândida entregou a carta a Otávio, e Castro perguntou se poderia ser útil em alguma coisa. O juiz, então, pediu-lhe que fosse à cozinha e trouxesse água.

Otávio fez Cândida beber um pouco de água e, quando percebeu que ela estava mais calma, pôs-se a ler a carta de Henrique:

Mamãe, espero que a senhora e Marta estejam bem. O lugar onde estou é horrível, frio, sem vida. É um espaço pequeno que divido com mais duas pessoas. Temos de limpar a cela, tem horário para banho de sol e mais nada. Nós pouco conversamos. Alguns estão arrependidos, outros revoltados. Ouvimos gritos de desespero, e é muito difícil dormir à noite.

Sei que a senhora quer me ver, mas não venha, mamãe. Eu lhe causei muito desgosto. Espero um dia poder sair daqui e recomeçar minha vida em um lugar que ninguém me conheça. Eu devia ter ouvido o papai e devia ter ouvido Marta, mas não! Na minha ansiedade de enriquecer só consegui seguir os conselhos de Roberto. Preciso lhe contar uma coisa. Uma coisa que a incomoda desde que papai se foi. Eu não estive com ele naquele dia. Sei que a senhora sempre quis me perguntar isso, todavia, não tinha coragem. É verdade que discutíamos muito, porém, naquele dia, não falei com ele. Só voltei para casa quando a senhora ligou me chamando. Essa culpa eu não carrego comigo.

Soube que a senhora conheceu Wanda e que ela está namorando um engenheiro. Fiquei feliz em saber que ela está bem. Não quero vê-la nem quero ver Marta. Prefiro que vocês me esqueçam. Isto aqui não é lugar para vocês.

Um beijo grande.
Henrique

Otávio ergueu o rosto de Cândida e disse:

— Cândida, você não errou na criação de Henrique. Ele apenas se iludiu e está disposto a arcar com as responsabilidades de seus atos. Isso vai fazê-lo amadurecer. Você verá que, quando ele sair da prisão, não cometerá os mesmos erros. Se Henrique conseguir devolver o dinheiro desviado, será um ponto a favor dele. Acredite na justiça, tenha fé e não desanime. Quando sair, ele precisará de seu apoio.

— É muito difícil aceitar o que a vida está me impondo. Não consigo acreditar que terei forças para ajudá-lo... Por que isso está acontecendo comigo, Otávio? O que fiz de tão errado para viver esse pesadelo?

— Não diga isso. A vida não a está punindo. É você quem está fazendo isso. Enquanto fica aqui lastimando a prisão de Henrique, sua filha está trabalhando por duas. Ela atende na Santa Casa, atende no pronto-socorro rural e ainda acompanha as obras do hospital novo. E você? Onde está aquela mulher que me disse que queria trabalhar, viajar, conhecer o mundo, ajudar pessoas? Onde a colocou, Cândida? Você vai acabar doente e sozinha! É isso o que quer? É assim que pretende viver o resto de sua vida?

— Meu Deus, Otávio, desculpe. Você está certo, me perdoe. Fico me lamentando por causa de Henrique e deixei você e Marta de lado. Ah, meu amigo, me perdoe. Vou mudar isso. Preciso mudar isso. Não adianta chorar por Henrique, você está certo. Ele tem de viver a vida que escolheu e responder pelos erros que cometeu. E eu preciso viver minha vida.

— Será que algum dia você conseguirá me ver como algo mais que um simples amigo? Será que não consegue perceber o quanto você é importante para mim?

— Otávio, eu não sei o que lhe dizer. Vejo que você está sempre perto de mim, que tem me ajudado muito e não me deixa sozinha, mas pensei que você fosse só meu amigo.

— Não... há muitos anos tenho esperado a chance de poder lhe dizer o que sinto. Você sempre cultuou a memória de Sandro. Eu respeitei isso, afinal, vocês viveram muitos anos juntos. Quando estivemos conversando na casa de Armando e você falava com tanta animação sobre a vida, imaginei que poderíamos sair juntos e que, com o tempo, você me aceitaria. Mas hoje, vendo-a nesse desespero por causa de Henrique, vendo-a se entregar a essa tristeza, não consegui mais guardar o que sinto. Cândida, eu a amo. Me dê uma chance de cuidar de você. Não vou suportar vê-la se destruindo por causa do seu filho.

Em resposta, Cândida abraçou Otávio e deixou que as lágrimas fluíssem livremente. Castro, que a tudo assistia, saiu sem ser notado e pediu à empregada da casa que os avisasse de que ele telefonaria no dia seguinte.

Otávio deixou que Cândida chorasse abraçada a ele e, quando sentiu que ela estava mais calma, beijou-a delicadamente, deixando que ela sentisse o quanto a amava.

— Otávio, será que ainda há tempo para nós?

— Por que não haveria de ter? Por que já passamos dos 60 anos? Eu me sinto um jovem de 40!

Cândida sorriu, lembrando-se da frase que lhe dissera alguns dias atrás.

— Você tem razão. Não existe idade para amar nem para ser feliz. Vamos aproveitar nosso tempo. Só prometa que não vai infartar e me deixar sozinha como Sandro fez.

— Prometo tudo o que quiser. Amanhã mesmo, vou procurar Raul para fazer meu *checkup* anual. Está bem assim?

Rindo, Cândida beijou Otávio com suavidade, com a promessa de que poderiam viver juntos e ser felizes sem se preocuparem com a idade, com o tempo de vida, com a opinião de ninguém.

Passado algum tempo, os dois se lembraram do doutor Castro:

— Meu Deus, Otávio! Nós o deixamos falando sozinho!

— Eu estava tão preocupado com você que me esqueci completamente dele.

Cândida chamou a empregada da casa e perguntou:

— Maria José, o doutor Castro lhe disse alguma coisa?

— Sim, dona Cândida. Ele me pediu para avisar ao doutor Otávio que telefonará amanhã. A senhora quer que eu sirva alguma coisa?

— Quero. Otávio, gostaria de tomar um café?

— Boa ideia, Cândida.

— Maria José, por favor, traga café para nós.

— Já trago, dona Cândida.

***

— Boa noite. Por favor, o doutor Geraldo.

— O senhor é...?

— Sou o advogado de Roberto de Almeida. O doutor Geraldo está me esperando.

— Ah! Ele me avisou que o senhor viria. Por aqui, por favor.

— Doutor Geraldo, boa noite.

— Boa noite, doutor Alexandre.

— Então, posso ver meu cliente?

— Pode. Venha comigo.

— Não pude vir mais cedo, pois tive um compromisso.

— Não tem problema. Ele dormiu há pouco. Venha. Vou lhe mostrar o que está acontecendo.

Quando entraram no corredor onde ficava a cela de Roberto — que estava sozinho porque ninguém queria ficar com ele —, Geraldo fez um sinal para que Alexandre ficasse em silêncio. Passado algum tempo, eles ouviram algo:

— O que querem aqui? Vocês estão mortas! Vão embora! O que querem de mim? Guarda, guarda, me tire daqui! Elas querem me matar! Me tire daqui, eu não fiz nada, elas me provocaram! Me tire daqui! Saiam daqui! Vão embora, vocês morreram! Guarda!

O grito que Roberto deu deixou Alexandre apavorado.

— O que houve? Por que ficou tudo quieto?

— Ele se cansou e deve ter desmaiado. Venha. Vamos vê-lo.

Quando se aproximaram da cela, viram que Roberto estava caído no chão, com a respiração ofegante, e pedia:

— Vão embora, por favor! Me deixem em paz! Água, guarda, quero água.

Alguns detentos gritaram:

— Cale a boca!

— Vá dormir! Pare com essa gritaria!

Geraldo e Alexandre saíram dali, e o advogado perguntou:

— Doutor Geraldo, isso acontece todo dia? O guarda leva água para ele?

— Não. No primeiro dia, o guarda da noite entrou na cela para levar-lhe água e Roberto o agrediu. Ele não consegue distinguir quem está na cela. Como deixamos uma garrafa d'água na cela, eu disse aos guardas que não precisavam entrar lá. Eles só observam para ver se ele não se machuca. Quando ele se acalma, vai até a garrafa e bebe a água.

— Ele grita "vocês estão mortas". Será que ele sonha com as mulheres que matou?

— Não sei, doutor Alexandre, não posso responder à sua pergunta. Por favor, traga alguém para conversar com ele. Não posso manter esse homem gritando a noite toda e tirando o sossego do meu pessoal.

— Está bem, doutor Geraldo, verei o que posso fazer. Ele não tem família. O pai está internado numa clínica com Alzheimer.

— Eu lhe dou uma semana para resolver isso, ou terei de falar com o promotor.

— Está bem, doutor Geraldo. Verei o que posso fazer. Boa noite.

— Boa noite, doutor Alexandre.

Um policial que acompanhava a cena disse ao delegado:

— Doutor Geraldo, acho que o advogado do Roberto ficou assustado com o que viu.

— É, e é para ficar assustado mesmo. Esse homem fez muitas maldades. Ele vê duas mulheres, mas acho que ele matou mais gente. O que não podemos fazer é mantê-lo aqui gritando a noite toda, senão vou enlouquecer!

O policial não disse nada ao delegado, mas tinha certeza de que Roberto ainda teria muitas contas a ajustar. Ele pensava: "Esse homem fez muitas maldades e prejudicou muita gente! Vai ter muito o que pagar aqui e do outro lado".

Nesse momento, o policial foi chamado para atender a uma ocorrência. Ele saiu rapidamente para pegar a viatura e esqueceu-se por completo de Roberto.

***

— Bom dia, Wanda. Já acordada?

— Perdi o sono. Estou ansiosa devido ao lançamento do decorado do Anália Franco.

— É mesmo. Jairo está bastante animado. Vou dar uma passadinha por lá na hora do almoço. Quero ver seu trabalho — Ângela disse animada.

— Está lindo! Nem acredito que fiz aquele projeto.

— Eduardo virá para cá?

— Sim, e já deve estar chegando. A inauguração está marcada para as 9 horas. Ele saiu de Rovena às 5 da manhã.

— Estou muito feliz, porque você conseguiu superar tudo o que aconteceu.

— Consegui porque vocês me ajudaram. Acho que não seria possível sem apoio. Só espero que ninguém fale bobagens sobre mim na inauguração.

— Como o pessoal da construtora está te tratando?

— Fiz o que vocês me aconselharam. Falo com quem conversa comigo e ignoro os outros. Estamos indo bem. Alguns que me olhavam com desconfiança já estão mudando a maneira de me tratar.

318

— Ótimo, Wanda! Fico feliz por você. Vou indo, quero chegar mais cedo ao trabalho para poder sair mais cedo na hora do almoço e dar um abraço em vocês.

— Ficaremos à sua espera.

Nesse momento, a campainha tocou:

— Que bom que você chegou!

— Bom dia, meu amor. Pronta para o grande dia?

Antes que Wanda respondesse, Ângela falou:

— Bom dia, Edu. Eu já estava de saída. Mais tarde passo lá para ver vocês.

Wanda convidou:

— Quer um café? Acabei de passar.

— Primeiro quero um beijo e saber como você está — Eduardo pediu.

— Hum! Estou ansiosa, preocupada e apavorada.

Abraçado a Wanda, Eduardo perguntou:

— Por que será que isso não me espanta?

— Edu, é o meu primeiro projeto. Como queria que eu me sentisse?

— Feliz, vibrante, otimista e linda! Seu projeto é ótimo, e todos os engenheiros da empresa aprovaram. Já estão querendo roubar você para projetar os decorados dos prédios que estão fazendo. Fique calma! Tudo vai dar certo.

Wanda ficou em silêncio, e Eduardo ergueu o rosto da namorada com delicadeza:

— Não é isso que a está preocupando, é? Está preocupada com o que Rosângela possa fazer?

— Não posso mentir para você, não é?

— Não, não pode. Wanda, eu estarei ao seu lado o tempo todo, e Jairo está cuidando de tudo para que ela não nos incomode. Fique calma. Ela não vai fazer nenhum escândalo.

— Como pode ter certeza disso, Edu?

— Porque Rogério descobriu que ela está tentando uma vaga na Construtora Maia e ele conhece o gerente de RH de lá. Ela já foi avisada de que, se fizer alguma bobagem, Rogério vai enviar o dossiê que montou sobre ela para esse gerente e para qualquer empresa a qual ela se candidate.

— Quando você soube disso?

— Ontem à noite. Depois que conversamos, senti que você estava apreensiva, então liguei para Rogério e ele me contou essa história.

— E ele pode fazer isso? E se ela der parte dele em algum órgão como a OAB, por exemplo?

— Ela não teria como provar que foi ele quem mandou o dossiê.

319

— E, por fim, como ficou a situação?

— Rosângela se comprometeu a não fazer nada contra você nem contra a construtora.

— E como Rogério conseguiu esse dossiê?

— Sinceramente, acho que não há dossiê nenhum. Ele blefou, e ela caiu.

— Por que você pensa assim?

— Rosângela trabalhou dez anos na construtora, e nunca houve nenhum problema relacionado a ela. Não sei... Talvez ela tenha aprontado alguma coisa e ele tenha pego. De qualquer forma, ela ficou com medo. Agora, onde está aquele café que você me ofereceu? Já está quase na hora de sairmos.

***

— Bom dia, Jairo. Já chegou todo mundo?

— Bom dia, Edu. Como está, Wanda? Estão faltando Armando e Rogério.

— O pessoal da imprensa já chegou?

— Chegou. Venham aqui que vou apresentá-los a eles.

Enquanto Jairo apresentava Eduardo e Wanda aos jornalistas que estavam fazendo a cobertura do evento, Armando e Rogério chegaram para prestigiar a inauguração.

— Armando, tudo bem? Consegui a documentação que me pediu. Você só precisa me dizer se fará o casamento aqui ou em Rovena — Rogério perguntou.

— Vou fazer o casamento em Rovena — Armando tornou.

— Eu estou com os papéis no carro. Depois lhe digo o que deve fazer.

— Ótimo, vou marcar a data e a viagem. Quero viajar logo depois da inauguração do hospital. Lá está Jairo! Vamos cumprimentá-lo.

Rogério e Armando caminharam até Jairo para cumprimentá-lo.

— Parabéns, Jairo! O prédio está lindo!

— Obrigado, Armando. Bom dia, Rogério. Venham! Vou lhes mostrar o decorado e a área de lazer.

A inauguração do edifício aconteceu de forma tranquila. Os temores de Wanda foram sendo superados pelo seu bom desempenho no trabalho e pela atenção das pessoas que foram negociar os apartamentos e queriam sua opinião sobre decoração.

De longe, Márcia e Rosângela acompanhavam tudo sem ser vistas.

— Márcia, você não terá problemas se Jairo a vir aqui?

320

— Não, eu pedi a ele que me demitisse. Não quero ficar mais na construtora. Ficou muito chato sem você lá. E agora todos dão atenção a Wanda. Não dá para fingir o tempo todo — Márcia tornou.

— É verdade que Wanda e Eduardo vão se casar?

— Sim. Se não me engano o casamento acontecerá quando terminarem a construção do tal hospital de Rovena. Ela vai fazer toda a decoração. Você acredita nisso?

— Essa garota tem muita sorte.

— E você? Conseguiu a vaga na Maia?

— Consegui. Jairo deu boas referências a meu respeito e não revelou o motivo real de minha saída da construtora.

— E o advogado?

— O que tem ele? — Rosângela perguntou.

— Como o que tem ele? Esse homem não tem um dossiê contra você?

— Não sei, Márcia, mas não vou me arriscar. Deixemos a Wanda seguir a vida dela. Na Maia ganharei mais do que ganhava aqui e não pretendo arriscar tudo por uma bobagem. E quanto a você? Vai sair da construtora e pretende ir para onde?

— Ainda não sei. Vou passar uns dias no interior com minha família e depois resolverei o que fazer. Você ainda vai ficar por aqui?

— Não, já vi o que queria. Vamos embora.

***

— Jairo, eu e Armando vamos almoçar. Você nos acompanha?

— Claro, Rogério! Me deem apenas uns minutos.

Jairo voltou-se a Eduardo e perguntou:

— Edu, você vai para o escritório?

— Vou, Jairo. Almoçarei com Wanda e depois seguiremos para o escritório.

Jairo voltou-se para Wanda e a cumprimentou:

— Parabéns, Wanda! Seu trabalho ficou muito bom e, conforme havia prometido, aqui está o cheque que a ajudará a pagar o curso de decoração de interiores.

— Nossa, Jairo! Nem sei o que dizer.

— Diga apenas que gostou do trabalho. Você tem muito talento e, com a técnica, seu trabalho ficará muito melhor.

— Obrigada. Vou estudar e tentar trazer o melhor para a construtora. Você não sabe como estou feliz por ter conseguido realizar esse projeto.

321

— Você merece, Wanda! Pelo seu esforço e pela sua dedicação. Agora vou deixá-los e vou almoçar com Armando e Rogério.

— Jairo, você sabe se Ângela já foi embora?

— Já. Ela deixou um beijo para você e voltou correndo para o escritório, pois tinha de participar de uma reunião. À noite, vocês jantarão conosco?

Eduardo respondeu:

— Claro que sim. Afinal, precisamos comemorar o sucesso do edifício.

— Vejo vocês depois. Tchau! — Jairo despediu-se e saiu.

— Então, Wanda, como está se sentindo agora? — Eduardo questionou.

— Estou muito feliz. Você não tem ideia do quanto esse trabalho significa para mim.

— Eu acredito, amor. Vamos almoçar e voltar ao trabalho. Trouxe uma porção de desenhos do hospital para você analisar e planejar a decoração.

CAPÍTULO 32

Armando, Jairo e Rogério foram a um restaurante próximo à construtora. Armando perguntou:

— Como está se sentindo, Jairo? O lançamento foi um sucesso!

— Foi mesmo, Armando! Vendemos quase todos os apartamentos, e alguns compradores têm pedido sugestões de nossa decoradora para montar seus apartamentos! Além disso, não apareceu ninguém querendo estragar nossa festa.

— Apareceu, só não fez nada.

— De quem você está falando, Rogério? — perguntou Jairo.

— Eu vi Márcia e Rosângela próximas ao prédio. Elas estavam observando o lançamento de longe. Fiquei observando para ver se fariam alguma coisa, mas não aconteceu nada.

— Ótimo! Nós estávamos preocupados. E a história do dossiê?

— Não tenho nenhum dossiê. Inventei essa história, mas, se ela insistir em prejudicar Wanda, montarei um com base nas reclamações que ela fez na sua empresa. Hoje em dia, a amizade entre os colegas de trabalho é muito valorizada, e ela nos mostrou o que é de verdade.

Armando disse:

— Essa história foi tão ruim para todos nós e ainda tem gente querendo colocar mais lenha na fogueira. Será que as pessoas não percebem que não vão chegar a lugar algum agindo assim?

— Não, Armando, há gente que não liga para isso. Respeito, ética, amizade são sentimentos desconhecidos para essas pessoas. Agora, mudando de assunto, vocês souberam que Roberto está apresentando problemas mentais? — Jairo respondeu.

Armando olhou para Rogério e perguntou:

— Problemas mentais? Não seria mais um golpe?

— Não. À noite, ele tem tido pesadelos e tem gritado como se estivesse sendo perseguido por duas mulheres. O advogado dele não sabe mais o que fazer.

— Será que não é fingimento? Desse homem podemos esperar tudo.

— Não, Armando, parece que a coisa é séria. O advogado dele está com muita dificuldade de defendê-lo. São muitos crimes, problemas cíveis, pedidos de indenização. Além de tudo, o dinheiro que está no exterior ainda não foi localizado.

— E Henrique? — perguntou Jairo.

— Henrique está aguardando julgamento. Ele deu um pouco de trabalho no começo, mas percebeu que não adianta se achar melhor que os outros. Ele mandou uma carta para dona Cândida, pedindo a ela que não fosse vê-lo. Ele pretende recomeçar a vida em algum lugar longe de Rovena. Ontem, Marta me disse que a mãe está muito abatida. Doutor Otávio tem tentado animá-la.

— E seu casamento com Marta? — Jairo questionou.

— Estamos aguardando o andamento das obras do hospital para marcar a data do casamento.

— As obras estão adiantadas? — Rogério perguntou.

— Estão, Rogério. Estive lá na semana passada, e o trabalho vai indo muito bem. Acredito que dentro de dois meses ele será inaugurado — Jairo tornou.

— E você, Armando? Abandonou o trabalho na petroleira?

— Ainda não, Jairo. Amanhã vou me apresentar no escritório com minha equipe e saberei para onde deverei viajar.

Rogério perguntou:

— Já decidiu o que vai fazer?

— Já. Vou comunicar minha decisão de deixar a empresa. No meu grupo há um pessoal muito competente, então, não será difícil me substituir.

Jairo argumentou:

— Você conseguirá fixar residência em Rovena? Em quê você vai trabalhar lá ?

— Recebi um convite do prefeito atual para trabalhar no departamento do meio ambiente. O secretário atual pediu demissão. O cargo está desocupado, e ele precisa resolver uma série de problemas, principalmente com a instalação de indústrias em áreas de proteção ambiental — Armando respondeu.

— Tem notícias do Ivan?

— Sim, ele já saiu do hospital. Está se recuperando em casa e sendo assistido pela mãe.

324

— Ele ficou com alguma sequela?

— Sim. Ficou com uma cicatriz no rosto e caminha com dificuldade. Segundo o doutor Raul, com o tempo ele vai recuperar completamente o movimento das pernas e a cicatriz poderá ser removida com cirurgia plástica, mas não agora. Ivan passou por várias cirurgias e precisa de tempo para que seu organismo volte ao normal. Sônia voltou a trabalhar no hospital. O doutor Raul reuniu-se com o corpo clínico, e todos concordaram em trazê-la de volta, afinal de contas, ela era apenas mais uma vítima da família Almeida.

Jairo perguntou:

— E quanto ao fato de Ivan ouvir nossas conversas?

— Ele não passou nenhuma informação importante para Roberto. Ivan, na verdade, tinha medo de que acontecesse alguma coisa conosco. No dia em que desconfiamos dele, o rapaz estava tentando descobrir se era verdade que havia um detetive na cidade. Segundo Sônia, ele queria denunciar Roberto, porém, tinha medo de que o meio-irmão fizesse alguma coisa contra ela.

— Mas quem avisou a Jorge que nós iríamos jantar fora?

— Foi ele quem avisou. Naquele dia, Roberto fez algumas ameaças a Ivan, então, quando ele viu que nós saímos para jantar, ligou para Roberto para informar a ele sobre isso. Quando voltamos com a pizza, Ivan respirou aliviado, pois sabia que não tinham nos encontrado.

— E o que ele vai fazer agora? — perguntou Rogério.

— Ainda não sei. Estou tentando comprar o Hotel dos Monges, e o doutor Otávio está tentando liberar o local. Se eu conseguir, talvez recoloque Ivan lá.

— E quanto ao seu terreno? Vai ser incorporado ao hospital?

— Vai. Meu terreno tem uma grande área de mata nativa. Será perfeito!

— É, Armando, você terá muito trabalho em Rovena!

— Eu sei, Jairo, mas, só de poder ficar ao lado de Marta, me sinto um felizardo. E você? Quando vai se casar com Ângela?

— Ainda não marcamos a data. Estou esperando a inauguração do hospital para fazermos uma viagem. Aí decidiremos quando nos casaremos, onde vamos morar etc. E você, Rogério? Você é o único solteiro da turma!

— Pois é! E acho que vou continuar assim. Não tenho muita sorte com as mulheres — Rogério tornou.

— Não seja dramático, Rogério! Você se casou uma vez, não deu certo, e teve alguns relacionamentos. Olhe direito à sua volta, pois tenho certeza de que você encontrará alguém.

— Vou olhar, Jairo, vou olhar!

CAPÍTULO 33

Passaram-se três meses, e o Hospital de Especialidades São Lucas ficou pronto. Entre os presentes na inauguração estavam Jairo e Ângela, Eduardo e Wanda, Otávio e Cândida, Armando e Marta. André, o novo prefeito, e o diretor clínico Raul Molina discursaram agradecendo o empenho das pessoas que vieram de fora e se tornaram amigas de Rovena, permitindo que aqueles que estavam prejudicando a cidade fossem punidos e que o hospital pudesse, enfim, ser construído. Raul comunicou a todos que Marta seria a diretora clínica do novo hospital e que ele continuaria na Santa Casa. Foi contratado um corpo clínico para trabalhar naquela entidade. Médicos, enfermeiros e assistentes saíram de São Paulo para trabalhar em Rovena, e ele queria que os moradores da cidade recebessem essas pessoas com respeito e consideração.

A doutora Marta agradeceu a todos que possibilitaram a realização da construção daquela obra tão importante para a cidade e prometeu cuidar do hospital com carinho e dedicação, para que todos fossem bem atendidos ali.

Após os discursos que antecederam a inauguração do hospital, foi servido um café da manhã aos presentes e depois o atendimento no hospital seria iniciado.

Raul foi despedir-se de Marta:

— Marta, desejo-lhe muito sucesso nessa nova empreitada. Você terá muito trabalho!

— Obrigada, Raul! E não se preocupe, pois me empenharei muito para que tudo dê certo.

— Quando você e Armando se casarão?

— No mês que vem. Estamos esperando o julgamento de Henrique, assim não deixaremos mamãe sozinha quando o juiz der o veredicto.

— Acha que ele será condenado?

— Sim. O advogado dele disse que Henrique não tem como escapar de uma condenação. Mas ele está tranquilo e disposto a cumprir a pena que lhe for imposta para depois começar uma vida nova.

— Vocês não o viram mais?

— Não. Ele pediu que não fôssemos vê-lo. O doutor Otávio tentou falar com ele sobre mamãe, mas ele foi irredutível. Henrique não quer que ela o veja no estado em que está.

— Certo. E quem irá substituí-la em sua ausência?

— Wagner. Ele me acompanhou durante a construção do hospital e sabe de tudo o que temos aqui. Ele me ajudou a selecionar o corpo clínico, então, acredito que não teremos problema.

— Você soube escolher. Wagner é um excelente profissional.

— Já contratou outro médico para substituí-lo?

— Ainda não, mas não será difícil contratar novos médicos. Alguns médicos que vieram trabalhar aqui no São Lucas me procuraram para trabalhar também na Santa Casa.

— Que bom Raul! E você conversou com André sobre equipar melhor a Santa Casa?

— Conversei. André tem boas ideias, e acho que conseguiremos melhorar muito o atendimento. Marta, eu preciso ir, pois tenho pacientes para atender. Nos vemos mais tarde.

— Bom trabalho, Raul. Até mais.

***

Marta observava o hospital e não percebeu a chegada de Armando.

— Marta?

— Oi! Eu estava distraída.

— Percebi, e, se não me engano, já vivemos uma situação semelhante.

— Você tem razão. Foi no dia em que você chegou a Rovena.

— É... você estava olhando para um terreno vazio e agora olha do mesmo jeito para o hospital. Sua expressão é a mesma.

— Não, Armando. Minha expressão pode ser a mesma, mas meu pensamento é outro. Você mudou completamente minha vida.

Abraçando-a, Armando disse:

327

— Você também mudou minha vida, e juntos nós conseguimos fazer algo bom para esta cidade. Só lamento o que houve com Henrique. Se não fosse tão ambicioso, ele não estaria na situação em que está.

— Espero que Henrique aprenda algo com isso e consiga se tornar alguém melhor quando sair da prisão — Marta disse esperançosa.

— Dona Cândida parece conformada ou é impressão minha?

— Ela está aceitando a situação. A companhia do doutor Otávio tem feito muito bem a ela. Eles estão planejando viajar depois do julgamento.

Jairo aproximou-se do casal e avisou:

— Armando, meu trabalho está concluído. Eu e Ângela vamos fazer uma pequena viagem, aproveitando que ela está de férias. Se você precisar de alguma coisa, Eduardo o atenderá. Marta, eu fiquei muito feliz por conhecê-la. Vir para Rovena serviu para que minha vida mudasse.

Armando respondeu:

— É, Jairo, parece que Rovena tem alguma coisa especial!

— E Rogério? Por que ele não está aqui hoje? — inquiriu Jairo.

— Eu me esqueci de lhe contar! Lembra que Rogério comentou algo sobre um jantar de reencontro da turma da faculdade? — Armando perguntou.

— Lembro, mas o que aconteceu?

— Ele reencontrou uma amiga daquela época, e os dois começaram a sair juntos. Ela se chama Beatriz Camargo, é divorciada e não tem filhos.

— E por que ele não a trouxe aqui para que nós a conhecêssemos?

— Ele tinha uma audiência, mas logo a conheceremos. Rogério me pareceu bastante entusiasmado quando falou sobre ela.

— Fico contente por Rogério! Ele está sozinho há muito tempo.

Nesse momento, Ângela, Eduardo e Wanda se aproximaram. Eduardo brincou:

— Ah, aí estão vocês! Jairo, é melhor pegarmos a estrada agora, pois já está ficando tarde.

— Vamos, Edu. Armando e Marta, espero que estejamos sempre em contato.

Marta respondeu:

— Não me esquecerei de vocês. Obrigada, Jairo, por tudo o que você fez para nos ajudar na construção do hospital.

Lembrando-se do hotel, Armando pediu:

— Jairo, agora que o hospital está pronto, quero que me ajude com o hotel. Consegui adquiri-lo, mas o local precisa de reforma.

— Viajarei amanhã, mas Eduardo poderá ajudá-lo.

— Edu, quando podemos começar a discutir a reforma? — Armando inquiriu.

— Que tal na terça-feira pela manhã? Você estará em São Paulo ou prefere que eu venha para cá?

— Prefiro que venha pra cá, pois assim você poderá estudar o prédio.

— Eu virei. Chegarei aqui por volta das 10 horas. Está bem assim?

— Claro! Estarei esperando por você.

Quando foi despedir-se de Wanda, Marta pediu:

— Wanda, quando Eduardo vier para cá, tente vir com ele, pois assim teremos tempo de conversar um pouco mais. Estivemos juntas durante todos esses meses, mas só falávamos do hospital.

— Obrigada, Marta, virei sim. Eu tinha muito medo de não ser aceita por você e por sua mãe, mas felizmente isso não aconteceu. Estou feliz por você ter conseguido construir o hospital e por eu ter participado dessa obra.

— Você e Eduardo já marcaram a data do casamento?

— Ainda não. Meus pais querem que nos casemos em Londrina. Vamos esperar Jairo e Ângela voltarem e aí decidiremos o que fazer. Os pais do Edu moram em Ribeirão Preto e querem que ele se case lá. Estamos num impasse. E você e Armando?

— Nós faremos uma cerimônia simples aqui em Rovena. Os convites devem ficar prontos na semana que vem.

Otávio e Cândida se aproximaram.

— Parece que todos estão se despedindo. Sentirei falta de vocês — Cândida lamentou.

— Mamãe, temos de seguir em frente. Jairo e Ângela vão viajar, Eduardo e Wanda vão para São Paulo, e nós ficaremos aqui.

Jairo completou:

— Dona Cândida, logo estaremos de volta, pois Armando acabou de nos contratar para reformar o hotel. A senhora não vai se livrar de nós tão facilmente!

Todos riram e depois se despediram. Otávio perguntou:

— Vocês vão ficar por aqui?

Marta respondeu:

— Sim, pois preciso iniciar meu atendimento no hospital. A festa acabou, mas o trabalho está apenas começando.

— E você, Armando?

— Vou para o hotel. Quero fazer uma limpeza naquele escritório e esboçar algumas mudanças para entregar para Eduardo na terça-feira.

329

— E a senhora, mamãe? Vai para casa? — Marta questionou.

— Vou, filha. Otávio vai para o fórum, e eu não tenho mais nada para fazer.

— Mamãe, a senhora podia ficar aqui no hospital para conhecer os novos médicos, afinal, os voluntários têm sempre serviço.

Otávio respondeu:

— Boa ideia, Marta! Assim, sua mãe não fica sozinha naquela casa grande.

— Está bem, filha. Vou aceitar sua oferta. Vamos entrar, então?

— Vamos. Armando, vejo você à noite.

Depois que as duas mulheres entraram no hospital, Otávio comentou com Armando:

— Cândida não consegue esquecer o problema de Henrique. Não sei mais o que fazer.

— Vocês não iam viajar?

— Ela não se decide. Quer esperar o resultado do julgamento. Temo que ela desista de viajar por causa do filho. Acredito que, se nos afastássemos um pouco daqui, ela reagiria melhor e sairia dessa apatia.

— Vou falar com Marta. Quem sabe conseguimos convencer dona Cândida. Foi um duro golpe para ela. Você já pesquisou algum destino?

— Ainda não, quero fazer isso junto com ela.

— Por falar em julgamento, já foram marcados os julgamentos de Roberto e de Jorge?

— Ainda não. O de Jorge deve acontecer logo, mas não sei quando será o de Roberto. Soube que ele foi internado numa clínica?

— Sim, contudo, não tive mais notícias dele.

— Horácio tem me mantido informado. Não comentei nada para não trazer lembranças ruins. Roberto tem tomado uma medicação que o mantém calmo, mas ele não fala sobre o que está acontecendo. Apenas diz que duas mulheres o perseguem. O advogado dele tem bastante trabalho.

— Ele não desistiu?

— Não. Alexandre está cuidando dele e do pai, do velho Almeida. Eu o admiro, pois outro advogado já teria largado o caso.

— Você acha que ele pode ter algum interesse por trás dessa dedicação toda?

— Não, ele é um bom advogado. É competente e um bom homem. Acho que tem alguma coisa a ver com a religião dele.

— Religião?

— É. Não me pergunte o porquê. Quem me falou isso foi Horácio, e eu não quis entrar em detalhes. Não sei se você sabe, mas eles seguem a doutrina espírita.

— Não, eu não sabia. Enfim, precisamos deixar o passado de lado e seguir com nossas vidas.

— Você deixou seu emprego para se estabelecer aqui, Armando. Tem certeza de que fez a coisa certa?

— Tenho, doutor Otávio. Eu me apaixonei por Marta, e o trabalho que André me pediu para desenvolver aqui é muito interessante. Rovena tem uma área de mata nativa muito grande e que precisa ser preservada. Terei muito o que fazer em Rovena.

— Quando vocês vão se casar?

— Em um mês nos casaremos e depois faremos um cruzeiro. Não ficaremos fora por muitos dias, mas será o suficiente para ficarmos um pouco longe da rotina.

— Marta já sabe sobre a viagem?

— Ainda não. Será meu presente de casamento para ela.

— Muito bem, Armando! Desejo que sejam muito felizes, pois vocês dois merecem. Agora vamos, preciso trabalhar.

— Posso fazer um comentário?

— Sim, Armando, do que se trata?

— Não desista de dona Cândida, pois ela precisa muito do senhor.

— Não vou desistir. Esperei muitos anos para falar dos meus sentimentos com Cândida. Respeitei o luto dela em relação a Sandro, mas agora não quero vê-la se amargurar mais. Farei tudo o que estiver ao meu alcance para vê-la feliz.

— Assim é que se fala, doutor Otávio! Tenho certeza de que o senhor conseguirá. Nos veremos mais tarde?

— Claro! Desculpe-me por desabafar com você.

— Não se preocupe com isso, afinal, seremos uma família!

— Obrigado, Armando! Até mais tarde.

— Até mais, doutor Otávio.

Armando ficou por algum tempo olhando para o hospital, recordando-se de tudo o que vivera nos últimos meses. Ainda havia muito trabalho para fazer ali, mas ele tinha certeza de que os moradores de Rovena estariam atentos às necessidades da cidade e saberiam cobrar seus governantes.

— Senhor Armando?

— Sim? Oi, Ivan! Não o vi chegar.

— Eu estava esperando uma oportunidade para falar a sós com o senhor. Queria lhe pedir desculpas pelo meu comportamento.

— Não se preocupe, Ivan. Eu já soube o que houve. Como você está?

— Estou bem. Fiquei com uma sequela na perna que me faz mancar, mas foi só isso. O senhor já encontrou alguém para ajudá-lo no hotel?

— Já! E por falar nisso... Venha, garoto! Precisamos abrir o hotel.

— Mas o senhor disse que já contratou...

Armando riu, e Ivan percebeu que ele iria trabalhar no hotel.

— Senhor Armando, nem sei o que dizer. Muito obrigado.

— Não precisa dizer nada, Ivan. Apenas faça o melhor no seu trabalho e seja sempre sincero comigo. Está bem? Agora vamos, pois temos muito a fazer.

Armando ajudou Ivan a entrar no carro e juntos seguiram para o Hotel dos Monges. O trânsito demonstrava que a cidade voltara ao normal.

EPÍLOGO

— Armando, acorde!

— O que houve?

— Não sei. Você estava rindo muito alto.

— E o que tem isso?

— Não teria nada de mais se estivéssemos em casa, mas estamos no convés de um navio! Você assustou duas senhoras que passavam por aqui.

Rindo, Armando respondeu:

— Não sei o que vou fazer com meus sonhos!

— Rovena novamente?

— Não. Eu estava sonhando com um garotinho lindo que corria em minha direção e gritava: "Papai, papai".

Sorrindo, Marta respondeu:

— Talvez seu sonho esteja prestes a se tornar realidade.

— Marta, não brinque com isso!

— Não estou brincando. Achei que meus enjoos fossem por causa do balanço do navio, então me lembrei que não estou tomando nenhum contraceptivo. Fui até a farmácia do navio e comprei um teste de gravidez.

— E? Por favor, não me deixe nesse suspense!

— E deu positivo! Por isso eu vim aqui e o acordei!

Armando abraçou Marta com cuidado e beijou-a com toda a ternura que conseguiu demonstrar em seu gesto. Quando ele a soltou, perguntou:

— E quanto ao hospital?

— Wagner é um excelente administrador, e a gravidez não é um impeditivo para eu trabalhar. Lógico que terei de assumir um ritmo menos acelerado, mas quero muito ter um filho com você. Tenho certeza de que conseguiremos criá-lo juntos.

— Marta, eu amo você mais do que tudo no mundo. Bendita hora em que encontrei aquela escritura!

— Eu também amo muito você. Acho que todos aqueles problemas surgiram para que nós nos aproximássemos.

— Talvez tenha o dedinho de Rovena nessa história.

— Talvez, mas ainda não acredito em fantasmas.

Armando e Marta ficaram abraçados observando o pôr do sol. Naquele bonito fim de tarde, um vulto de mulher carregando uma criança no colo parecia dançar entre as nuvens.

— Você está vendo aquilo?

— O quê, Armando?

— Uma mulher com uma criança no colo.

— Só vejo nuvens. Como consegue ver uma mulher no meio delas?

— Talvez porque eu tenha sonhado muito com ela...

Fim

Grandes sucessos de
Zibia Gasparetto

Com 18 milhões de títulos vendidos, a autora
tem contribuído para o fortalecimento da literatura
espiritualista no mercado editorial e para a popularização da
espiritualidade. Conheça os sucessos da escritora.

Romances
pelo espírito Lucius

A verdade de cada um

A vida sabe o que faz

Ela confiou na vida

Entre o amor e a guerra

Esmeralda

Espinhos do tempo

Laços eternos

Nada é por acaso

Ninguém é de ninguém

O advogado de Deus

O amanhã a Deus pertence

O amor venceu

O encontro inesperado

O fio do destino

O poder da escolha

O matuto

O morro das ilusões

Onde está Teresa?

Pelas portas do coração

Quando a vida escolhe

Quando chega a hora

Quando é preciso voltar

Se abrindo pra vida

Sem medo de viver

Só o amor consegue

Somos todos inocentes

Tudo tem seu preço

Tudo valeu a pena

Um amor de verdade

Vencendo o passado

Rua Agostinho Gomes, 2.312 — SP
55 11 3577-3200

contato@vidaeconsciencia.com.br
www.vidaeconsciencia.com.br